W0088150

Max Otte

Der Informationscrash

Max Otte

Der Informationscrash

Wie wir systematisch
für dumm verkauft werden

Econ

Mix
Produktgruppe aus vorbildlich bewirtschafteten Wäldern, kontrollierten Herkünften und Recyclingholz oder -fasern

Zert.-Nr. SGS-COC-003091
www.fsc.org

2. Auflage 2010

Econ ist ein Verlag
der Ullstein Buchverlage GmbH

ISBN 978-3-430-20078-3

Umschlaggestaltung: HildenDesign, München
Gesetzt aus der LagacySer und LegacySan
bei LVD GmbH, Berlin
Druck und Bindung: Bercker, Kevelaer
Printed in Germany

Für

Harald Klug

desinformateur et ami extraordinaire

Inhaltsverzeichnis

Vorwort

Im Frühjahr 2005 bemerkte ich, wie der Wahnsinn am amerikanischen Hypothekenmarkt um sich griff. Die amerikanischen Zeitungen berichteten allenthalben über explodierende Häuserpreise in Florida, Las Vegas, New York City und anderen Regionen. Das Immobilienspekulationsfieber hatte die USA erfasst. Aufgrund einer maßlosen Geld- und Kreditpolitik konnte fast jeder eine oder mehrere Hypotheken erhalten. Bürgerinnen und Bürger, Handwerker, Pizzabäcker, Friseure und Friseurinnen kauften Häuser, nur um sie nach kurzer Zeit mit Gewinn weiterzuverkaufen.

Ich selber hatte erlebt, wie der Preis des kleinen Häuschens in Princeton, in dem ich mit drei anderen Doktoranden von 1989–1992 gewohnt hatte, von 130 000 Dollar im Jahr 1991 auf 360 000 Dollar im Jahr 2001 gestiegen war. In Boston fraß die Miete meines sehr einfachen Apartments 1998 knapp die Hälfte meines Anfangsgehalts als Professor auf, obwohl ich am oberen Rand der Gehaltsbandbreite eingestiegen war. Und das war lange vor der wirklich »heißen Phase« des Immobilienbooms.

2005 war ich dann überzeugt, dass diese Blase platzen musste. Zu grotesk gestalteten sich mittlerweile die Preise. Und weil Immobilien insgesamt eine wesentlich größere Vermögensklasse als Technologieaktien darstellen, war ich mir sicher: Diesmal würde es einen Finanz-Tsunami geben. Also fragte ich meinen Verleger Jürgen Diessl vom Econ-Verlag, ob er Interesse hätte, ein Buch zu diesem Thema zu machen. Er sagte zu, obwohl damals gerade viel vom »Aufschwung« durch die neue Regierung die Rede war. Im Sommer 2006 wurde »Der Crash kommt« veröffentlicht.

Das Buch wurde ein Megaerfolg. So »richtig ab« ging es allerdings erst eineinhalb Jahre später, nämlich im Herbst 2008. Am 15. September 2008 ging die Investmentbank Lehman Brothers in die Insolvenz. Da war der Titel schon zwei Jahre auf dem Markt. Das Finanzsystem der Welt stand kurz vor dem Zusammenbruch. Ich wurde in Talkshows, Radio- und Fernsehsendungen herumgereicht. Interview folgte auf Interview. Unternehmen und Vereinigungen in großer Zahl wollten meine Vorträge buchen. Die nächsten acht Monate fand ich kaum die Zeit, Luft zu holen.

Etliche titulierten mich danach als »Crash-Prophet«. Gegen diesen Titel habe ich mich immer gewehrt.[1] Ich hatte 2005 lediglich das aufgeschrieben, was in meinen Augen offensichtlich war. Auch war ich nicht der Einzige: In den USA haben zum Beispiel John Rubino und Robert Prechter vor der sich abzeichnenden Katastrophe gewarnt, hierzulande Marc Faber, Roland Leuschel oder Claus Vogt.

Es ist also keinesfalls meine besondere prophetische Gabe (die ich auch gar nicht besitze), welche Beachtung verdient, sondern die Tatsache, dass so wenige Experten die Blase gesehen haben. Notenbanken, Investmentbanken, Geschäftsbanken, Aufsichtsbehörden, Wirtschaftsprüfer, Analysten, Ökonomen, Ratingagenturen, Politiker – sie alle haben mitgemacht. Keiner schrie auf, geschweige denn entwickelte wirksame Gegenkonzepte gegen den Crash. Dabei sprang der Wahnsinn am amerikanischen (und am spanischen und englischen) Immobilienmarkt jedermann ins Auge, der auch nur halbwegs in diese Richtung schaute. Und der Höhepunkt der Technologieblase lag auch gerade erst ein halbes Jahrzehnt zurück.

Bezeichnend ist der Kommentar eines Professorenkollegen, dessen Namen ich hier nicht nennen möchte. Bei der Vorstellung meines Buches im Herbst 2006 diskutierte er auf einer Podiumsdiskussion vor mehr als 200 Zuhörern mit mir. Seine Aussage: Meine Ideen eines überzogenen Verschuldungsniveaus der amerikanischen Wirtschaft seien ja schön und gut. Aber jede Verschuldung der einen Partei zöge eine Gegenbuchung als Guthaben bei einem Gläubiger nach sich (wörtlich sagte er: »for every debit there is a credit«). Und damit sei eigentlich alles in Ordnung. Das Erschreckende dabei ist, dass er damit den damals gängigen Konsens der Ökonomen durchaus treffend wiedergab. Jedem von uns leuchtet ein, dass eine Privatperson oder ein Unternehmen überschuldet sein kann. Warum soll das nicht für Staaten gelten? Doch die Mehrzahl meiner Kollegen dachte darüber folgendermaßen: Die einfache Tatsache der Überschuldung gelte zwar für Privatpersonen und Unternehmen, nicht aber für ganze Volkswirtschaften.

Für Keynesianer ist vor allem die Nachfrage ausschlaggebend. Monetaristen meinen, dass man die Wirtschaft über eine möglichst stabile Geldversorgung optimal steuern kann. Im Rückblick war beides reines Wunschdenken. Erst viel zu spät merkten die Experten und Hofräte auf einmal, dass der Kaiser keine neuen Kleider anhatte, sondern nackt war.[2]

Und so wird die Finanzkrise zu einem Symptom eines viel größeren Wahnsinns, der unsere Wirtschaft und Gesellschaft erfasst hat: der Virus der Desinformation. Unternehmen, Verbände, Politiker, aber auch sogenannte »Experten« – sie alle setzen eine Vielzahl von »Wahrheiten« in die Welt, hinter denen sich meist versteckte Interessen verbergen. Bürgerinnen und Bürger wissen nicht mehr, wem sie glauben können, was sie glauben können und ob es überhaupt noch Sinn macht, sich um tiefere und beständigere Einsichten zu bemühen, oder ob man es besser gleich aufgibt.

Auf meinen Vortragsreisen in Deutschland, Österreich und der Schweiz sowie gelegentlich im nicht deutschsprachigen Ausland verspürte ich ein großes Bedürfnis nach authentischer Information. Der Erfolg von Büchern wie »Die verblödete Republik«, »Seichtgebiete. Warum wir hemmungslos verblöden«, »Verheimlicht, vertuscht, vergessen«, »Die gestohlene Demokratie« oder »Generation Doof«[3] zeigt, wie stark dieses Bedürfnis ist. Viele ahnen, dass die Informationsstandards verfallen. Aber so richtig bekommen wir den Virus der Desinformation nicht zu fassen.

Im Goethe-Handbuch steht, dass in der Formel vom »Wahren, Guten, Schönen« das spezifische Humanitätsverständnis der Weimarer Klassik zusammengefasst ist.[4] Und in der Tat gab es eine Zeit, in der wir an Ideale oder zumindest allgemeingültige Informationen glaubten. Unsere Ideale wurden in unserer Geschichte missbraucht, aber die Suche nach dem »Wahren, Schönen, Guten« blieb uns erhalten – mit großen Abstrichen sogar in Politik, Wirtschaft und Gesellschaft.

Heute ist das nicht mehr so. Wir leben in einer Zeit, in der alles verhandelbar, parteiisch und nichts sicher ist. Wem kann man noch trauen? Kann ich mich noch darauf verlassen, dass das Finanzprodukt, das mir empfohlen wird, wirklich sicher ist? (Heute wissen wir: auf keinen Fall!) Kann ich darauf zählen, dass in der Schule noch eine anständige Ausbildung meiner Kinder erfolgt? Nicht unbedingt, und daher haben Privatschulen starken Zulauf. Haben wir nicht längst eine Zweiklassenmedizin? Zu welchem Arzt soll ich gehen? Rankings und Hitlisten nehmen überhand – und sind gerade deswegen ein Symptom für die allgemeine Orientierungslosigkeit.

Solche Desinformation zersetzt unsere Gesellschaft. Sie nutzt vor allem den Kadern in Großunternehmen, Banken, Parteien und Interessenverbänden. Bürgerinnen und Bürger werden in einen neuen Kampf ums Dasein geschickt, indem man ihnen die Informationsbasis entzieht. So werden sie leichter steuerbar.

In meinem Buch lege ich dar, wie starke Kräfte in Politik, Wirtschaft und Gesellschaft ein großes Interesse an der Desinformation haben. Ich zeige, wie diese »Desinformationswirtschaft« funktioniert. Und ich gebe einige Hinweise, wie Sie sich schützen können. Dabei glaube ich nicht an »Verschwörungen«. Es ist eher so, dass unser System die Kraft verloren hat, sich auf gültige Standards für Bildung, Gesundheit, Finanzen und sogar Recht und Gesetz zu einigen und diese dann durchzusetzen.

Lesen Sie, warum es auch nach der schlimmsten Finanzkrise seit 1929 bislang weitergeht wie bisher. Nur wenn Sie die Mechanismen der Desinformation durchschauen, können Sie sich schützen. Und nur wenn immer mehr Bürgerinnen und Bürger den jetzigen Zustand nicht mehr mittragen wollen, kann es besser werden.

Köln, im Frühjahr 2010
Max Otte

Kapitel 1

Der Finanzcrash 2008 und der Virus der Desinformation

»Nichts ist mehr, wie es war« – oder doch?

Der 15. September 2008 war ohne Frage ein historisches Datum. An diesem Tag meldete die amerikanische Investmentbank Lehman Brothers Insolvenz an. Am selben Tag wurde der Lehman-Konkurrent Merrill Lynch von der Bank of America gekauft. Die Pleite der einen Bank, die Übernahme der anderen – die Finanzwelt schien in ihren Grundfesten erschüttert. Schnell war – in Analogie zum »Schwarzen Freitag« von 1929 – die Rede vom »Schwarzen Montag«, vom Anfang einer verheerenden Kettenreaktion, vom ersten stürzenden Dominostein, der alles andere mit sich in den Abgrund reißt. Der 15. September 2008 war ein Tag, der die Welt veränderte – sagt man, schreiben die Medien und behaupten die Politiker.

»Nichts ist mehr, wie es war«, meinte der luxemburgische Premier Jean-Claude Juncker am 19. September 2008 im Hinblick auf die Finanzkrise.[5] Und ein Jahr später scheint es Konsens, dass die Lehman-Insolvenz einen Wendepunkt der Weltwirtschaft markiert. »Das Ende der Wall Street, wie man sie seit Jahren kennt«, bringt der *Spiegel* die Ereignisse jenes Tages auf den Punkt.

Aber ist das wirklich so? Hat sich irgendetwas verändert? Gibt es wesentliche Neuerungen auf den Finanzmärkten? Ist die Wirtschaft eine andere geworden? Arbeiten die Manager anders als zuvor? Haben die Anleger sich verändert? Hat sich das Verhältnis von Wirtschaft und Staat gewandelt? Oder sonst?

Wenn Sie mich fragen, wie es in der deutschen, der europäischen, der angelsächsischen, der Weltwirtschaft aussieht, ist meine Antwort klar: »Business as usual!« Damit meine ich nicht die vollgefüllten Mittagstische der überteuerten Steakhäuser im

Financial District von New York oder die mehr oder weniger heimlich vereinbarten Bonuszahlungen für Manager rund um den Globus. Zwar erhitzt sich der sozialdemokratisch durchtränkte Volkszorn – durchaus berechtigt – genau über diese Art von Rückkehr zum luxuriösen Tagesgeschäft. Aber es geht um weitaus mehr! Der Skandal findet an ganz anderer Stelle statt, am helllichten Tag, vor unser aller Augen – und keiner sieht hin. Die Fundamente und Rechtsvorstellungen unserer Bürgerlichen Gesellschaft – wie sie im Bürgerlichen Gesetzbuch (BGB) und dem Handelsgesetzbuch (HGB) vor mehr als hundert Jahren festgeschrieben wurden – sind massivst erschüttert. Wir haben uns von einer sozialen Marktwirtschaft weg bewegt und befinden uns im Raubtierkapitalismus einer neuen Feudalwirtschaft.[6] Die Mechanismen dieser neuen Feudalgesellschaft erkläre ich in diesem Buch.

Ich will verdeutlichen, dass sich nach jenen angeblich so einschneidenden Ereignissen im September 2008 in Wahrheit nichts verändert hat – und das, obwohl allenthalben das Gegenteil behauptet wird. So mancher Politiker klopft sich auf die Schulter. Die Rede vom »endlich wieder starken Staat« hat längst sämtliche Polit-Stammtische erobert. Das ist eine Illusion. Stattdessen ist die Malaise, in der wir stecken, noch viel größer, als Sie vielleicht ahnen.

Längst ist von jenem geheimnisvollen Virus, der den großen Crash heraufbeschworen hat, nicht nur die Finanzwelt infiziert, sondern die gesamte Wirtschaft, ja mehr noch, er hat sich längst in unseren Köpfen eingenistet und bedroht die ganze Gesellschaft. Es ist der Virus der Desinformation. Und Desinformation ist das Gegenteil von funktionierendem Gemeinwesen – sei es bürgerlich oder sozial. Angesichts der Bedrohungen, denen wir ausgesetzt sind, rücken Bürger, mittelständische Unternehmer, ökologisch Interessierte und soziale Demokraten bzw. demokratische Sozialisten eng zusammen. Denn die Rechtsvorstellungen, mit denen die meisten von uns aufgewachsen sind, werden massivst von den Funktionären einer neuen Wirtschafts- und Gesellschaftsordnung in Großunternehmen, der Politik und den Lobbys untergraben.

Informations- oder Desinformationsgesellschaft?

Der Finanzcrash von 2008 war in Wahrheit ein Informationscrash, der – und das ist wohl das Einzige, was von dem dramatischen Medienvokabular der Wahrheit entspricht – nur den ersten einer langen Kette von Zusammenbrüchen darstellt. Uns steht der wirkliche Crash, der wirtschaftliche, der soziale, der bildungspolitische und der gesellschaftliche Crash, erst noch bevor.

Selbst wenn allenthalben die Rede von einer »Informationsgesellschaft« ist, hat sich unsere Wirtschaft längst in eine »Desinformationswirtschaft« verwandelt. In der Regel ist mit dem Schlagwort »Informationsgesellschaft« lediglich die Durchdringung aller Produktions- und Lebensbereiche durch sogenannte »Neue Technologien« gemeint, also computerbasierte Produktion, digitale Kommunikation und hochtechnisierte Interaktion. Aber wir alle verstehen das Wörtchen »Information« auch im Sinne einer Botschaft, einer Nachricht, von ehrlicher Aufklärung und wahrheitsgemäßer Belehrung.

»Information ist die Verringerung von Ungewissheit«, sagte der Wissenschaftler Gernot Wersig, der Ende des 20. Jahrhunderts an der Freien Universität Berlin maßgeblich daran beteiligt war, sich kritisch mit der Informationsgesellschaft auseinanderzusetzen. Als Begründer einer Informationswissenschaft untersuchte er die Auswirkungen der neuen Informations- und Kommunikationstechnologien auf die Gesellschaft. Doch seine Versuche, eine solche Wissenschaft zu etablieren, scheiterten: Ab Ende 2000 wurden keine Lehrveranstaltungen der Informationswissenschaft an der Freien Universität Berlin mehr angeboten. Das Ende der von Wersig geprägten Informationswissenschaft fällt ins selbe Jahr wie der Crash der »New Economy«.

Damals hatte eine bis dahin ungekannte Begeisterung über die Möglichkeiten neuer Technologien und den Aufstieg einer vollkommen neuartigen Informationsgesellschaft zu einer wenige Jahre währenden Boomphase an der Börse geführt. Im Jahr 2000 platzte die Spekulationsblase, die »New Economy« entpuppte sich als heiße Luft. Doch das Schlagwort der »Informationsgesellschaft« überlebte – und mit ihm auch die Begeisterung für einen rapiden Wandel von der modernen Industriegesellschaft zur postmodernen Dienstleistungsgesellschaft, in der sich jeder mit jedem über alles und überall austauschen kann. Angesichts der allgemeinen Euphorie scheint es, als ob wir nun wenige Jahrhunderte seit der Aufklärung endlich dem Bildungsideal der Menschheit, einer allumfassend informierten Wissensgesellschaft, zum Greifen nahe gekommen wären.

Das Gegenteil ist richtig. Bürgerinnen und Bürger sind immer weniger gut informiert. Und zwar nicht allein weil wir der Informationsflut und der wachsenden Komplexität einer globalisierten Wirklichkeit nicht mehr gewachsen wären, *sondern weil es Kräfte in der Mitte unserer Gesellschaft gibt, die allergrößtes Interesse daran haben, dass aus Information Desinformation wird.* Wir leben nicht in einer Informations-, wir leben in einer Desinformationsgesellschaft!

Nein, keine Sorge. Es gibt hier keine Verschwörungstheorie jedweder Art. Weder werden wir durch übersinnliche Spam-Mails von bösartigen Außerirdischen manipuliert, noch tüftelt eine schwäbische, chinesische oder sizilianische Mafia hinter verschlossenen Kneipentüren irgendwelche raffinierten Computerviren aus, die heimlich unsere Girokonten abräumen. Das Ganze funktioniert eher wie in dem berühmten, von Franz Schubert vertonten Lied »Die Forelle«:

In einem Bächlein helle,
Da schoss in froher Eil
Die launische Forelle
Vorüber wie ein Pfeil.

Ich stand an dem Gestade
Und sah in süßer Ruh
Des muntern Fischleins Bade
Im klaren Bächlein zu.

Ein Fischer mit der Rute
Wohl an dem Ufer stand,

Und sahs mit kaltem Blute,
Wie sich das Fischlein wand.

So lang dem Wasser Helle,
So dacht ich, nicht gebricht,
So fängt er die Forelle
Mit seiner Angel nicht.

Doch endlich ward dem Diebe
Die Zeit zu lang. Er macht
Das Bächlein tückisch trübe,
Und eh ich es gedacht,

So zuckte seine Rute,
Das Fischlein zappelt dran,
Und ich mit regem Blute
Sah die Betrogene an.

Der Dichter Christian Schubart hatte ursprünglich noch eine weitere Strophe getextet, in der er die Parabel auflöste und eine Warnung an junge Mädchen formulierte, sich nicht verführen zu lassen. Doch diese kleinbürgerlich-moralische Wendung diente nur der Täuschung der damaligen Zensoren. Schubart hatte das Gedicht im Gefängnis geschrieben, wo er zehn Jahre verbrachte, weil er sich in seinen sozialkritischen Schriften allzu sehr mit der Obrigkeit angelegt hatte. In Wahrheit klagte er mit der Ballade von der Forelle die politischen Verhältnisse an.

Im klaren Bach kann der gewiefte Fisch dem Angelhaken entwischen. In trüben Gewässern lässt es sich leichter fischen, das wissen eben nicht nur Hobbyangler, sondern auch die Mächtigen und Herrschenden. Verschleiern, falsche Angaben machen, mit positiven, aber nichtigen Botschaften von gravierenden negativen Sachverhalten ablenken, gezielt täuschen, irritieren, verdunkeln und verblenden, übertünchen und übertönen – das alles gehört zum Repertoire der Desinformation und ist in unserer Wirtschaft längst gang und gäbe. In einer funktionierenden Demokratie ist es die Aufgabe der Politik, für ein halbwegs klares Gewässer zu sorgen. Jahrzehntelang wusste man, wofür die Christdemokraten standen, die Sozialdemokratie, die Freien Demokraten. Eine kurze Zeit – bis sie zur Kriegspartei wurden – wusste man es auch von den Grünen. Zudem wusste man, dass Politiker wie alle Menschen zwar eigene Interessen verfolgten, aber gleichzeitig auch die Sonderinteressen der Wirtschaft und der Konzerne zu begrenzen suchten. Diese Zeiten sind vorbei. Heute haben die Akteure der Desinformation das Ruder fest in der Hand. Die mächtigen Funktionäre in Großunternehmen, Politik und Lobby bilden zunehmend eine herrschende Kaste, die sich abschottet. Auf der Strecke bleibt der Bürger.

Lehman ist keine Ausnahme, sondern zeigt, wie das System funktioniert

Die vermeintliche »Informationsgesellschaft« ist in Wirklichkeit eine Desinformationsgesellschaft, die den neuen Funktionären in Großunternehmen, Lobbys und Politik in die Hände spielt. Das ist die wahre Botschaft des Datums »15. September 2008«. An jenem Tag, als Lehman Brothers, die viertgrößte Investmentbank der Wall Street, Gläubigerschutz beantragte, wurde schlagartig klar, dass das weltweite Banken- und Finanzsystem vor allem eines höchst fehlerhaft verarbeitet hatte: Informationen!

Vorausgegangen war der Insolvenz ein monatelanges Versteckspiel zwischen Lehman Brothers, Öffentlichkeit und amerikanischer Finanzaufsicht, bei dem die Lehman-Verantwortlichen noch bis kurz vor dem Ende darauf bestanden, dass ihr Institut solvent sei. Eine Pleite dieses Traditionsunternehmens schien undenkbar. Das Geldhaus Lehman Brothers war anderthalb Jahrhunderte zuvor von deutschen Auswanderern gegründet worden und hatte zwei Weltkriege und die Große Depression unbeschadet überstanden, Niemand konnte sich vorstellen, dass sich in diesem ehrenwerten Haus ein Schuldenberg aufgehäuft hatte, der bei seinem Einsturz die gesamte Finanzwelt ins Wanken bringen würde.

In den Wochen und Monaten darauf stellte sich heraus, dass das irrationale, jedwedes Risiko ignorierende Geschäftsgebaren der amerikanischen Investmentbank nicht spektakuläre Ausnahme, sondern der Regelfall war. Selbst biedere deutsche Landesbanken hatten sich auf Finanzdeals eingelassen, deren Risiken weit über das bislang bekannte Maß hinausgingen. Schlimmer noch: Man hatte Risiken in Kauf genommen, von denen selbst die Risiko-Experten nichts mehr wussten. Der Finanzteich war so trübe geworden, dass längst mehr Würmer als Fische im Wasser schwammen. Nun drohte das Gewässer umzukippen und zur Seuchegrube zu werden.

Privatanleger, die sich über Finanzanlagen informieren, und Bürger, die sich über den Stand der Wirtschaft kundig machen wollen, ja selbst Experten können ob der vielfältigen Verschleierungstaktiken nicht mehr klar sehen und urteilen. Unzählige Finanzprodukte von höchst komplexer und undurchsichtiger Natur, verwirrende und oftmals widersprüchliche Aussagen von Experten und eine nicht enden wollende Berieselung mit Finanzdaten haben den Anlegern die Informationsbasis entzogen. Unzählige Menschen gingen und gehen auf diese Weise den Beratern und Spezialisten ins Netz. Noch heute zappeln sie angesichts ihrer Verluste und Fehleinschätzungen wie die Fische an der Angel.

Doch, um im Bild zu bleiben, es war nicht allein der Fluss des Geldes, der getrübt war. Auch das Meer der Wirtschaft und die Ozeane der Gesellschaft sind längst zu derart undurchsichtigen Gewässern verkommen, dass sich Haie jedweder Art ungestört ihre Leckerchen zusammenfischen können. Wir haben uns alle – ob Hai oder Hering – so sehr an die undurchsichtige Umgebung gewöhnt, dass viele sich offenbar kaum noch vorstellen können, wie ein Leben in klarem Wasser aussehen könnte.

Die Desinformationspolitik von Lehman Brothers und all den anderen, die nunmehr am Pranger stehen, ist beileibe keine Besonderheit der Finanzwelt. Politik und Finanzaufsicht haben beim Finanzcrash 2008 auf breiter Front versagt. Der Staatsgewalt und den Aufsichtsbehörden ist es nicht gelungen, die riskanten Machenschaften frühzeitig zu durchschauen und zu unterbinden. Bereits ein Jahr nach dem Crash gelingt es ihnen heute abermals nicht, durch Regulierung derartige Machenschaften zukünftig zu verhindern. Das ist nicht nur der Unfähigkeit einzelner Politiker geschuldet, die sich gegen eine Übermacht interessengeleiteter Lobbyisten nicht durchsetzen können, sondern es folgt dem Umstand, dass grundsätzlich kaum noch jemand überhaupt in der Lage oder willens ist, die Wirtschaftsmoderne mit ihrem komplexen Desinformationsgeflecht zu durchschauen.

Wenige Stunden nach der Insolvenzerklärung der amerikanischen Investmentbank Lehman Brothers verhängte die deutsche Bundesanstalt für Finanzdienstleistungsaufsicht (BaFin) ein Veräußerungs- und Zahlungsverbot über die deutsche Lehman-Tochter, um die verbliebenen Vermögenswerte zu sichern. Die Lehman Brothers Bankhaus AG mit Niederlassungen in Frankfurt, London, Mailand und Seoul wies bei einer Bilanzsumme von 16,2 Milliarden Euro Verbindlichkeiten von 14,3 Milliarden Euro auf. Es drohten die Überschuldung und damit der Kollaps. Durch die schnelle Maßnahme glaubte man die Lage geklärt. Vor Zuversicht strotzend, stellte sich der damalige Finanzminister Peer Steinbrück noch am 25. September 2008 vor den Bundestag und behauptete, es handele sich vor allem um eine amerikanische Krise. Die Engagements deutscher Kreditinstitute bei Lehman Brothers, so behauptete die BaFin gemeinsam mit dem Bundesfinanzministerium und der Bundesbank, hielten sich in einem überschaubaren Rahmen und seien verkraftbar.[7] Dass dem nicht so war, kam erst nach und nach ans Tageslicht. Obgleich die BaFin noch im Oktober 2008 behauptete, die Lehman-Verluste der deutschen Anleger könnten entschädigt werden,[8] sollten viele deutsche Gläubiger – insbesondere Kleinsparer – auf ihren Forderungen sitzen bleiben. Etliche deutsche Banken und sogar Sparkassen hatten eifrig Lehman-Zertifikate vertrieben, ohne dass es die breite Öffentlichkeit erfahren hatte. Offenbar waren diese Produktzusammenhänge sogar so sehr verschleiert, dass das Ausmaß der Verstrickung selbst den fachkundigen Kollegen in den Aufsichtsbehörden nicht aufgefallen war.

Nunmehr steht das betrogene Volk zwar enttäuscht vor den Wahlurnen. Wir zweifeln an der Kompetenz der Experten, aber viele von uns verstehen immer noch nicht, welche Lektion aus den Geschehnissen zu lernen ist. Sind die da oben alle so dumm? Ist das Volk machtlos? Oder: Sind die da drüben alle so gierig und wir sind ihr Futter? Oder: Sind die da vorne alle so schnell, ich komm' nicht mehr mit?

Die politischen Konsequenzen der Finanzkrise sind bisher minimal und erschöpfen sich vor allem in der Diskussion um Bonuszahlungen. Also geht es weiter wie gehabt. Die Geschichte der Desinformationswirtschaft wird eine Seite vorwärts geblättert. Es geht weiter im Text, als wäre nichts gewesen, außer ein paar kleinen Tipp- und Kommafehlern. Dabei wäre sehr viel mehr zu ändern als nur der Kleinkram, um und über den in sogenannten Expertenkreisen gestritten wird. Es geht nicht bloß um ein paar gierige Manager. Es geht auch nicht nur um ein paar zynische Banker, denen man im Studium ein paar Stunden pro Woche ein paar Grundregeln der Moral einprügeln muss. Und es geht auch nicht allein um die Frage, ob man den »Boni« im Erfolgsfalle auch »Mali« im Misserfolgsfalle gegenüberstellen muss. Wenn unsere Welt allein daran kranken würde, kaufte ich mir einen schönen Roman und setzte mich in Strickjacke und Pantoffeln an den warmen Kamin!

Dass ich mir die Mühe des Buchschreibens mache, liegt eben daran, dass es Zeit wird, die trüben Gewässer aufzuklären. Ob sich der Tümpel der Desinformationswirtschaft überhaupt noch in einen strahlend blauen See einer ehrlich informierten, freien und vor allem fair regulierten Marktwirtschaft verwandeln lässt, wage ich zu bezweifeln. Aber ich sehe mich in der staatsbürgerlichen Pflicht, mich einer »Business Community«, die ihre Wachstumsinteressen ohne Rücksicht auf das Gemeinwohl verfolgt, entgegenzustellen. Ich will den Zauberstab der offenen und freien Rede schwingen, bevor alle, die noch selbständig, bürgerlich UND sozial denken können, einer kompletten Gehirnwäsche unterzogen sind. Möglicherweise ist es bereits zu spät. Möglicherweise wird mir jetzt genauso wenig geglaubt, wie mir 2006 geglaubt wurde, als ich das Buch »Der Crash kommt« publizierte. Dass niemand ihr Glauben schenkt, ist nun mal die Tragödie einer jeden Kassandra, auch wenn sie die Gabe der Vorhersehung besitzt. Das wird mich nicht daran hindern zu sagen, was zu sagen ist.

Nun könnten Zyniker dagegenhalten, dass Desinformation zum menschlichen Miteinander schlichtweg dazugehört, vielleicht mehr noch als jene gut gemeinte Information im oben genannten Sinne einer »Verringerung von Ungewissheit«. Nicht nur Irren ist menschlich, sondern vielmehr noch das Lügen und Betrügen. Schließlich hätten Menschen in der Regel sehr viel mehr Interesse daran, einander im Ungewissen zu belassen, als sich über die wahren Verhältnisse aufzuklären.

In China beispielsweise gibt es seit vielen Jahrhunderten die »Sechsunddreißig Strategeme«.[9] Sie sind Allgemeingut und werden bereits in der Schule gelehrt. Dahinter verbergen sich diverse Kniffe der List und der Täuschung, etwa: »Im Osten lärmen, im Westen angreifen.« Da gibt es Verschleierungs-Strategeme wie »Hinter dem Lächeln den Dolch verbergen«, Flucht-Strategeme wie »Weglaufen ist das Beste, wenn die Lage aussichtslos wird« bis hin zu Chaos-Strategemen wie »Verwirrung stiften und die Verwirrung nutzen«. Selbst die Forellenangler-Strategie taucht in den chinesischen Strategemen auf: »Das Wasser trüben, um den Fisch zu fangen.« Diese Techniken der Desinformation werden in China nicht moralisch oder ethisch begründet oder diskutiert, sondern gelten allein als Werkzeuge, um ans Ziel zu gelangen. Ihre Anwendung ist nicht verwerflich, sondern tägliches Handwerk.

Kriegslist und Strategien der Täuschung kennen wir im Prinzip aus jedem Kulturraum: Sei es aus der Antike, wo etwa der römische Autor Polyänus im ersten Jahrhundert unserer Zeitrechnung anlässlich des Beginns des frühen, fünf Jahre währenden Partherkrieges dem Kaiser Marc Aurel einen Leitfaden militärischer Strategie aufschrieb; sei es aus der frühen Neuzeit, wo sich der italienische Fürst und Dichter Niccolò Machiavelli in seinem berühmtesten Werk »Il Principe – Der Fürst« dazu ausließ, wie Herrscher politische Macht gewinnen und sichern können. Nicht zufällig – wenn auch verfälschend verkürzt – wird der Name »Machiavelli« heute als Synonym für rücksichtslose Machtpolitiker verwendet.

Listige Personen werden in den Mythen aller Kulturen in der Regel als Helden gefeiert, ob die schlaue orientalische Prinzessin Sheherazade, die sich ihrer Ermordung entzog, indem sie ihrem grausamen Häscher Nacht für Nacht eine verführerische Fortsetzungsgeschichte in tausendundeiner Folge erzählte, oder der kluge Igel, der sich im Laufduell mit dem schnelleren Hasen von seiner ihm bis auf den kleinsten Stachel ähnelnden Ehefrau doubeln ließ, um unerwartet früher als der flinke Hase ins Ziel zu kommen.

Täuschung gilt als Erfolgsprinzip und ist etwa im Sport durchaus gern gesehen, wenn zum Beispiel ein Fußballer den gegnerischen Verteidiger mit Hilfe einer Finte ausdribbelt. Auch Zauberer gelten gerade dann als hochrangige Künstler, wenn sie das Publikum glauben machen, sie könnten Kaninchen aus dem Hut zaubern oder blutjunge Damen zersägen, ohne dass sie ihr Leben lassen müssen. Schauspieler werden gefeiert, die sich in andere Menschen verwandeln: Der Komödiant Hape Kerkeling etwa feierte einen seiner größten Erfolge, als es ihm vor laufender Kamera gelang, als angebliche Königin Beatrix vor Eintreffen der echten Königin der Niederlande ungehindert von zahllosen Sicherheitskräften vor Schloss Bellevue vorzufahren.

Aber die westliche Zivilisation und ihre Leistungen beruhen auf einem anderen Fundament. Im deutschen Strafrecht gibt es den Tatbestand des Betrugs oder der Fälschung. Wir alle kennen den Begriff der »arglistigen Täuschung«. »Heimtücke« gilt bei einem Mord als straferschwerend. Sosehr wir eine gelungene Täuschung als originell zu schätzen wissen, in Wahrheit wollen wir nicht belogen werden!

Gammelkredite sind keine gelungene Vor- oder Verstellung

Doch wo verläuft die Grenze zwischen akzeptabler, vielleicht sogar bewundernswerter und übler, verachtungswürdiger Täuschung? Ohne sich allzu sehr auf moralphilosophisches Terrain vorzuwagen, lässt sich wohl mit ziemlicher Sicherheit festhalten, dass die Frage, ob wir eine Täuschung gutheißen oder nicht, vor allem davon abhängt, ob wir wissen, dass wir getäuscht werden: Weder ein Schauspieler noch ein Kabarettist oder ein Zauberer lassen uns dauerhaft im Glauben, dass das, was er uns vorgaukelt, wirklich so sei. Früher oder später wird der Schleier der Verstellung gelüftet. Und indem wir Eintrittskarten oder Ähnliches bezahlen, belohnen wir nicht die Darbietung an sich, sondern die gelungene Vor- oder eben Verstellung.

Anders verhält es sich, wenn uns die Illusion nicht erläutert wird; wenn wir etwa Fleisch kaufen, das als »frisch« etikettiert, in Wahrheit aber alt und gammelig ist. Oder wenn uns Berater sichere Geldanlagen anpreisen, die sich später als Gammelkredite entpuppen und uns statt garantierter Rendite unerwartete Verluste bescheren.

Das sei nun mal das Prinzip des »Raubtierkapitalismus«, könnte man abgeklärt behaupten, den Altkanzler Helmut Schmidt schon im Dezember 2003 in der von ihm mitherausgegebenen Wochenzeitung *Die Zeit* geißelte:[10] »Wo Spekulation und Leichtfertigkeit Unternehmen oder Banken in Gefahr gebracht haben, wo deshalb die Versuchung zum Verbergen und Vertuschen, zur Täuschung und zum Betrug sich ausbreitet, dort stehen wir am Rande des Verfalls.« Wohlgemerkt, das schrieb Helmut Schmidt bereits Ende 2003, nämlich kurz nach dem Platzen der New-Economy-Blase und fünf Jahre vor dem großen Finanzcrash, unter dem wir heute leiden. Schon damals gab es einen Absturz der Aktienkurse, bei dem die US-Börse fast die Hälfte und die Deutsche Börse sogar zwei Drittel ihres Wertes verlor.

Doch trotz dieser Erfahrung und trotz aller Rufe nach schärferer Regulierung hat sich das Schauspiel des Betrugs und der Täuschung an den Finanzmärkten kein halbes Jahrzehnt später noch einmal wiederholt – und diesmal sogar mit noch härteren Konsequenzen: Die Welt erlitt beim letzten Finanzcrash einen geschätzten Wohlstandsverlust in zweistelliger Billionen-Dollar-Höhe. Das Deutsche Institut für Wirtschaftsforschung (DIW) errechnete, dass die Finanzkrise allein Deutschland bis Ende 2010 etwa 250 Milliarden Euro kosten wird, rund 3000 Euro pro Bundesbürger. Aber der Raubtierkapitalismus geht weiter, und die Könige des Dschungels sind diejenigen, die am weitesten das Maul aufreißen und gnadenlos und unerbittlich zerfleischen, was ihnen in die Klauen gerät.

»Homo homini lupus«, seufzt da der desillusionierte Lateiner. »Der Mensch ist des Menschen Wolf«, wie bereits der Philosoph und Staatstheoretiker Thomas Hobbes in Anlehnung an ein altrömisches Dichterwort den Naturzustand des Menschen auf den Punkt brachte. Allerdings vertrat Hobbes in seinem zentralen Werk »Leviathan« auch die Ansicht, ein starker Staat könne (und müsse) als übergeordnete Instanz diesem von Natur aus räuberischen Umgang der unzivilisierten Menschen ein Ende bereiten und als Souverän seine Bürger durch Gesetze voreinander schützen.

Man könnte meinen, dass der zivilisierte Mensch sich nach den Erfahrungen der Weltwirtschaftskrise 1929, nach der Großen Depression, nach der Lateinamerika-Krise in den 1970ern, nach der Asienkrise in den 1990ern, nach der Dotcom-Krise 2000 und nach der letzten Krise 2008 nunmehr endlich solcher archaischer Naturzustände entledigen möchte. Dass der Homo sapiens auch als Homo oeconomicus mit Messer und Gabel, mit Sinn und Verstand umzugehen weiß und vom Baum der Erkenntnis nascht. Doch es zeichnet sich ab, dass auch diese letzte Krise nicht zu einer wesentlichen Veränderung der Strukturen führen wird, von denen Deutsche-Bank-Chef Ackermann noch im Sommer 2008 – kurz vor dem Lehman-Knall – behauptete, es gäbe keine systemischen Risiken.

Ohne allzu viel vorwegnehmen zu wollen, will ich bereits hier meiner Befürchtung Ausdruck verleihen, dass wir in der Tat mit dem modernen Kapitalismus dem von Hobbes beschriebenen Naturzustand näher sind, als die meisten denken, und dass wir uns weit von bürgerlichen aber auch sozialdemokratischen Vorstellungen der Chancengleichheit, Rechtssicherheit und Nachhaltigkeit entfernt haben. Der Markt ist in mancher Hinsicht heute lediglich ein Freiraum für Beutezüge jeglicher Art durch die Stärksten und Schnellsten. Gerade dadurch sind unsere heutigen Zustände eher mit den unregulierten Marktbedingungen des Mittelalters vergleichbar als mit der Zeit von ca. 1850–1989. In der landwirtschaftlich geprägten Feudalgesellschaft befand sich der Reichtum im Besitz einiger weniger und die Masse der Bevölkerung in wirtschaftlicher, sozialer und politischer Leibeigenschaft dieser mächtigen Minderheit. Genauso ist heute wieder ein krasses Missverhältnis zwischen Konzernen und Konsumenten zu erkennen, in dem die angebliche Gleichheit der Marktkräfte nichts ist als eine Illusion.

Alte Standards, die durch die prosperierenden Jahrzehnte der Industrialisierung das Verhalten der Marktgegenseiten austariert haben, sind heute längst ausgehebelt oder gleich ganz außer Kraft gesetzt. Unternehmen – insbesondere die großen, grenzüberschreitend tätigen Konzerne, die zweistellige Milliardenumsätze erwirtschaften – konnten ihren Einfluss immer weiter ausbauen. Mittlerweile sind sie so stark, dass die Staatsgewalt ihrem Wirken nichts mehr entgegensetzen kann. Eine Regulierung ist gar nicht mehr möglich. Ganze Gesetze werden von den Lobbys selber oder von beauftragten Anwaltskanzleien geschrieben. Und genau wie der eine Fürst dem anderen in Raubritter-Manier seine Ländereien streitig machte oder sich dessen Reichtümer durch geschickte Heiratspolitik einverleibte – und zwar inklusive aller Leibeigenen, aller Bauern, Handwerker und Händler –, genau so wird heute mittels »feindlicher Übernahmen« oder raffinierter »Mergers & Acqusitions« ein durch keinerlei bürgerliche oder gar demokratische Werte gebremster Neofeudalismus praktiziert.

Gewichtige Stimmen haben uns vor diesen Entwicklungen gewarnt, etwa der amerikanische Ökonom und Kritiker der Überflussgesellschaft John Kenneth Galbraith, der deutsche Wirtschaftswissenschaftler und »Vater der sozialen Marktwirtschaft« Wilhelm Röpke oder auch in jüngster Zeit die britische

Wirtschaftsphilosophin und Globalisierungskritikerin Noreena Hertz. Ihre Warnungen, auf die ich an späterer Stelle ausführlicher eingehen werde, sind eingetreten wie vorhergesagt. Der Staat hat dem Wirken der Unternehmen Raum gelassen, er hat getreu der neoliberalen Denkweise einen Pakt der Nichteinmischung geschlossen und in vielen Punkten das Feld erst freigemacht, so dass sich das System mit allem, was es mit sich bringt, entfalten konnte. Es hat uns neue Produkte gebracht, Beschäftigung, Innovation, Produktivitätsgewinne und Wohlstandssteigerung, ohne Frage. Doch ein ausgeklügelter Desinformationsapparat hat verdeckt, zu welchem Preis dieser Fortschritt erkämpft wurde: Die Finanzcrashs von 2003 und 2008 waren nur auffällig groß geratene Raten im langwierigen Frondienst für den regellosen Kapitalismus, in dem Unternehmen und Lobbys herrschen. Jeden Tag zahlen wir, ohne es zu merken, unter dem Deckblatt einer vermeintlichen Wohlstandsmehrung mehr, als wir an Gegenleistung bekommen, und werden dabei immer ärmer.

Es sei hier noch einmal gesagt: Ich bin ein durch und durch »liberaler«, also »freiheitlich« und »sozial« denkender Mensch. Leistung muss sich lohnen. Und dazu gehören Chancengleichheit und die Gleichheit vor dem Gesetz. Leistungsverweigerung muss ebenfalls spürbare Konsequenzen haben. Es wird bei CDU, SPD, FDP, Grünen und auch den Linken Menschen geben, die ähnlich denken wie ich. Aber genau die oben angesprochenen Grundvoraussetzungen sind heute schon massiv erschüttert, weil nämlich die Politik insgesamt immer mehr abgedankt hat.

Wie mächtig kann eine internationale Finanzhydra sein?

Um noch einmal etwaigen Missverständnissen entgegenzutreten: Ich glaube nicht, dass eine übermächtige »internationale Finanz- und Machthydra«, wie sie der von mir sehr geschätzte Börsenhändler Dirk Müller in seinem Bestseller »Crashkurs« identifiziert,[11] die Finanzmärkte nach Belieben manipulieren kann. Müller verwahrt sich vorauseilend gegen den diffamierenden Vorwurf »Verschwörungstheoretiker«, indem er auf die Kritiker des Irakkrieges 2003 verweist. Auch sie galten als »Verschwörungstheoretiker«, als sie behaupteten, der Irakkrieg sei ein Komplott und im Irak gäbe es gar keine Massenvernichtungswaffen. Heute wissen wir: Die amerikanische Regierung log bewusst, um die Bevölkerung und die Verbündeten für den Krieg zu mobilisieren.

Doch in der Finanzwelt ist es etwas anders. Die Entscheidung für oder gegen einen Krieg im Irak lag in der Macht einer Handvoll Politiker. Hier sind Absprachen und Manipulation im großen Stil leicht möglich. Der Krieg musste her, selbst wenn die amerikanische Regierung hierfür ihr eigenes Volk und ihre Verbündeten belügen musste. Wenn dann die Entscheidung einmal gefallen ist, entwickelt ein Krieg seine Eigendynamik. Die Entscheidung, wie die Märkte funktionieren, liegt zwar ebenfalls immer mehr in der Macht einiger weniger Konzerne, aber immer noch sind viel zu viele Personen an diesem Marktgeschehen beteiligt, als dass eine unmittelbare Absprache etwaiger Strategien zur Ausbeutung der Welt möglich wäre. Letztlich gleicht die Konkurrenz der Konzerne eher einem Tauziehen um Märkte und Produkte als einem Krieg. Es geht hin und her: Mal hat die eine Seite die Oberhand, mal die andere.

Die internationale Finanzhydra ist mächtig, aber ihre Mitglieder sind nicht allwissend. Und unter ihnen gilt genauso das Gesetz des Fressens und Gefressen Werdens werden wie im Rest der Wirtschaft. Als die texanischen Milliardärsbrüder Hunt 1979 und 1980 die Silberpreise durch massive Käufe in ungeahnte Höhen trieben, war ihr Ruin die Folge. Natürlich wird an den Finanzmärkten täglich vielfach manipuliert. Meistens leben die mächtigen Akteure auf Kosten der Schwächeren, dennoch kann ich keine »Verschwörung« erkennen. Die Realität ist komplexer.

Es ist eher so, dass die großen und gut informierten Akteure oftmals vor den Folgen ihres Handelns geschützt werden und sich die Gesetze so gestalten, dass sie sich selber zu Lasten der Allgemeinheit schützen. Gehen ihre Spekulationen auf, verdienen sie viel Geld. Gehen sie nicht auf, sind einige wenige Firmen ruiniert, einige Manager verlieren ihre Jobs (oft mit üppigen

Pensionsansprüchen) und die Allgemeinheit trägt die Kosten. Der Rest macht weiter wie bisher.

Die unüberschaubare Flut von Finanzdaten, die sich irrsinnig schnell bewegenden Märkte sowie die starken Marktschwankungen verführen auch große und scheinbar gut informierte Anleger zu dummen oder unvorsichtigen Entscheidungen. Selbst souveräne und unerschütterlich geglaubte Mega-Akteure stürzen ins Verderben: 2007 etwa die Mittelstandsbank IKB, die aufgrund riskanter Immobiliengeschäfte binnen einer Woche fast die Hälfte ihres Börsenwertes verlor; oder die deutsche Bankenholding Hypo Real Estate, die nach erheblichen Fehlspekulationen im September 2008 nur durch massive staatliche Finanzspritzen bewahrt werden konnte und bis heute ums Überleben kämpft; oder der Sportwagenhersteller Porsche, der sich durch wagemutige Finanzspekulation auf die Kursbewegungen des Konkurrenten VW an den Rand des Ruins gebracht hatte und nur durch Überbrückungskredite in Milliarden-Höhe so weit gerettet wurde, dass er im Sommer 2009 dann ausgerechnet von VW geschluckt werden konnte. Der schwäbische Unternehmer Adolf Merckle verspekulierte sich mit mehreren Hundert Millionen Euro an der Börse, zerstörte damit sein Lebenswerk und warf sich 74-jährig vor den Zug – als Teil einer allwissenden Wirtschaftsmafia wäre ihm das nicht passiert.

Nein, gäbe es eine übermächtige Finanzhydra, sie würde sich solche Köpfe nicht abschlagen lassen! So dumm ist keine Hydra. Auch würde sie es nicht zulassen, dass besonnene Kleinanleger, zu denen ich mich glücklicherweise selbst zählen darf, vom Chaos an der Börse profitieren und sich entgegen aller Verwirrspiele noch halbwegs souverän durch den Markt bewegen.

Auch sie können das Spiel durchschauen und sich erfolgreich an der Börse bewegen. Das Erfolgszrezept, das ich in meinen anderen Büchern dargestellt habe, ist seit mehr als siebzig Jahren bekannt und heißt »wertorientiertes Investieren« (engl. »Value Investing«).[12] Investieren Sie nur nach dem Reinheitsgebot: Aktien und einfache Aktienfonds, Festgeld und Anleihen(fonds) sowie Gold. Kaufen Sie nur, was Sie verstehen. Meiden Sie »Modethemen«. Kaufen Sie »langweilige« Investments. Kaufen

Sie nicht »Total Return«, exotische Zertifikate, Private Equity, Hedgefonds oder andere komplexe oder »heiße« Produkte. Und dann ignorieren Sie die Finanzberichterstattung. Lassen Sie sich nicht vom Virus der Desinformation anstecken.

Das Problem ist nicht eine zielgerichtete Verschwörung, sondern der Konsens der großen Akteure, die Finanzwelt möglichst komplex und unüberschaubar zu gestalten. Es gibt keinen einzelnen Bösewicht, der dreckige Brühe in die Gewässer kippt, um besser im Trüben fischen zu können. Stattdessen gibt es eine unüberschaubare Vielzahl von Anglern, die jeder für sich und gegen die anderen den See verunreinigen, weil es an einer ordnenden Macht fehlt, die für Sauberkeit und Transparenz sorgt.

Es könnte diese Macht geben. Die Regierungen der Industriestaaten könnten diese Rolle einnehmen. Noch wäre es durchaus möglich, zum Beispiel besonders riskante Geschäfte, wie sie etwa in den Derivate-Abteilungen der Banken erfunden werden, zu verbieten. Noch könnte man eine Zulassungsbehörde für Finanzprodukte schaffen, die nach strengen Regeln prüft und zertifiziert, was an Finanzprodukten auf den Markt geworfen wird. Warum sollte, was für Gurken und Papiertaschentücher, für Kopfschmerztabletten und Kinderspielzeug geht, nicht auch für Aktienfonds und Lebensversicherungen funktionieren? Es könnte hier wie dort Standards geben, die sicherstellen, dass die Produkte halten, was sie versprechen. Für jede Art von Erdbeeraroma gibt es eine Richtlinie, eine Kennziffer und eine Publikationspflicht – nicht aber für die horrenden Risiken der Finanzwelt.

Die Triebkräfte der Desinformationsgesellschaft

Drei Triebkräfte sind es, die die Auflösung allgemein anerkannter Informationsstandards beschleunigen und die dazu führen, dass uns mehr und mehr das Koordinatensystem entzogen wird:

1. Das Interesse der Wirtschafts-Akteure an Desinformation

Es sind vor allem die großen Wirtschaftsakteure, die von der Desinformation profitieren. Wem es gelingt, dem kritischen

Verbraucher den klaren Verstand zu rauben, kann ihm minderwertige Ware unterjubeln, erhöhte Preise abverlangen oder ihn mit Knebelverträgen langfristig an sich binden. Der aufgeklärte, wissende Konsument verlangt Qualität, ein faires Preis-Leistungs-Verhältnis und Entscheidungsfreiheit. Niemand wird freiwillig minderwertige Ware zu einem erhöhten Preis kaufen und sich zu solchem Verhalten auch noch jahrelang verpflichten. Genau das aber wird möglich, wenn der Verbraucher nicht mehr weiß, was er tut. Telefonkonzerne und Stromversorger führen derzeit sehr anschaulich vor, wie Desinformation auf dreistestem Niveau funktioniert. Doch dazu später mehr.

Bei alledem haben die großen und mächtigen Unternehmen nicht nur durch Bildung von Oligopolen die Möglichkeit, marktbeherrschende Positionen einzunehmen und den Verbraucher schon allein dadurch zu – für den Verbraucher – unökonomischem Verhalten zu zwingen. Sie haben vielmehr auch die besseren Möglichkeiten, eigene »Wahrheiten« oder »Fakten« in die Welt zu setzen – sei es durch Beeinflussung der öffentlichen Meinung, Public Relations oder Lobbyarbeit. Bürgerinnen und Bürger hingegen, die versuchen, sich über die für sie relevanten Angebote zu informieren, sehen sich zunehmend von einem Überangebot an Information (und gezielter Desinformation!) überrollt und überfordert. So kann man ihnen letztlich alles verkaufen – Produkte, Dienstleistungen, politische Meinungen, Kriege.

Während der Teich für die Fische immer undurchsichtiger wird und es den Anglern also leichter fällt, Beute zu machen, entwickeln die großen Fischereibetriebe ausgeklügelte Systeme, um doch wieder Durchblick zu bekommen. Sie nutzen die große Maschinerie der Desinformation – das Internet und die damit verknüpften Technologien – nicht nur, um Trübung zu verbreiten, sondern schaffen sich selbst gewissermaßen wasserfeste Nachtsichtgeräte, mit denen sie jeden einzelnen Fisch orten und verfolgen können. So können sie den Zeitpunkt des Beutezuges optimieren, damit die Fische nicht zu klein zum Verzehr, aber auch nicht zu alt für den Genuss sind. Und nebenbei die angestellten Angler kontrollieren, ob sie maximale Leistung erbringen, auch wenn sie dafür nur minimale Gegenleistung erhalten.

Im Klartext: Große Organisationen nutzen das moderne Instrumentarium der Informationstechnik für sich und tun dies immer aggressiver, indem sie ihre Kunden und ihre Mitarbeiter bis in intimste Details hinein ausspionieren, massenhaft Daten speichern und so lange miteinander abgleichen, bis sich daraus relevante Informationen ableiten lassen. Die in den Jahren 2008 und 2009 bekannt gewordenen Spitzelaffären bei Lidl und der Deutschen Bahn AG sind hier nur die Spitze des Eisbergs.[13]

2. Die Macht- und Ahnungslosigkeit der Politik

Das Erschreckende ist, dass die Desinformation auf keinerlei Widerstand von politischer Seite trifft. Die Politik – wenn sie nicht selbst genau wie die Wirtschaft großes Interesse an einer großflächigen Desinformation hat – hat nämlich keine Handhabe mehr, um Desinformation zu verhindern. Dazu fehlt ihr mittlerweile fast vollständig die Kompetenz. Um Desinformation auszuräumen, muss man sie ja erst mal als solche erkennen und sie dann durch Information aushebeln. Dazu fehlt der Politik nicht nur die Kompetenz, sondern auch zunehmend die Macht. Die hat die Politik zu einem Großteil nämlich längst abgegeben.

Am 15. September 2008 hielt Peer Steinbrück eine vielbeachtete Rede zur Finanzkrise, in der er betonte, stabile und funktionsfähige Finanzmärkte gehörten nicht den Banken, auch nicht den Bankern. Sie seien vielmehr ein öffentliches Gut.

»Sie sind unverzichtbar für jeden Handwerker, der einen Betriebsmittelkredit haben möchte, sie sind unverzichtbar für jedes große Unternehmen, das arbeitsplatzerhaltende oder arbeitsplatzerweiternde Investitionen vornehmen möchte, sie sind unverzichtbar für jede Kommune, wenn sie Kassenkredite braucht, sie sind unverzichtbar für Infrastrukturfinanzierungen in Deutschland, sie sind unverzichtbar für alle Menschen, die für das Alter sparen und damit ein auskömmliches Einkommen im Alter haben möchten, sie sind unverzichtbar für alle Sparerinnen und Sparer in Deutschland, die einen wettbewerbsfähigen Finanzsektor brauchen, auch um die günstigsten Konditionen zu bekommen.«[14]

Deswegen und zur Verteidigung dieses öffentlichen Gutes müsse der Staat Rettungsmaßnahmen ergreifen, wenn es geboten sei: »Wenn es auf den Weltfinanzmärkten brennt, dann muss gelöscht werden.« Die Brandstifter müssten daran gehindert werden, so etwas wieder zu tun, Brandbeschleuniger müssten verboten werden, und es müsse für einen besseren Brandschutz gesorgt werden.

Steinbrück verteidigte den kurzerhand von der Regierung aufgespannten Rettungsschirm, der von neoliberaler Seite scharf kritisiert wurde, und freute sich über »die Handlungsfähigkeit demokratischer Institutionen« und darüber, »dass sich Europa in einer solchen Krise doch als sehr viel handlungsfähiger und entscheidungsfähiger erweist, als wir das je angenommen haben.«

Starke Worte, aber die Realität sah anders aus. Der Finanzminister befand und befindet sich nämlich in einer außerordentlich schwachen Situation.

Es entbehrte nicht einer gewissen Komik, dass man in dieser Situation den Bock zum Gärtner machte, oder treffender noch, den Brandstifter zum Feuerwehrmann. Mit am Tisch in der hochgeheimen Arbeitsgruppe zur Lösung der Finanzkrise saßen nämlich ausgerechnet Vertreter der großen Privatbanken, die kräftig am Entstehen der Krise mitgewirkt hatten – unter anderem, weil die Politik gar nicht mehr über das Personal verfügt, um selbst Lösungen zu entwickeln. Es fehlte offensichtlich nicht nur an kompetenten politischen Mitarbeitern, sondern auch am politischen Willen, den Brandstiftern wirklich etwas entgegenzusetzen. Die Volks- und Raiffeisenbanken sowie die Genossenschaftsbanken und auch die Sparkassen, die von der Krise so gut wie nicht betroffen waren und als Modell für eine Neuordnung des Finanzwesens hätten dienen können, wurden bei der Lösungssuche gar nicht erst dazugebeten. Lieber wollte man den Teufel mit dem Beelzebub austreiben.

Als eine Woche nach der Lehman-Pleite die Hypo Real Estate, der wichtigste Anbieter von Pfandbriefen in Deutschland, unerwartet ebenfalls vor dem Bankrott stand, es war am 25. September 2008, berief die Finanzaufsicht BaFin eilig eine Krisensitzung ein. 48 Stunden wurde diskutiert, dann galt eine Rettung als unmöglich. Jetzt war es die Kanzlerin Angela Merkel, die zur Tat schritt, nicht indem sie selbst etwas unternahm, sondern indem sie den Vorstandsvorsitzenden der Deutschen Bank Josef Ackermann einschaltete. Binnen weniger Stunden hatte der gemeinsam mit anderen Bankern einen Deal ausgehandelt: Der Staat gab Geld, die Banken auch, Hypo Real Estate galt als gerettet. Besser kann man die Machtlosigkeit von Staat und Aufsichtsbehörden nicht demonstrieren als mit Hilfe dieses Beispiels! Zudem hatten die Banken uns alle schön über den Tisch gezogen: Die gut vernetzten und informierten Kreditgeber der Hypo Real Estate – sprich die anderen Banken – wollten sich zwar mit 40 Prozent an den Kosten beteiligen, aber nur bis zu einem Schadensfall von 10 Milliarden, sprich 4 Milliarden für die Banken. Mehr sei auch nicht zu erwarten. Mittlerweile beträgt der Schaden für uns alle gut 110 Milliarden. Ein Schelm, wer Böses dabei denkt.

Hätten wir einen funktionierenden Staat, so wie wir ihn bis Anfang der 1980er Jahre hatten, dann hätte die Rettungsrunde aus Ministerialbeamten, die sich im Sinne Max Webers dem Gemeinwohl verpflichtet fühlte, sich auf ein auskömmliches Gehalt und eine auskömmliche Pension verlassen und sich nicht an die Öffentlichkeit gedrängt. Sie würde ihren Politikern Vorschläge unterbreiten, die sicherlich auch kritikwürdig und manchmal vielleicht etwas bürokratisch, aber zweifellos am Gemeinwohl und an Recht und Gesetz orientiert wären. Und der Staat hätte sich nicht von Privatinteressen über den Tisch ziehen lassen.

Diese staatliche Rettungsaktion war auch deshalb so wichtig, weil die Hypo Real Estate einer der großen Finanzierer von staatlichen Haushalten, Kommunen und Ländern ist. Bei einem Bankrott wären auch die staatlichen Versorgungswerke, Berufsgenossenschaften sowie deutsche Länder und Kommunen in Mitleidenschaft gezogen worden. Und so zog sich der Staat wie der Lügenbaron Münchhausen am eigenen Schopf aus dem Schlamassel – mit freundlicher Unterstützung mächtiger Bankvertreter und mit Hilfe eines entschlossenen Griffs in die Portemonnaies der Bürger. Die werden den Schwund in der Geldbörse erst bemerken, wenn die Verantwortlichen sich dünne gemacht haben – die Staatsbarone machten nämlich einfach Schulden, und die werden von den nächsten Generationen bezahlt.

Profitiert haben von der Aktion letztlich nur die Finanzgiganten, denen in der Folge der Krise billiges Geld hinterhergeworfen wurde und die nicht für die Kredite eintreten müssen, die sie der Hypo Real Estate gegeben hatten. Wer die niedrigen Zinsen nicht gleich an die Endkunden weitergab, machte in den folgenden Monaten ein sattes Plus. Deswegen jubelten die meisten Banken bereits wieder über Gewinne, als die Auswirkungen der Krise noch nicht einmal beim Mittelstand, geschweige denn beim Bürger angekommen waren. »Haltet den Dieb!«, möchte man schreien, doch die theoretisch zuständige Polizei, die Finanzaufsicht BaFin nämlich, sitzt vor dem Scherbenhaufen des Finanzcrashs und dreht sich macht- und ahnungslos um sich selbst.

Dieser Macht- und Ahnungslosigkeit der bloß formal Regierenden spielt in die Hände, dass Politik zunehmend zum Showgeschäft verkommt. Fachliche Kompetenz wird nur noch von den angestellten Referenten verlangt, die gewählten Vertreter auf den eigentlichen Machtpositionen verstehen immer weniger, worüber sie eigentlich entscheiden. Das ist nicht unbedingt neu. Personen waren schon immer wichtig in der Politik; als Wortführer der Parteien mussten sie den politischen Programmen ein Gesicht geben und das Volk für die jeweiligen Inhalte begeistern. Und auch seit jeher gilt:

Wenn Politiker sich nicht trauen, eine eigene Linie zu vertreten, gründen sie eine Kommission oder beauftragen einen Sachverständigenrat, Empfehlungen zu erarbeiten, die sie dann annehmen oder ablehnen können. Dadurch entledigen sie sich der fachlich anspruchsvollen Fleißarbeit und können sich auf die Außendarstellung ihrer (Nicht-)Arbeit gegenüber dem Volk konzentrieren. Aber heute geht es fast nur noch um Personen und fast gar nicht mehr um Programme. Politische Meinungen und Richtungen werden damit so austauschbar wie die Personen, von denen sie vertreten werden. Der vom ersten Bundeskanzler Konrad Adenauer überlieferte Ausspruch: »Wat kümmert mich ming Jeschwätz von jestern« ist zwar eine alte kölsche Redewendung, die verdeutlichen soll, dass sich manche Weisheiten mit der Zeit überholen; aber inzwischen ist diese schnippische Floskel zur zutreffenden Beschreibung davon geworden, wie Politiker mit ihren Aussagen umgehen: Binnen Tagesfrist werden politische Statements durch andere, zum Teil gegenteilige ersetzt, Meinungen gedreht – Opportunismus gehört zum politischen Tagesgeschäft.

Was auch daran liegt, dass die vormals kritische Journaille sich längst zu einer unkritischen Meute von Ja-Sagern gewandelt hat, die entweder nicht hinterfragt, wenn sich ein Politiker widerspricht, oder es schon gar nicht mehr merkt.

3. Die Schwächung der Medien und des Journalismus

Boulevardjournalismus gab es schon immer. Aber mittlerweile infiltriert die Gier nach Sensation fast jedes Medium. Die Erörterung und Bewertung von Hintergründen bleibt auf der Strecke. Das hat nicht zuletzt mit der permanenten Beschleunigung der Informationsvermittlung zu tun, die ein sorgfältiges Überprüfen von Informationen fast unmöglich macht. Wenn sich ein Journalist heute tatsächlich noch an den alten Wahrheits-Kodex hielte (jede Nachricht muss in der Sache nachprüfbar und durch zwei unabhängige Quellen bestätigt sein), könnte er auch gleich sein Kündigungsschreiben aufsetzen. Eine Information ist nur dann eine gute (= medial wirksame) Nachricht, wenn sie schnell und vor allen anderen publiziert wird. Immer öfter erleben wir deswegen, dass auch seriöse Medien eine Art »Rückrufaktion« starten, also Dementis publizieren, in denen sie kurz vorher gemeldete Informationen durch aktuelle, neue, andere Informationen ersetzen. Rhetorisch wird dann sowohl die Ungeprüftheit wie auch der spätere Widerruf einer Information geschickt in absichernde Floskeln verpackt: Zunächst heißt es: »aus gut informierten Kreisen war zu hören ...«, »Insider wissen, dass ...« oder »ein enger Vertrauter berichtete ...«. Später wird dann zurückgerudert: »... widersprach den bisherigen Verlautbarungen«, »... entgegen den ersten Meldungen ...« oder »... nicht wie bislang behauptet ...«

Die Quelle wird von vorneherein vertuscht, und selbst wilde Gerüchte oder originelle Erfindungen des Berichterstatters kommen in eleganter Rhetorik eingekleidet vermeintlich seriös daher. Und im späteren Widerruf wird mit Passivwendungen oder diffusen Quellenangaben vertuscht, dass es gar keine ernstzunehmende Informationsquelle gab, die man für die Desinformation zur Rechenschaft ziehen könnte.

Die immer kürzeren Recherchezeiten gehen einher mit dem wachsenden Zwang, Sensationen zu produzieren. Waren einstmals noch Fahrraddiebstähle oder der Überfall auf die Tankstelle eine Meldung wert, gibt es heute keine polizeilichen Meldungen unter dem Niveau eines Massenmörders oder Sexmonsters. Dieses blutrünstige Heischen nach Sensationen hat längst auch Einzug in die vormals knochentrockene Finanzwelt gehalten: »Autobranche wird bluten müssen«, »Vampirkrake Goldman«, »Prügelknabe der Bankenwelt« ...

Egal, ob man *Handelsblatt, Financial Times* oder *FAZ* aufschlägt, die Börsenberichterstattung ähnelt immer mehr dem Sportteil: »Börsen verlangsamen Gewinntempo«, »Dow Jones setzt Rekordkurs fort«, »Dax rettet sich über 5300 Punkte«. Unternehmensberichte gleichen Klatschblättern. Wirtschaftsmagazine unterscheiden sich oftmals nur noch dadurch von der *Bunten*, dass es nicht um adrett gekleidete Damen, sondern um elegant angezogene Männer geht.

»Die Sensation ist letztlich Desinformation, da sie den Zusammenhang der Dinge sprengt.«[15] Besser, als es der damalige Bundespräsident Walter Scheel am 12. Oktober 1977 in einer Rede vor dem Bundesverband Deutscher Zeitungsverleger ausdrückte, kann man es eigentlich nicht sagen.

In einem brillanten, aber leider nicht sehr beachteten Buch *»Geist oder Geld«* beschreibt Hans-Jürgen Jakobs, Chefredakteur der Online-Ausgabe der *Süddeutschen Zeitung*, den großen Ausverkauf der freien Meinung.[16] In den letzten fünfzehn Jahren, so konstatiert Jakobs, habe der Kostendruck auf die Nachrichtenredaktionen extrem zugenommen. Dies hänge nicht zuletzt damit zusammen, dass sich die Generation der ab 1980 Geborenen zunehmend im Internet informiere und dass dort die meisten Inhalte frei zugänglich sind. Das ist im Übrigen eine Entwicklung, die Kai Dieckmann, *Bild*-Chefredakteur, als »verfluchten Geburtsfehler des Internet« bezeichnet.[17]

Die Folge: Den Zeitungen brechen die Abonnentenzahlen weg. In den USA kämpfen viele Zeitungen um das nackte Überleben, auch in Deutschland wandern immer mehr Zeitungsverlage in die Hände von Großkonzernen, die – wie Rupert Murdoch zu Beginn seiner Karriere als Medienmogul – die Redaktionen dramatisch ausdünnen und verkleinern. Selbst die öffentlich-rechtlichen Anstalten orientieren sich zunehmend an leichtem Entertainment und Werbeeuros, denn es ist nicht die gesicherte Grundfinanzierung, die einen Verhaltensanreiz setzt, sondern die zusätzlichen Einnahmen, die man über Werbung und Zuschauerzahlen generieren kann.[18]

Unabhängiger Journalismus bleibt zunehmend auf der Strecke. Redaktionen sind dankbar für vorformulierte Meinungen, die aus den PR-Abteilungen der Unternehmen und Ministerien kommen. Und damit schließt sich der Kreis der Triebkräfte der Desinformationswirtschaft: Die Wirtschaftsakteure haben größtes Interesse an Desinformation. Die Politik hat entweder dasselbe Interesse und profitiert von einer desinformierten Bevölkerung oder ist zwar im besten Fall gewillt, offen und ehrlich zu informieren, aber dazu selbst nicht mehr in der Lage. Und die Medien – ursprünglich neben den Machtinstanzen Legislative, Exekutive und Judikative als kritische (!) »vierte Gewalt« betrachtet – sind als Dritter im Bunde zum reinen Multiplikator der Desinformation mutiert.

Wie sehr dieses Desinformationsbündnis ineinandergreift und durch seine verzerrende Darstellung, die mal gezielt gesetzt, mal bewusst in Kauf genommen und mal auch unbewusst mitgemacht wird, unser aller Wirklichkeit verändert, können wir tagtäglich und tausendfach erleben. Dieses Buch ist lediglich eine Momentaufnahme. Es soll den Zustand beschreiben, den wir heute erreicht haben, wohl wissend, dass der einmal begonnene Trend noch lange nicht an seinem Endpunkt angekommen ist. Wie wir im Folgenden sehen werden, ist unser Status heute die Folge einer lange andauernden Entwicklung, in der sich die zum Informationscrash führenden Kräfte noch weiter verstärken werden.

Kapitel 2

Fehlinformation, Gemeinwohl und Demokratie

Die Desinformation geht weiter

Früher sprach man von seinem Bankberater als einem »Bankbeamten«. Diese waren oft gut ausgebildete Wertpapier-Spezialisten, die vermögende Kunden auch bei der Zusammenstellung von persönlichen Depots aus Aktien und Anleihen unterstützten. Das hat sich geändert. »Aus dem Berater von früher ist ein Verkäufer geworden, der oft leichtes Spiel hat: ›Wenn sich jemand ein Auto kauft, vergleicht er vorher die Preise, wenn jemand ein Bankprodukt kauft, tut er das nicht‹«,[19] zitiert die Wochenzeitung *Wirtschaftswoche* einen Bankangestellten. Tenor des Artikels: In vielen deutschen Banken herrschen Zustände wie in einer Drückerkolonne. Heute müssen Bankangestellte vor allem eines können: die Produkte der Bank verkaufen, egal wie. Um die vorgegebenen Vertriebsziele zu erreichen, preisen sie ihren Kunden hochspekulative Produkte als renditestark und genauso sicher wie Festgeld an. Was da als seriöse Kunden-Beratung daherkommt, entpuppt sich bei Licht betrachtet als provisionsabhängig vergütetes Verkaufsgespräch.

Man möchte sich lautstark über den Betrug empören, aber kaum jemand tut das. Man hat sich irgendwie abgefunden mit solcher Untugend. Derlei ist heutzutage eben ganz normales Geschäftsgebaren. Die Geschäftspartner sagen nicht mehr, was sie wirklich tun, was für wahre Interessen sie verfolgen oder wie sie eigentlich arbeiten – alles wird in schnörkeliges Marketing-Deutsch verpackt, so lange, bis niemand mehr weiß, worum es geht. »Etikettenschwindel« nannte man derlei früher, als man sich noch darüber empörte, dass Menschen und Produkte sich mit falschen Federn schmückten oder Qualitäten vortäuschten, über die sie in Wahrheit gar nicht verfügten.

Natürlich hat es auch heute noch einen gewissen Nachrichtenwert, wenn ein »Etikettenschwindler« entlarvt wird, etwa als im November 2008 der *Stern* in einem spektakulären Artikel[20] berichtete, dass der Weinhändler Hardy Rodenstock, der sich gern mit Prominenten umgibt und auch schon Empfänge im Kanzleramt mit edlen alten Weinen ausstattete, dass eben jener alt gediente Geschäftsmann angeblich jahrelang Etiketten von uralten Weinflaschen nachdrucken ließ – allein zu dem Zweck, wie der *Stern* mutmaßte, banale junge Weine per Etikett in wertvolle Weinraritäten zu verwandeln. Ein amerikanischer Weinsammler war bereits 2006 gegen Rodenstock in New York vor Gericht gezogen. Das dortige Gericht hatte sich nicht für zuständig befunden; seither läuft ein Berufungsverfahren. Rodenstock selbst spricht von einer beispiellosen Rufmord-Kampagne und klagte seinerseits gegen den *Stern*. Das Magazin wurde tatsächlich zum Abdruck einer Gegendarstellung verpflichtet; das Hamburger Oberlandesgericht sah private Umstände Rodenstocks in »diskreditierender« Weise mit einem nur »vagen Verdacht unsauberer Geschäfte« verknüpft.

Irgendeiner der Beteiligten – Rodenstock, der *Stern* oder der amerikanische Weinliebhaber – lügt, und zwar so dreist, dass es für Außenstehende erkennbar ist. Doch um solchen Schwindel geht es mir gar nicht. Der Etikettenschwindel, der sich in unserer Desinformationswirtschaft breitgemacht hat, ist nicht mehr erkennbar – und selbst wenn, er ist nicht bekämpfbar. Denn die Desinformationsindustrie lügt nicht, sie sagt nur nicht die komplette Wahrheit.

Manchmal sind es winzige Nuancen in der Kommunikation, die über die Wirkung einer Aussage entscheiden. Jeder kennt das berühmte Beispiel, ob ein Glas »halb leer« (pessimistisch) oder »halb voll« (optimistisch) ist – beides beschreibt denselben Fakt, nur eben aus unterschiedlichen Perspektiven. Genau mit diesen Nuancen der Kommunikation wird heutzutage von einer wachsenden Marketing-, Werbe- und PR-Branche perfekt jongliert: Das fängt bei der Namensgebung an und hört bei den Werbeslogans noch nicht auf. Immer geht es darum, Begrifflichkeiten zu finden, die beim Hörer ein bestimmtes (positives) Bild hervorrufen, ohne dass man juristisch darauf festgenagelt werden kann.

Die Beispiele aus der Lebensmittelindustrie sind am augenscheinlichsten und werden seit einiger Zeit von der Verbraucherorganisation foodwatch radikal offen angesprochen. Nur ein Beispiel: Actimel von Danone ist ein klarer Fall von raffiniertem Etikettenschwindel. Der Hersteller versucht einen herkömmlichen Naturjoghurt aufzuladen als hochwertiges Gesundheitsprodukt. Das fängt beim Namen und seiner Schreibweise an: »Actimel« lässt »aktiv« assoziieren, die Schreibweise mit »c« erinnert an die Fachsprache der Gesundheitsbranche, an Medizinerlatein. Damit das auch niemand übersieht, wird der Werbeslogan bewusst falsch geschrieben: Actimel »activiert« die Abwehrkräfte, heißt es. Rechtschreibfehler sind ja auch nicht verboten. Die positive Wirkung von Actimel sei in mehr als 30 wissenschaftlichen Studien bestätigt worden, behauptet das Unternehmen weiter – und auch das ist nicht gelogen. Jeder Joghurt hat eine positive Wirkung auf Darmflora und Immunsystem, da unterscheidet sich dieses Produkt von keinem anderen Joghurt – allerdings kostet Actimel etwa viermal so viel wie herkömmliche Naturjoghurts. Hauptunterschied: der Zuckeranteil. Zehn bis zwölf Prozent Zucker enthält der Trinkjoghurt; der Gesundheitsdrink ist in Wahrheit – wie übrigens ein Großteil der Produkte in der sogenannten Milchtheke – eine flüssige Süßigkeit!

Die Desinformation geht weiter: Neben dem irreführenden Namen, der irreführenden Plazierung in der Milchtheke und den irreführenden Studien sucht der Hersteller nämlich auch sonst die Nähe von glaubwürdigen Instanzen, etwa Ärzten. So wurden Actimel-Gutscheine in Wartezimmern von Arztpraxen ausgelegt, wo man sich eigentlich nur fragen muss, warum Ärzte derlei zulassen. Und schließlich wird auch noch ein Urteil der Stiftung Ökotest in irreführender Weise zitiert. Zwar hat die Stiftung tatsächlich das Urteil »gut« verliehen, aber untersucht wurde nicht die »activierende« Wirkung, sondern allein die Sauberkeit des Produktes, sein Geschmack und seine Konsistenz.

Das alles zusammengenommen empfanden nach der Aufklärungsarbeit von foodwatch 47 Prozent von mehr als 35 000 Verbrauchern als schlimmsten Fall von Etikettenschwindel. Doch den damit verbundenen Sieger-Preis »Der Goldene Windbeutel 2009« wollte der Hersteller trotzdem nicht entgegennehmen.

50 bis 60 Millionen Euro steckt Danone allein in Deutschland in Desinformation solcher Art, um aus einem billigen gezuckerten Naturjoghurt ein teures Gesundheitsprodukt zu machen. Der Coup gelingt: 265 Millionen Euro macht das Unternehmen mit dem Produkt allein in Deutschland, eine Milliarde weltweit. Solange Danone nicht wirklich behauptet, der Joghurt habe irgendeine heilende Wirkung, muss der Konzern keine Klagen fürchten. Solange er die besondere gesundheitsförderliche Wirkung lediglich suggeriert, sind gerichtliche Schritte gegen diese Art der Desinformation aussichtslos.

Die Liste der von foodwatch in der Lebensmittelbranche gesammelten – nennen wir es vorsichtig – »Euphemismen« ist lang und reicht von Bio-Limonaden, deren »Bio-Qualität« allein auf dem Zucker- und Gerstenzusatz beruht, über Pesto mit nur minimalen Anteilen von den eigentlich substantiellen Zutaten Pinienkernen und Olivenöl, bis zu Milch mit »Qualitätsgarantie«, die letztlich nur darin besteht, dass die Kühe »im Rahmen des Tierschutzgesetzes« artgerecht gehalten würden – es wäre ein Skandal, würden sie das nicht.

Alles nur Fake? Es ist zu befürchten!

Auf Englisch heißt Schwindel oder Fälschung »Fake«, wobei der Begriff dort nicht denselben negativen Beigeschmack hat wie das böse Wort »Betrug« im Deutschen. So gibt es beispielsweise auch den »fake fur« – »Kunstpelz«, und »to fake up« würde man treffend mit »imitieren« übersetzen. Kein Wunder also, dass das Wort Fake sich auch im deutschsprachigen Raum als positiv konnotierter Anglizismus für solche Fälschungen und Irreführungen etabliert hat, die eher spaßigen Charakter haben. Wenn jemand etwas »gefakt« hat, dann hat er zum Beispiel Fotos retuschiert oder ein Video manipuliert. Während der Betrug oder die

Fälschung sofort einen juristischen Beigeschmack bekommen, ist der Fake erst mal nur ein gelungener Trick.

Vor allem in der modernen Internetwelt wird unendlich viel »gefakt«; kaum jemand tritt beispielsweise in virtuellen Chatrooms oder Newsgroups mit eigenem Namen auf. Der »Nick-Name« ist gang und gäbe. Wer sich aber nicht als Absender einer Information zu erkennen gibt, ist auch nicht dafür haftbar zu machen. Wenn sich also »Tritonus« oder »ReneeBernadette« im kostenlosen Netzwerk wer-weiss-was.de zum Thema Kinderhusten äußern, dann ist mit großer Wahrscheinlichkeit der Name »gefakt«. Und was ist mit der Information? Sind die Medikamente, die »Maja« aus eigener Erfahrung empfiehlt, wirklich die Erfahrungen einer Mutter zweier allergiekranker Kinder? Oder sind die anschaulich geschilderten Erfahrungen vielleicht »gefakte« Werbepropaganda irgendwelcher Pharma-Unternehmen?

Es ist zu befürchten!

Im Mai 2009 deckte der *Spiegel* nach Hinweisen durch den Verein Lobby Control[21] auf, dass die Deutsche Bahn mindestens 1,3 Millionen Euro in verdeckte PR investiert hat, sprich: mit gekauften Statements in Online-Foren versucht, das Image des Unternehmens aufzupolieren. Ganz gewiss stand unter den Statements nicht der richtige Name der Autoren, sondern ein Fake-Name. Und ganz sicher war bei den bezahlten Beiträgen im Radio und im Internet nicht erkennbar, dass die Bahn Auftraggeber der Artikel und Meinungsäußerungen war. Theoretisch gibt es im deutschen Medienrecht ein Gesetz, das die strikte Trennung von Anzeige und redaktionellem Inhalt vorschreibt – und sogar dazu verpflichtet, Werbung, die nicht auf Anhieb als solche zu erkennen ist, durch das Wort »Anzeige« zu markieren. Das mag in den traditionellen Printmedien noch funktionieren, auch im Fernsehen werden zumindest die Werbeblocks deutlich gekennzeichnet, aber die verdeckte PR hat längst allerorten Einzug gehalten.

Und dass die Bahn kein Einzelfall ist, dürfte klar sein. Immerhin suchte man sich dort professionelle Unterstützung bei der Kölner PR-Agentur Allendorf Media, die ganz sicher ihre »Fake«-

Informationen auch für andere Kunden verbreitet. An der Kampagne war auch die Firma berlinpolis beteiligt, die sich selbst vornehm als »Thinktank« bezeichnet. Ganz offensichtlich wird dort nicht nur gedacht, sondern auch Geld damit verdient, dass man – nicht selbst erdachte – Meinungen unter Pseudonym verbreitet.

Bezahlte Meinungsäußerer beherrschen nicht nur Online-Foren, sie tauchen auch auf öffentlichen Veranstaltungen, auf Kongressen oder in Bürgerinitiativen auf. Sie stören gezielt durch Fragen, irritieren durch tendenziöse Kommentare und versuchen mehr oder weniger untergründig die öffentliche Meinung im Sinne ihrer Auftraggeber zu beeinflussen.

Inzwischen gibt es für diese Art der anonymen Desinformation, also jede Art von Äußerung in Meinungsumfragen, Leserbriefen, Online-Foren oder Blogs, bei denen Urheber oder Auftraggeber nicht erkennbar sind, sogar einen eigenen Fachterminus: »no badge«-Aktivität, Aktivität ohne Erkennungsmarke.

Das alles sind keine Einzelfälle, nicht mal die Spitze eines Eisberges, sondern längst Normalität.

Falsches Banken-Etikett: »Sechs-Wochen-Frist«

Wem kann man noch trauen? Jedenfalls nicht irgendwelchen dahergelaufenen Zufallsbekanntschaften im Internet. Das ist klar. Aber dass man auch den offiziellen Schreiben seiner Bank nicht mehr trauen kann, die einem juristische Aufklärung über die geschäftlichen Vereinbarungen vorgaukeln, wird so manchen überraschen. Die *Zeit* deckte es auf:

Zeit-Autor Matthias Brendel hatte verschiedene Banken gefragt, welche Folgen es hätte, wenn einem Kunden »mittels Lastschriften Geldbeträge abgebucht wurden, obwohl er niemals eine schriftliche Einzugsermächtigung erteilt hat?« Die Antwortschreiben der Banken hätten nur auf den ersten Blick sachlich, seriös und verbraucherfreundlich geklungen:

»Wenn ein Kunde den Eindruck hat, dass von seinem Konto ungerechtfertigt Geld abgebucht worden ist, kann er der Lastschrift widersprechen und bekommt umgehend sein Geld zurück«, lautete die Antwort der Postbank. Die Dresdner Bank schrieb: »Der Widerspruch gegen eine Lastschrift ist bequem und schnell per Onlinebanking möglich.«

So weit, so gut. Doch im weiteren Textverlauf verwies die Postbank auf eine Widerspruchsfrist von sechs Wochen nach Zugang des Rechnungsabschlusses, die Commerzbank ebenfalls, und die Dresdner Bank nannte eine Widerspruchsfrist von »sechs Wochen nach Quartalsabschluss«.

Und damit entsprachen alle drei Antworten nicht der Wahrheit: Diese allseits kommunizierte Sechs-Wochen-Frist gibt es nämlich nicht – oder jedenfalls nicht in dieser pauschalen Form. Der Kunde darf jederzeit (sic!) verlangen, dass Lastschriften zurückgebucht werden, also auch ein oder zwei Jahre nach der Abbuchung. Zwar taucht im Lastschriftabkommen der Banken über Einzugsermächtigungen die in den Schreiben genannte Sechs-Wochen-Frist auf:

»Die Rückgabe und Rückrechnung ist ausgeschlossen, wenn der Zahlungspflichtige nicht binnen sechs Wochen nach Belastung widerspricht.«[22]

Das aber gilt nur für Lastschriftverfahren, die auf Basis einer schriftlichen Einzugsermächtigung oder eines schriftlichen Abbuchungsauftrages erfolgt sind – wohlgemerkt schriftlich! Nur in »begründeten Ausnahmefällen« ist der Verzicht auf eine schriftliche Ermächtigung zulässig, und das auch nur unter Bedingungen, nämlich »ausschließlich für Einmaleinzüge bis maximal 50 Euro«.[23] Wiederkehrende Abbuchungen etwa von Telefonrechnungen oder aus einem Abonnement bedürfen damit zwingend einer schriftlichen Genehmigung, um rechtlichen Bestand zu haben.

Die Sechs-Wochen-Frist gilt also nur für den Fall, dass das abbuchende Unternehmen eine schriftliche Ermächtigung seitens des Kunden vorlegen kann. Im Missbrauchsfalle, also ohne solche Ermächtigung, gibt es keine Fristen. Wann immer man bemerkt, dass zu Unrecht Geld vom Girokonto abgebucht wurde, kann man es zurückverlangen.

Das gilt übrigens sogar auch bei schriftlichen Einzugsermächtigungen, wenn der Zahlungspflichtige aus welchen Gründen auch immer mit der Lastschrift nicht einverstanden ist, etwa weil der Betrag zu hoch angesetzt ist oder Leistungen berechnet sind, die gar nicht erbracht wurden. Rein juristisch hat nämlich die Tatsache, dass die Banken untereinander ein Abkommen über den Lastschriftverkehr und darin eine Sechs-Wochen-Frist vereinbart haben, keinerlei Bedeutung für den Bankkunden. Der hat das Abkommen schließlich nicht unterzeichnet und ist damit also auch an keine Frist gebunden. Der Bundesgerichtshof hat deswegen eine sogenannte »Genehmigungstheorie« aufgestellt, dass ein Kunde zur unmittelbaren Aufklärung verpflichtet ist und sich auch an die allgemeinen Geschäftsbedingungen der Banken zu halten hat, die eine »Unverzügliche Prüfung von Mitteilungen« vorsehen. In Klartext: Wer seine Kontoauszüge jahrelang unbeachtet im Schuhkarton verwahrt und erst kurz vor der Rente guckt, was es in den letzten Jahren eigentlich für Kontobewegungen gegeben hat, hat vor Gericht keine Chance. Aber war man ein Jahr auf Weltreise und findet seine Kontoauszüge erst mit monatelanger Verzögerung im Postsammelfach vor, weswegen man die fehlerhafte Abbuchung eben erst sehr viel später als binnen sechs Wochen reklamieren kann, bekommt man recht.[24]

Zugegeben: Derlei zu erklären braucht mehr als ein paar Sätze. Aber weder nehmen sich die Banken die Zeit, noch starten sie überhaupt den Versuch, den Kunden zu erklären, welche Rechte sie eigentlich haben. Im Gegenteil: Sie schreiben ein Etikett »Sechs-Wochen-Frist« und kleben es auf alles, was mit Lastschriftverfahren zu tun hat.

Desinformation erleichtert das Geschäftemachen

Reine Fahrlässigkeit? Schlamperei? Vielleicht. Vielleicht auch nicht.

Denn für die Geldinstitute ist der Zahlungsverkehr, der in Europa geschätzte Einnahmen von 60 bis 70 Milliarden Euro in die Kasse spült, eine wunderbare Einkommensquelle und macht rund ein Zehntel der gesamten Bankeinnahmen aus.[25] Rund

43 Prozent aller Zahlungsvorgänge in Deutschland basieren auf dem Lastschriftverfahren. Rund sieben Milliarden Zahlungsvorgänge werden nach Angaben des Zentralen Kreditausschusses (ZKA) in Deutschland im Lastschriftverfahren abgewickelt.

Mit dem Zahlungsverkehr wird viel Geld verdient, von dem der Durchschnittskunde nichts ahnt, etwa wenn man im Einzelhandel mit EC-Karte zahlt. Auch das gilt als Lastschrift - ganz gleich, ob man die Karte nur vorlegt und auf dem Bon unterschreibt oder auf einem Spezialgerät seine Geheimzahl eintippt. Für die Banken und die Handelsunternehmen macht das aber durchaus einen großen Unterschied: Bei der Papier-Variante mit Unterschrift fallen nämlich keine Gebühren an, beim EC-Cash-Verfahren mit Geheimnummer kassiert die Bank bei jeder Abbuchung drei Prozent des Umsatzes vom Händler. Beim Kauf eines Buches für 25 Euro, mit EC-Cash bezahlt, klingelt es im vermittelnden Geldinstitut in der Kasse: 75 Cent! Und das schicke Paar Winterstiefel für 150 Euro bringt der Bank gleich 4,50 Euro. Klar, dass die Unternehmen solche Zahlungen heimlich auf den Verkaufspreis der Produkte aufschlagen.

Wenn ein Kunde einer Lastschrift widerspricht, wird es richtig teuer. Hier verlangt die Bank eine Gebühr von 8,50 Euro - und zwar direkt vom Einzelhändler. Diese satte Gebühr kann sie aber nicht kassieren, wenn der Kunde zuvor keine schriftliche Einverständniserklärung gegeben hat. Trotzdem lohnt sich das unterschriftlose Verfahren auch für die Banken:

Die Methode, Geldbeträge von einem Konto abzubuchen, indem man lediglich behauptet, der Kontoinhaber habe fernmündlich eine Genehmigung dazu erteilt, wendeten und wenden viele Unternehmen an, die ihre Waren per Telefon absetzen, zum Beispiel Lotteriegesellschaften wie SKL oder NKL. Überdies werden viele Versandgeschäfte per Lastschrift besiegelt, etwa die Bestellung von Kleinanzeigen, die Buchung von Flügen oder die Abrechnung von per Telefon in Auftrag gegebenen Zeitungs- und Zeitschriftenabonnements. Aber auch Spenden werden - nach Aufrufen in Fernsehgalas oder nach Beratung am Infostand in der Fußgängerzone - gern als Lastschrift abgebucht, ohne schriftliche Einverständniserklärung.

Banken haben diese Praxis unautorisierter Bankeinzüge über viele Jahre geduldet. Offenbar scheute man dort den Verwaltungsaufwand, sich von jedem abbuchenden Unternehmen die vom Kunden schriftlich erteilte Genehmigung dafür vorlegen zu lassen: Soll doch der Kunde die Arbeit leisten, indem er das Geld zurückruft, wenn es unnötig abgebucht ist! Solches Laisser-faire spart Zeit und Geld – jedenfalls den Banken.

Dazu kommt, dass sich die Banken sowohl die Lastschrift wie auch den Widerruf bezahlen lassen und jegliche Haftung ablehnen. In Juristendeutsch klingt das so: »Der Zahlungsempfänger stellte die erste Inkassostelle von jeder Haftung frei, die sich für diese aus dem Verzicht auf das Schriftformerfordernis nach dem Lastschriftabkommen ergibt.« Übersetzt heißt das: Wenn im Streitfall das abbuchende Unternehmen keine schriftliche Einzugsermächtigung vorlegen kann, trägt es das volle Risiko dafür selbst. Und wenn das Unternehmen inzwischen Pleite gemacht hat, kann der Kunde den falsch abgebuchten Betrag nicht von seiner Bank einfordern.

Damit der Kunde nicht allzu oft das Geld zurückruft, verrät man ihm einfach nicht, dass er dafür endlos Zeit hat. Man verkürzt die Rechtsauskunft, kleidet die Desinformation in freundliche nette Worte, und schon fällt das Geschäftemachen gleich viel leichter.

Im Dunkeln lässt sich gut munkeln

Diesem Treiben wird demnächst ein Ende gesetzt. Im Zuge der Vereinheitlichung des Zahlungsverkehrs innerhalb der EU (»Single Euro Payments Area« = einheitlicher Euro-Zahlungsraum) soll sechs Jahre nach Einführung einer gemeinsamen Währung Ende 2009 auch das Lastschriftverfahren europaweit angeglichen werden.

Die Lobbyverbände der Wirtschaft wehren sich mit Händen und Füßen, aber vor allem mit Desinformation. Verbände der Versicherer, Fondsanbieter, Bausparkassen und viele Wohlfahrtsorganisationen behaupten, die neue Sepa-Lastschrift sei komplizierter und teurer. Was sie ist, aber nicht direkt für die Bankkunden. Denn die wichtigste Änderung dient dem Schutz vor Missbrauch: Lastschriften sollen nur noch dann gelten, wenn der Kunde dies per Unterschrift bestätigt hat. Punkt. Keine Ausnahme.

Jetzt also müssen alle Unternehmen, die bislang ohne schriftliche Genehmigung Geld abgebucht haben, ihre Kunden anschreiben und sie zur Unterschrift bitten. Das kostet: Der Gesamtverband der Versicherungswirtschaft rechnet mit 4,8 Milliarden Euro Umstellungskosten.[26] Aber noch viel mehr wird kosten, dass so mancher Kunde dann erst bewusst merkt, wer wofür sein Konto plündert, und das in Zukunft unterbinden wird. Wohlfahrtsorganisationen wie Rotes Kreuz oder Arbeiterwohlfahrt, die bei insgesamt zehn bis zwölf Millionen Dauerspendern regelmäßig Geld abbuchen, befürchten deswegen erhebliche Einnahmeverluste. Doch auch der Rest der Wirtschaft legt keinen gesteigerten Wert darauf, dass der Kunde im Detail über die Zahlungsgeschäfte informiert ist und jede Abbuchung schriftlich genehmigen muss.

Im Dunkeln lässt sich gut munkeln: So kam im Jahr 2008 heraus, wie leichtfertig Banken mit dem Lastschriftverfahren umgehen und wie dreist Unternehmen sich auf den Girokonten der Bürger bedienen: Die Süddeutsche Klassenlotterie (SKL) und einige weniger bekannte Glücksspielanbieter wie Lotto Team oder Lot-to-Win hatten per Lastschrift von zahlreichen Konten Geld abgebucht, teils mehrfach und immer ganz ohne Einwilligung: weder mündlich noch schriftlich. Die Sache stand offenbar im Zusammenhang mit einem illegalen Datenhandel: In den Jahren zuvor waren Millionen von Kundendaten mit Geburtsdatum und Kontonummer in den Umlauf gekommen und von zwielichtigen Adresshändlern genutzt worden.

Die Sache wurde ruchbar, als sich bei Zeitungen und TV-Anstalten erboste Bankkunden meldeten. Im Licht des Skandals über die deutschen Lottodaten muss den Banken mulmig geworden sein. Einen Tag nachdem der Datenklau publik geworden war, am 12. August 2008, verfasste der Zentrale Kreditausschuss (ZKA) des deutschen Bankgewerbes ein Papier.[27] In dieser sogenannten »Haltung« äußert sich der ZKA zu der selbstgestellten »Frage, ob die deutsche Kreditwirtschaft beim Lastschriftverfahren grundsätzlichen Handlungsbedarf sieht«. Die Antwort: Der ließe sich »derzeit nicht erkennen«. Das klang angesichts des Ausmaßes des Skandals erstaunlich unbekümmert.

Aber im Grund bestand kein Handlungsbedarf. Prinzipiell ist auch in Deutschland geregelt, dass wiederkehrenden Lastschriften oder Lastschrifteinzügen mit Beträgen von über 50 EUR grundsätzlich schriftliche Einzugsermächtigungen der Zahlungspflichtigen zugrunde liegen müssen und dass man deswegen Abbuchungen ohne eine solche Genehmigung jederzeit und ohne Frist widerrufen kann. Das weiß nur keiner. Denn obenauf klebt ja das Etikett »Sechs-Wochen-Frist«.

Verbriefung – Etikettenschwindel auf hohem Niveau

Im Etikettenkleben verfügt die Finanzwelt über reichlich Erfahrung. Die im Exkurs »Crash Test Dummies« später genauer erläuterte Methode der »Verbriefung«[28] ist ja im Prinzip eine schnöde Form von Etikettenschwindel, mit der die Kreditwürdigkeit von Anleihen »aufgebessert« werden kann:

Noch in den 1980er Jahren waren viele amerikanische Geschäftsbanken regional aufgestellt und relativ klein. Das war auch eine Folge davon, dass die amerikanische Regierung den Geschäftsbanken nach der Wirtschaftskrise von 1929 untersagt hatte, in mehr als einem Bundesstaat tätig zu sein. Man glaubte, nicht ganz zu Unrecht, dass man das systemische Risiko verringern könnte, wenn man die Größe der Banken beschränkte. Als Folge hielten die Banken nur eine übersichtliche Anzahl Hypotheken aus der umliegenden Region in ihren Büchern und spürten es direkt in der Bilanz, wenn ein Schuldner in Zahlungsschwierigkeiten geriet. Da die Geldinstitute zudem gewisse Eigenkapitalanforderungen zu erfüllen hatten, konnten sie nur eine bestimmte Summe an Krediten vergeben.

Doch im Laufe der 1980er Jahre dann änderte sich dies. Lewis Ranieri von der Investmentbank Salomon Brothers erfand die

Verbriefung von Hypotheken.[29] Dabei wird eine große Anzahl von Hypotheken in einem Pool gebündelt und als Wertpapier »strukturiert«. Und das kann man dann als Aktien an der Börse verkaufen.

Interessanter Nebeneffekt: Aus Krediten, die in der Regel mit monatlich fest vereinbarten Zahlungen einen kontinuierlichen, stabilen Posten in der Bilanz ausmachen, werden damit schwankende Werte. Bei einer einzelnen Hypothek gibt es nur drei Zustände: »wird bedient«, »im Verzug« und »Schuldner zahlungsunfähig«. Bei einem Bündel von tausend Hypotheken ist der Zahlungsstrom bloß statistisch berechenbar, nämlich anhand der Wahrscheinlichkeiten, mit der so und so viel Hypotheken in einen dieser drei Zustände geraten.

Doch aufgrund der Schwankungen und der statistischen Berechenbarkeit ergibt sich ein für Zocker viel interessanteres Anlageprodukt als ein normaler Immobilien-Kredit. Ein Kreditportfolio kann zudem noch »aufgehübscht« werden, indem die mit der Verbriefung beauftragte Investmentbank Kreditversicherungen abschließt (die das Risiko reduzieren) oder das Portfolio in verschiedene Tranchen aufteilt. Die erste Tranche enthält die Kredite mit der höchsten Kreditwürdigkeit (»Prime«), die zweite und dritte enthalten weniger sichere Kredite (»Sub-Prime«). Man unterzieht das Paket dann einer Prüfung durch eine Ratingagentur, die dank Tranchierung und Versicherung auch mittelmäßigen Krediten in einer Anleihe die höchste Bonität zusprechen kann. Hier hat sich in der Finanzbranche eine Art Schulnotensystem durchgesetzt, das je nach Ratingagentur über eine Skala von acht bzw. sieben Stufen reicht, wobei die Bewertung AAA die beste ist. Die niedrigste Stufe ist D bzw. CA; wer diese Einstufung bekommt, kann auch gleich vom Markt gehen.

Mit dem Gütesiegel einer Ratingagentur geht das Paket dann an den Markt und wird für die Investmentbank – trotz Mehrkosten für die Kreditversicherung – zum guten Geschäft; schließlich waren die Kredite ja billig eingekauft. Aber das weiß ja keiner. Auf dem Wertpapier steht das Etikett »AAA«.

Unwiderstehlich – die Tilson-Tongue-Story

So haben beispielsweise Whitney Tilson und Glenn Tongue einen typischen Pool von 5000 Hypotheken zu je 200 000 Dollar zusammengestellt. Aus diesem Pool wurden nun verschiedene Wertpapiere geschnitten. Achtzig Prozent des Pools – die Seniortranche – bekommen in diesem Fall die höchste Bonität AAA zugesprochen. Sollten Hypotheken ausfallen und Schuldner zahlungsunfähig werden, tragen zunächst die anderen Tranchen den Verlust. Um das Triple-A-Rating wasserfest zu machen, wurde es zudem durch einen Hypothekenversicherer – hier waren vor allem MBIA und Ambac groß im Geschäft – gegen Ausfälle versichert. Dann wurde der AAA-Status noch durch eine der drei amerikanischen Ratingagenturen Moody's, Standard & Poor's oder Fitch zertifiziert.

Typische Zusammensetzung eines Hypothekenpools

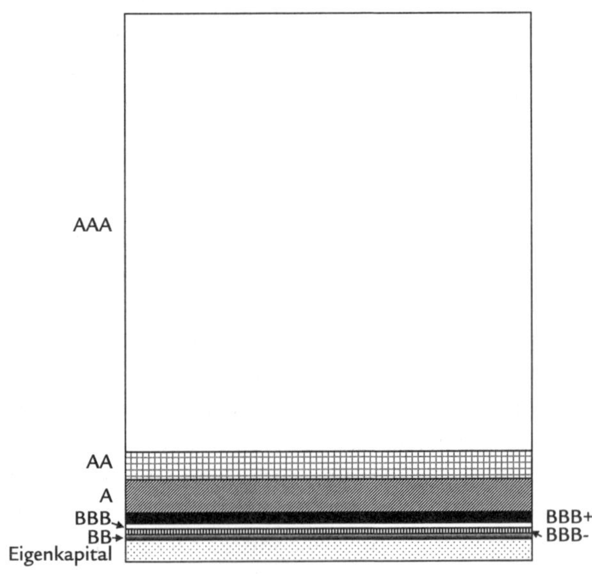

AAA 80%; AA 5%; A 6%; BBB+ 2%; BBB 1%; BBB- 1%; BB 1%; Eigenkapital 4%

Die nächste Tranche ist mit AA zertifiziert und macht fünf Prozent des gesamten Pools aus. Typischerweise werden nur vier Prozent des Pools von der Bank beziehungsweise von einer eigens dafür geschaffenen Zweckgesellschaft gehalten – sind also echtes haftendes Eigenkapital. Der Rest wird verbrieft und weiterverkauft. Typischerweise wurden auch 95 Prozent eines jeweiligen Pools als »Investment Grade« eingestuft, was bei den Ratingagenturen ein Gütesiegel ist vergleichbar den Begriffen »Top Ratings« und »Bank Quality«, wie sie zum Beispiel das *Wall Street Journal Europe* verwendet.

Um zu verstehen, was bei der Verbriefung derart schieflief, muss man die Anreizstruktur der maßgeblichen Akteure kennen. Ab Ende 2001 wurden Anlegern für Geldanlagen aufgrund der Niedrigzinspolitik der amerikanischen Notenbank und der globalen Geldschwemme nur noch sehr geringe Zinsen gezahlt. Im Jahr 2006 brachten Anleihen in Form von verbrieften Hypothekendarlehen (AAA-Rating) gut drei Prozent Rendite. Das war deutlich attraktiver als Festgeldzinsen oder Staatsanleihen. Da verbriefte Produkte von den Ratingagenturen abgesegnet und zudem noch gegen Ausfälle versichert waren, griffen immer mehr institutionelle Anleger auf der ganzen Welt – darunter auch viele deutsche Landesbanken – zu. Sogar die riskanteren Tranchen lagen mit einer Verzinsung von rund vier Prozent nur unwesentlich über den drei Prozent, der für »sichere« Anlagen gezahlt wurden. Im Bankerlatein heißt das, dass die »Kreditrisikospreads zusammenschrumpften«. Auf Deutsch: Anleger wurden zunehmend unempfindlicher gegenüber Risiken – man könnte auch sagen: »leichtsinniger« – und forderten nur noch geringe Zinsaufschläge gegenüber sicheren Anlagen.

Die Investmentbanken bekamen 2006 bei einem typischen Hypothekenpool 8,5 Prozent Zinsen von den Darlehensnehmern. Wenn sie auf der anderen Seite den Inhabern der verbrieften Papiere nur drei bis vier Prozent zahlen mussten, konnten sie Gewinnaufschläge von 100 Prozent und mehr realisieren. Selbst nach Abzug der üppigen Gebühren für Hypothekenbanken, Ratingagenturen und Wirtschaftsprüfer sowie der unvermeidlichen Abschreibungen auf faule Kredite[30] werden noch exorbitante Margen übriggeblieben sein. Allein die 2,6 Billionen Dollar an Subprime-Hypotheken, die zwischen 2004 und 2007 geschrieben wurden, haben bei einer angenommenen Marge von vier Prozent jedes Jahr der Wall Street Erträge von 104 Milliarden Dollar eingebracht. Erträge, die in Gewinne der Banken und Dividenden für die Aktionäre sowie Vergütungen und Boni für Vorstände und Mitarbeiter fließen konnten.

Da widerstand keine der großen Banken. Ab 2007 kamen die Banken dann deshalb in Schwierigkeiten, weil jedes Jahr deutlich mehr als vier Prozent aller Hypothekendarlehen abgeschrieben werden mussten, so dass aus den Gewinnen mit einem Mal massive Verluste wurden.

Insgesamt war die Hypothekenblase nur Teil eines größeren Trends, bei dem sich die Wall Street einem immer größeren Teil von dem Sozialprodukt genannten Kuchen abschnitt: Während die Gewinne des Finanzsektors in den USA im Jahr 1975 noch bei 14 Prozent aller Unternehmensgewinne lagen, kletterten sie 2002 auf 45 Prozent und pendelten sich zu den Hochzeiten der Immobilienblase bei 30 Prozent ein.[31] Es ist bezeichnend, dass die von der Wall Street verbrieften Hypotheken im dritten Quartal 2008 nur neun Prozent aller ausstehenden Hypotheken ausmachten, aber für 62 Prozent aller Hypotheken mit Zahlungsverzug verantwortlich waren. Das ist ein Missverhältnis von 7 : 1.[32]

Die riesigen Gewinne, die mit verbrieften Hypothekenprodukten zu erzielen waren, bedingten, dass die Wall Street einen enormen Appetit auf Hypothekendarlehen entwickelte. Tilson und Tongue zitieren in ihrem Buch Mike Francis, der die Handelsabteilung für Hypotheken bei der US-Bank Morgan Stanley mit aufgebaut hat:

»Es war unglaublich. Wer konnten fast nicht genug (verbriefte Produkte, Anm. M. O.) produzieren, um unsere Investoren zu befriedigen. Die Leute wollen mehr Anleihen, als wir bereitstellen konnten. Das war unsere schwierige Aufgabe ... zu versuchen, genug zu produzieren. Sie würden uns anrufen und fragen: ›Haben Sie noch mehr festverzinsliche Anlagen? Was haben Sie? Was kommt demnächst auf den Markt?‹ Aus unserer Sicht war es, als ob da draußen jemand mit sehr viel Geld war. Wir mussten einen

Weg finden, sein alleiniger Anleihenlieferant zu werden, um seinen Appetit zu befriedigen. Und sein Appetit war massiv.«[33]

Die Hypothekenbanken und -makler mussten das Rohmaterial in Form von Hypotheken produzieren. Und das taten sie auch, wobei sie die Hypotheken sofort an die Wall Street weiterreichten, wo sie gebündelt und weiterverkauft wurden. Die Hypothekenbanken und -makler hatten also mit keinerlei persönlichen Konsequenzen zu rechnen, wenn sie schlechte Hypotheken entwickelten.

Die Wertpapiere, selbst wenn sie eigentlich nur den Zahlungsstrom schnöder Hypotheken repräsentierten, konnten verkauft werden. Damit hatte die Investmentbank die Hypotheken aus den Büchern. Unterm Strich stand ein satter Gewinn. Danach konnte das Spiel von neuem beginnen. Und weil die Maschinerie der Verbriefung so reibungslos funktionierte, wurde sie bald auch auf Konsumenten- und Kreditkartenschulden angewandt. Der ganze Prozess funktioniert so lange gut, wie das Finanzsystem insgesamt nicht in ernsthafte Bedrängnis geriet. Als aber die ersten amerikanischen Häuslebauer anfingen, ihre Kredite nicht mehr zurückzuzahlen, brach das Kartenhaus in sich zusammen. Investoren, die vermeintlich Anleihen höchster Bonität im Depot hatten, erfuhren plötzlich, dass sie Junk Bond gekauft hatten. Es war das Jahr 2007, die Sub-Prime-Krise nahm ihren Lauf, und das Wort Finanz-Crash war bald in aller Munde.

Dabei ist – wie viele Finanzinnovationen – die Verbriefung von Krediten im Prinzip durchaus sinnvoll, wenn sie dosiert und sachgerecht eingesetzt wird. Nach dem Jahr 2000 wurde das Verbriefungsspiel allerdings derart kompromisslos und überspitzt betrieben, dass es in der Folge zu grotesken Übertreibungen führte, zu Lug, Trug und Potemkin'schen Dörfern.

Die heiße Phase der Immobilienblase hätte nie so extrem werden und so lange währen können, wenn nicht auch Investoren – Versicherungen, Banken und Pensionskassen – in Europa, dem Nahen Osten und Asien seit 2005 verstärkt zugegriffen hätten. Insofern ist die Finanzkrise keine rein amerikanische, weltweit tragen Investoren eine gewisse Mitschuld.

Doch die Hypothekenkrise ist noch nicht zu Ende. Viele Banken halten Häuser im Eigenbestand, um den sowieso überfluteten Markt von Zwangsversteigerungen nicht noch weiter zu belasten. Bei vielen Alt-A-Krediten setzen die höheren Zinssätze erst nach und nach ein, so dass es hier noch einmal zu einer Erhöhung der Insolvenzraten kommen wird. Wenn die Wirtschaftsaktivität in den USA sich nicht schnell erholt - wovon auszugehen ist -, werden noch mehr Hypothekenschuldner zahlungsunfähig. Whitney Tilson und Glenn Tongue rechnen mit insgesamt 3,8 Billionen Dollar an Abschreibungen und Kreditausfällen. Davon sind im Herbst 2009 erst 1,3 Billionen realisiert. Die amerikanische Wirtschaft wird also auf längere Zeit gelähmt sein - genau wie es die japanische nach 1990 war.

Dass darüber nicht offen gesprochen wird, ist erneut Teil einer Desinformationsmaschinerie, diesmal in einer Ausprägung, auf die ich in einem späteren Kapitel eingehen werde.

Schwindel ohne Etikett – »Ihr Immer-offen-Paketschalter«

Etikettenschwindel gibt es auch, wo es gar keine Produkte gibt, die ein Etikett tragen. Ein großes Dienstleistungsunternehmen macht uns derzeit in Deutschland sehr gründlich vor, wie man dem Kunden eine Verschlechterung des Services als Verbesserung verkauft:

Seit 2001 stellt die Deutsche Post Schließfachschränke, sogenannte »Paketstationen«, in den Städten auf. Nach Pilotprojekten in Mainz und Dortmund wurde das Vorhaben auf alle Ballungsregionen ausgeweitet, derzeit gibt es zweitausend der gelben Schränke, fünfhundert kommen noch einmal bis Ende des Jahres 2009 hinzu.

Dem Publikum wird die Paketstation mit dem Slogan »Ihr Immer-offen-Paketschalter« schmackhaft gemacht.[34] Wie stets in der Welt der Service-Paradiese sollte der Kunde den Deal hinter dieser Werbung für sich bilanzieren. Die Post stellt die Pakete hier nicht mehr an die Hausadresse zu, sondern legt sie an einer zentral gelegenen Paketstation ab. Überdies kann der Postkunde hier, statt eine Postfiliale aufzusuchen, sein Paket aufgeben.

Wie ist das zu beurteilen? Die Paketstationen sind in erster

Linie bequem für die Post, nicht für den Kunden. Die Post verkürzt mit ihrer großschreierisch angekündigten Dienstleistung ihre Wertschöpfungskette – die Zustellung wird einfacher, weil sie in jeder Packstation gleich zwanzig oder dreißig Pakete abliefern kann, statt diese einzeln auszufahren. Gegenüber dem versendenden Kunden wird zudem die Beratungsleistung eingespart. Der Kunde wird in eine Do-it-yourself-Lösung gelockt, er bezahlt mit einem Mehreinsatz an Zeit und läuft das Risiko, seine Pakete zu erhöhten Preisen zu versenden, da er nicht am Schalter fragen kann, was das korrekte Entgelt für ein Paket dieser Größe und dieses Gewichts wäre – mal abgesehen von der Arbeit, die dem Kunden aufgebürdet wird, der seine Pakete nicht mehr nach Hause gebracht bekommt, sondern selbst abholen muss, was sicher vor allem für ältere und weniger mobile Menschen eine große Belastung sein dürfte.

Noch ist die Nutzung der Paketstationen nicht verpflichtend. Jeder Kunde kann sich eine Sendung auch nach Hause schicken lassen und in die Filiale gehen, um ein Päckchen aufzugeben. Aber wie lange wird dieser Service noch aufrechterhalten, wenn der Kunde einmal umerzogen ist?

Es ist eine Frage der Zeit, bis die freiwillige Alternative Paketstation die einzige mögliche sein wird. Und da die Posttarife im Zuge dieser Leistungsverringerung nicht gesenkt worden sind, ist auch damit zu rechnen, dass demnächst für den »Nach-Hause-Service«, den wir bislang kostenlos bekommen haben, ein zusätzliches Entgelt erhoben wird.

Jedenfalls geht es bei alledem nicht darum, dem Kunden ein Mehr an Service zu bieten. Denn im Gegenzug zum Aufbau der Stationen schließt die Deutsche Post bis 2011 systematisch alle ihre Filialen. Dabei ist die Post auch nach der Privatisierung verpflichtet, eine flächendeckende Versorgung sicherzustellen. Hier wird zwar formal eine gesetzliche Auflage erfüllt, aber in Wahrheit wird auf Kosten der Kunden eine Dienstleistung eingeschränkt und ein Zusatzgeschäft generiert: Die Dienste sollen nämlich künftig von Partnern übernommen werden, etwa von Bäckern, Tankstellen, Copyshops oder Lottoannahmestellen.

Für den Kunden müssen solche Partner-Postfilialen nicht

unbedingt von Nachteil sein; eventuell verkürzen sich dadurch sogar Wegezeiten oder verlängern sich die Öffnungszeiten. So lange am Ende genauso viele oder womöglich sogar mehr Post-Partner-Filialen dabei herausspringen, müsste man sich darüber also nicht beklagen. Aber wie viele Post-Annahmestellen (ohne Paketstationen) am Ende übrigbleiben, wird man erst wissen, wenn das Rad der Serviceeinschränkungen sich wahrscheinlich unumkehrbar weitergedreht hat.

Zudem sind die Partner-Filialen nicht reine Postschalter, sondern betreiben auch noch andere Geschäfte. Mancher Postkunde, der eigentlich nur ein Paket aufgeben möchte, kommt so in Kontakt mit anderen Verführungen, nimmt gleich ein Brot mit, kauft noch schnell ein Rubbellos oder ein Päckchen Zigaretten. Das ist nicht dramatisch, aber die Heimlichkeit solcher Deals ist erschreckend. Der Kunde soll nicht merken, wie er immer mehr in die Konsumklammer genommen wird.

Das jedenfalls ist die Intention dieses vielfältigen Partner-Deals der Deutschen Post: Für viele Kunden sieht manche »Partner«-Post nämlich immer noch aus wie eine ganz normale Postfiliale; denn 850 davon sind Postbank-Finanzcenter, die mit den Hausfarben Gelb und Blau den alten Postfilialen ausgesprochen ähnlich sehen. Da die Postbank vormals Teil der Post war, scheint diese Partnerschaft naheliegend. Doch die Bank (inklusive aller Kunden) wurde 2008 an die Deutsche Bank verkauft; man steht also eigentlich in einer Bankniederlassung, wenn man sich in der Post glaubt. Im Prinzip ist also wenig überraschend, dass einem die freundlichen »Postbeamten«, die längst keine mehr sind, am Schalter nicht nur Briefmarken, sondern auch diverse Serviceleistungen verkaufen wollen – Verträge mit dem Stromanbieter Lichtblick etwa oder Mobilfunkverträge. Hier versucht ein Geldinstitut mit zusätzlichen cleveren Partnerschaften mehr Geschäft zu generieren.

Zugleich handelt es sich hier um einen Vertrauensmissbrauch, den man nicht laut genug schelten kann. Denn die Bank nutzt das solide Image der Traditionsmarke Post aus, indem der Kunde nicht offen über den Besitzerwechsel informiert wird. Die Post hat eben nicht nur ihr Filialnetz verkauft, wodurch sie Miet- und

Personalkosten spart, sondern auch das Vertrauen ihrer Kunden. Würde zu diesem Thema derselbe Kommunikationsaufwand wie bei den »Immer-offen«-Paketstationen betrieben, man könnte sicher sein, dass manche Rentnerin den Postbank-Angestellten nicht ganz so gutgläubig auf ihren Verkäuferleim gehen würde.

Übrigens: In der DDR gab es die Schließfach-Zustellung schon einmal. Hier wurden ab Ende der 1960er Jahre im großen Stil die Selbstbedienungs-Schließfächer eingeführt – freilich nicht als »Kundendienst« oder »24/7-Service« getarnt. Der Deutschen Post, wie die DDR-Organisation ebenfalls hieß, fehlte es an Menschen, Fahrzeugen und Treibstoff, um die Sendungen bis an die Haustür zu bringen. Davon kann heute keine Rede sein. Es fehlt der Wille, einen Service zu erbringen, den der Kunde nicht maximal bezahlt.

Umerziehung durch Umetikettierung

Noch ein zweites ehemals staatliches Dienstleistungsunternehmen zeigt, dass durch Umetikettierung eine zuverlässige Umerziehung des Kunden möglich ist: die Deutsche Bahn. Der Bahnfahrer nimmt seit langem letztlich klaglos massive Verschlechterungen im Service hin bzw. bezahlt für denselben Service mehr Geld als früher.

Der Fahrkartenautomat der Deutschen Bahn zum Beispiel ist heute Standard im Verkauf und hat den klassischen Schalter abgelöst. 180 Millionen Fahrkarten werden auf diesem Weg abgesetzt.[35] Jede dritte Fahrkarte wird inzwischen im Internet verkauft, der Anteil soll in den kommenden zwei Jahren auf gut die Hälfte ausgebaut werden.

Auch hier ist eine gigantische Umerziehung der Kundschaft im Gange. Das Preissystem der Bahn ist so kompliziert, dass die eigenen Vertriebsmitarbeiter es oft nicht korrekt anwenden können.[36] Dennoch werden die Kunden immer häufiger allein gelassen, obwohl sie Beratung und Hilfe angesichts des Tarifwirrwarrs dringend bräuchten. An manchem Bahnhof wurde ein

Teil der Schalter dichtgemacht, nachdem Automaten aufgestellt worden waren, am stark frequentierten Hauptbahnhof in Bonn etwa. An vielen kleineren Bahnhöfen gibt es gar keinen Verkauf durch Schalterbeamte mehr, oder nur noch zu immer stärker reduzierten Öffnungszeiten. Wie aber soll sich der Kunde im Do-it-yourself-Verfahren zurechtfinden, wenn es schon die eigenen Vertriebsmitarbeiter nicht schaffen?

Eigentlich bevorzugen die meisten Kunden das persönliche Verkaufsgespräch – selbst wenn sie sich für so gut informiert halten, dass sie im Regelfall ohne Beratung auskommen, gibt es immer wieder Situationen, wo ein persönliches Gespräch mit einem fachkundigen Bahnmitarbeiter wünschenswert wäre. Doch durch permanenten Serviceabbau hat die Bahn ihre Kunden quasi freiwillig in den schlechteren Service getrieben: Die immer gleich lange Schlange am Schalter führt dazu, dass der Kunde dann doch eben schnell zum Automaten geht. Tun das genügend Kunden, kann die Bahn argumentieren, dass der Kunde offenbar den Automaten bevorzugt. Also werden mehr Automaten aufgestellt und noch mehr Schalterbeamte abgebaut. Dasselbe via Internet. Irgendwann – und offenbar sind wir kurz davor – ist der Anteil der Automaten- und Onlinekunden so groß, dass die Schalterkunden eine Minderheit darstellen. Nun wird der Schalter-Service noch mal verschlechtert, nämlich verteuert: Im Sommer 2008 kündigte die Bahn an, für den Kauf einer Fahrkarte im Fernverkehr am Schalter oder Telefon künftig 2,50 Euro extra zu berappen. Offenbar war der Zeitpunkt noch etwas zu früh gewählt, denn es ging ein Aufschrei durch die Medien, das böse Wort »Bedienzuschlag« machte die Runde, und Vorstandsvorsitzender Mehdorn höchstpersönlich musste einen Rückzieher machen. Am 12. September 2008 verkündete die Tagesschau:

»Zu den Hintergründen der Entscheidung macht das Unternehmen auch auf Nachfrage keine genaueren Angaben. In einem Brief der Bahn an ihre Mitarbeiter hieß es jedoch: ›Die emotionale Diskussion dieses Themas in der Öffentlichkeit‹ zeige, ›dass der geplante Bedienzuschlag auf grundsätzliche Ablehnung stößt‹. Der Unternehmensvorstand habe sich daher entschieden, den Zuschlag nicht einzuführen.«

Allerdings hatte kurz zuvor der damalige Verbraucherschutzminister Horst Seehofer nachdrücklich gegen die Service-Gebühr protestiert und dabei auf die Rechtsprechung im Bankenbereich hingewiesen: Hier hatte der Bundesgerichtshof schon mehrfach sogenannte »Schaltergebühren« für unzulässig erklärt. Deswegen hatte die Verbraucherzentrale Nordrhein-Westfalen der Bahn mit einer Klage gedroht, falls das Unternehmen den Bedienzuschlag nicht zurücknehme. Vermutlich hat Letzteres seine Wirkung gezeitigt.

Das zeigt: Wenn eine von einem Unternehmen initiierte Verschiebung der Standards einmal ins Rollen gekommen ist, kann sie kaum noch aufgehalten werden, außer die Serviceverschlechterung und die zugehörige Preiserhöhung kommen verdeckt daher. Die Post versucht diese Art von Etikettenschwindel gerade auf ihre Weise – es sieht so aus, als hätte sie damit Erfolg.

Wir sollten als Kunde, Konsument und Dienstleistungs-Nutzer also immer auf der Hut sein. Wenn uns »24-Stunden-Service«, »Kundenorientierung«, »Modernität« oder »die Erfüllung von Anforderungen des 21. Jahrhunderts« versprochen werden, stecken sehr häufig Veränderungen dahinter, die zu Lasten desjenigen gehen, der mit diesen Aussagen adressiert wird. Hier wird gezielt mit dem Mittel der Desinformation gearbeitet.

Warum man das System der Desinformation aufbrechen muss

Hinter Subprime-Krediten, Paket-Stationen, Verbriefungen oder altem Wein in neuen Schläuchen steckt mehr als die Gier einzelner Manager in einzelnen Unternehmen. So lange wir nur die Symptome bekämpfen, werden wir die Desinformationswirtschaft nicht zur Strecke bringen.

Die Ursache der Verschiebungen zuungunsten der Kunden liegt im System. Dieses System müssen wir zur Diskussion stellen und uns fragen, ob wir weiterhin der Desinformation aufsitzen wollen oder uns bewusst dagegen stellen. Denn es geht um einen Wertewandel im großen Stil, der sich in den letzten

Jahrzehnten langsam in Europa Bahn bricht. Es wird Zeit, dass wir uns – auch wenn es altmodisch klingen mag – wieder der Werte erinnern, auf denen unser Wohlstand und unser freiheitliches System basieren.

Das westliche Rechtssystem geht von universellen Normen aus. Von diesen ist Immanuel Kants kategorischer Imperativ – »Handle nur nach derjenigen Maxime, durch die du zugleich wollen kannst, dass sie ein allgemeines Gesetz werde« – sicherlich die bekannteste und diejenige, welche das Gedankengebäude der Aufklärung am besten verdeutlicht.[37] Das heißt zwar nicht, dass wir Europäer und Nordamerikaner unsere Gesetze universal anwendeten – in Zeiten von Kolonien wurde beispielsweise oftmals Willkürherrschaft unter dem Deckmantel der Zivilisierung ausgeübt. Aber wir gingen doch zumindest von der Existenz fairer und allgemeingültiger Regelungen aus. Allerdings gibt es auch im Westen einen deutlichen Unterschied zwischen den einzelnen Rechtssystemen.

Das kontinentaleuropäische System mit seinem kodifizierten Recht setzt Objektivität voraus, so dass sich a priori, also im Voraus, »richtig« und »falsch« unterscheiden lassen. Im französischen Code Napoléon oder im Bürgerlichen Gesetzbuch in Deutschland wurde zunächst ein geschlossenes Rechtssystem entwickelt, aus dem die Entscheidungen für Einzelfälle abgeleitet werden. Damit sind auch Standards, seien es für Information, für Regulierung oder für andere Bereiche, quasi Teil dieses Rechtssystems.

In England dagegen mit seinem Case Law (einer Rechtspraxis, bei der die Gerichte von Fall zu Fall entscheiden und diese Beschlüsse dann Teile des Rechts werden) sieht es etwas anders aus. Hier ist auch in der Rechtsprechung selbst ein stärkeres subjektives Element vorhanden. Am Beginn steht nicht das abstrakte System, sondern die konkrete Situation.

Ohne zu tief in die Theorie der Demokratie oder des Liberalismus eintauchen zu wollen, lässt sich feststellen, dass in den liberalen Gesellschaftstheorien von Adam Smith bis Karl Popper und Ralf Dahrendorf der angelsächsische Wertekodex dominiert: Dort ist die Gesellschaft eine permanente Auseinandersetzung von Gruppen und Individuen. Aus dieser Auseinandersetzung entsteht die »Politik«, aber eben nicht durch eine Einigung auf a priori Verbindendes, sondern durch Kompromisse zwischen aktiv und auch äußerst parteiisch vorgetragenen Interessen. Karl Popper entwickelte hierzu den Begriff des »piecemeal engineering« – stückweise sollten die gesellschaftlichen Probleme angegangen und gelöst werden. Damit sind wir direkt im Wettstreit der Interessen, und die Neigung, sich auf verbindliche Standards festzulegen, ist massiv reduziert. Mehr noch: Die großen Akteure werden versuchen, ihre eigenen Standards zu etablieren, und spielen gerade deswegen eine entscheidende Rolle dabei, den trüben Teil der Desinformationswirtschaft immer trüber werden zu lassen.

In der kontinentaleuropäischen Philosophie dagegen wurde oft mit einem Konstrukt gearbeitet, der das Gemeinwohl und den gemeinsamen Willen umschrieb. Der französische Philosoph Jean-Jacques Rousseau etwa prägte im 18. Jahrhundert den Begriff »Volonté générale« (»Allgemeiner Wille«), der zum Schlüsselbegriff der europäischen Demokratien wurde und wirklich den Willen des Volkes im Sinne des Allgemeinwohls repräsentieren soll. Rousseau setzt dagegen den Begriff »Volonté de tous« (»Willen aller«), der lediglich die Summe der Einzelinteressen bildet, die nur den individuellen Eigennutz verfolgen. Der Volonté générale ist also der Volkswille, der das tut und entscheidet, was allgemeingültig vernünftig und nicht emotional oder ideologisch verblendet ist. Etwas weniger philosophisch könnte man auch einfach vom »Gemeinwohl« sprechen.

Heutzutage erscheint uns Rousseaus Vorstellung eines »Volonté générale« zu idealistisch. Im Extrem kann er zu totalitärer Herrschaft führen. Heute droht die Gefahr aus einer anderen Richtung. Der Egoismus hat überhandgenommen. In der politischen Praxis machen wir diese Erfahrung permanent; im politischen Diskurs zeigt sich weniger das Interesse am Allgemeinwohl und das Ringen um die gemeinsame beste Lösung als das Gegeneinander von partiellen Interessen diverser Bevölkerungsgruppen. Das kann auch nicht die Lösung sein.

Der »Volonté générale« und die praktische Vernunft

Doch es lohnt, den Begriff »Volonté générale« noch einmal als Gedanken aufzugreifen; schließlich würden sich doch allzu viele Menschen heutzutage wünschen, dass es weniger um individuelle Vorteile Einzelner ginge als um ein übergeordnetes Gemeinwohl; dass nicht der Kampf aller gegen alle unser Leben bestimmte, sondern dass sich jeder in einem solidarischen Miteinander – zwar in gesunder Konkurrenz, aber gleichzeitig auch bei vernünftigen Regeln – entfalten könnte.

Der deutsche Philosoph Georg Friedrich Wilhelm Hegel ging wenige Jahrzehnte nach Rousseau in seinem Idealismus noch über den französischen Kollegen hinaus und beschrieb die gesamte Welt als einen zweckgerichteten Prozess der Geschichte, in dem sich nicht der Einzelne verwirkliche, sondern der »Weltgeist«. Sein etwas älterer Zeitgenosse Immanuel Kant formulierte den berühmten »kategorischen Imperativ« und appellierte an die praktische Vernunft, die dem Menschen die Freiheit gäbe, sich über das instinkt- und lustgeleitete Handeln hinwegzusetzen und aus eigenem Willen nach sittlichen Grundsätzen zu handeln.

Das alles scheint etwas in Vergessenheit geraten zu sein, wenn in der heutigen Welt von der Stimme des Volkes oder einer Abstimmung mit den Füßen die Rede ist. Denn entspricht die Einschaltquote im Fernsehen wirklich einem »Volonté générale«? Sind die plumpen Steuersenkungs- und Kindergelderhöhungs-Verspechen in ansonsten inhaltsleeren Wahlkämpfen der Parteien wirklich Ausdruck eines großen übergeordneten Weltgeistes? Und ist der massenhafte Ansturm auf Schnäppchenmärkte und Sommerschlussverkaufsaktionen eine Handlung mit durch sittliche Grundwerte bestimmter, praktischer Vernunft?

Sicher nicht. Wer meint, dass sich im irrationalen Verhalten vieler ein allgemeiner Wille spiegelt, betreibt schon wieder Etikettenschwindel. Der allgemeine Wille ist etwas anderes als der konkret von »allen« in einer Situation geäußerte oder das Resultat der in einer bestimmten Situation erfolgten Willensbekundungen. Wenn »alle« Unternehmen ihre Serviceleistungen, aber nicht die

Preise reduzieren, wenn »alle« Betriebe ihre Produkte besser darstellen, als sie sind, und selbst wenn »alle« Bürger nur an sich selbst denken, ist das ganz sicher nicht der Volonté générale, für den die französischen Bauern und Arbeiter 1789 auf die Barrikaden gegangen sind, um gegen den herrschenden Feudalabsolutismus endlich demokratische Grundrechte durchzusetzen.

Die im deutschen Grundgesetz verankerten Grundrechte sind Ausdruck eines Volonté générale, eines Willens, der die Gesetze so gestaltet hat, dass sie für die Gesamtheit am besten sind. Die aktuelle Wirtschaftspraxis ist es nicht. Sie ist Folge eines quasi-religiösen Neoliberalismus, der an die heilsame Wirkung der »unsichtbaren Hand des Marktes« glaubt – immer und überall. Der Terminus der »unsichtbaren Hand« wurde ebenfalls im 18. Jahrhundert von dem schottischen Ökonomen Adam Smith geprägt, der mit seinem Buch »Wohlstand der Nationen« quasi die Bibel der modernen Wirtschaftswelt geschrieben hat. Seine Theorie geht davon aus, dass sich in einem freien Markt die diversen zum Teil gegenteiligen Interessen wechselseitig regulieren.

Das simple »Gesetz« von Angebot und Nachfrage kennt jedes Kind: Je mehr Menschen ein Produkt haben wollen, desto höher wird der Preis – und umgekehrt. Je häufiger ein Produkt zu haben ist, desto billiger wird es.

Doch diese Selbst-Regulierung funktioniert eben nur in der Theorie. In der Praxis entstehen in einem unregulierten Markt schnell Monopole oder Oligopole, Kunden haben nicht mehr die freie Wahl, und mächtige Marktteilnehmer können schwächeren Marktteilnehmern ihre Konditionen aufzwingen. Auch dem Staat zwingen die mächtigen Unternehmen ihren Willen auf – zum Schaden der Bürger. Auf einen Bundestagsabgeordneten kommen in Berlin sechs Lobbyisten. In den Ministerien schreiben die Anwaltskanzleien ganze Gesetze – die Ministerialbürokratie moderiert nur noch den Prozess zwischen starken Akteuren, wo sie Regeln setzen sollte.[38]

Unterdessen werden zu viele Produkte der Konsumgüterwirtschaft hergestellt, während die Investitionen in Wissenschaft, Bildung und Gesundheit vernachlässigt werden. Das nennt man dann »Marktversagen«. Dennoch ist die »unsichtbare Hand«

weiterhin das Leitmotiv aller wirtschaftspolitischen Entscheidungen. Selbst jetzt – wenige Monate nach dem Finanzcrash, der wohl ohne Frage Zeichen eines komplexen Markt-, Regulierungs- und Politikversagens war – sind die Theoretiker des ungezügelten Kapitalismus wieder vollmundig dabei, wenn es um Deregulierung der Märkte und »freie« Marktwirtschaft geht.

Der (Aber-)Glaube an die unsichtbare Hand des Marktes

Offenbar ist der Glaube an die unsichtbare Hand einer selbstregulierenden Marktkraft größer als die sichtbare Hand der Großkonzerne, die den Bürgern immer unverbrämter in die Tasche greift und dem Staat immer mehr ihren eigenen Willen aufzwingt. Dass es sich bei den neoliberalen Überzeugungen um eine Art Religion handelt, hat Alexander Rüstow[39] schon vor mehr als einem halben Jahrhundert erkannt. Einer der Begründer der sozialen Marktwirtschaft und ein engagierter Vertreter des Ordoliberalismus entlarvt den Neoliberalismus schlicht als »Glauben«,[40] man möchte hinzufügen: »Aberglauben«!

Die Mont Pelerin Society, 1947 zur Belebung liberalen Gedankenguts in der Schweiz von Friedrich August von Hayek, Karl Popper, Ludwig von Mises, Wilhelm Röpke und anderen gegründet, gilt als Ursprung der Erneuerung des Liberalismus nach einer Zeit, in der totalitäres Gedankengut die Welt in den Abgrund gestürzt hatte. Aber innerhalb dieser Gesellschaft gab es zwei Lager: diejenigen, die unbedingt an die Marktrationalität »glaubten« – Hayek und seine Anhänger –, und diejenigen, die einen starken Staat als Schiedsrichter wollten, damit Märkte überhaupt funktionieren können – Alexander Rüstow und Wilhelm Röpke zum Beispiel. Die Vertreter der Marktrationalität hatten ein geschlossenes und elegantes theoretisches Gedankengebäude, während sich die Befürworter eines starken, ordnenden Staats zwangsläufig mehr mit der wirtschaftlichen, gesellschaftlichen und historischen Realität auseinandersetzen mussten. Und die Realität ist komplex, zwingt also zu Einzelfallbetrachtungen. Das Resultat: Für die Vertreter der ersten dogmatischen und wirklichkeitsfernen Richtung gab es mehrere Nobelpreise (Hayek, Friedman), für die des Ordoliberalismus (Röpke, Ludwig Erhard, Alfred Müller-Armack) keinen.

Bis weit ins 18. Jahrhundert hinein dominierte das gesellschaftliche Denken die religiöse Überzeugung, dass die herrschende Ordnung von Wirtschaft und Gesellschaft gottgewollt sei. Könige waren Herrscher von Gottes Gnaden, Päpste die Stellvertreter Gottes auf Erden – und Knechte eben Knechte im Angesicht des Herrn. Die Aufklärung räumte scheinbar damit auf. Nicht Gott regierte die Welt, sondern der Mensch – und mit ihm die Vernunft. Doch das galt offenbar nur für die politischen Systeme. Die Wirtschaftsordnung blieb fest in der (unsichtbaren) Hand einer übergeordneten Macht, die a) schon wusste, was sie tat, und b) irgendwie auch für Ordnung und Gerechtigkeit sorgen würde. Rüstow zeigt, dass alle großen Ökonomen des 18. und 19. Jahrhunderts dieser Vorstellung verhaftet blieben.[41] Aus der Grundüberzeugung heraus, dass es ein natürliches Gleichgewicht geben müsse, versuchten sie lediglich die Zusammenhänge in dieser Ordnung zu ergründen, stellten das System an sich aber nicht in Frage. Alle unübersehbaren Probleme interpretierten sie einfach als notwendige Übergangsphasen auf dem Weg zum wirtschaftlichen Ideal.

»Solange jeder an sich selbst denkt, ist an alle gedacht« – das ist etwa das Grundprinzip des neoliberalen Gedankenguts. Ein übergeordneter Volonté générale, dessen Kern eine Suche nach dem Gemeinwohl ist, lässt sich dagegen leicht als sentimentale Schwärmerei abtun. So haben auch der österreichisch-britische Philosoph Karl Popper, der die politische und ökonomische Philosophie des 20. Jahrhunderts maßgeblich beeinflusst hat, und der österreichische Vordenker des Liberalismus, der Ökonom Friedrich August von Hayek, die Konstruktion eines »allgemeinen Willens« in vernichtenden Kritiken behandelt.[42] Jeder Versuch, einen allgemeinen Willen zu erkennen, der über die Summe der geäußerten Willensbekundungen hinausgeht, wird als »Weg in die Knechtschaft« eines totalitären Systems abgetan. In modernen Demokratien könne es keine allumfassenden Entwürfe geben, fand Karl Popper, der deswegen vom Konzept des »Piecemeal Engineering«, der »stückweisen Lösungen«, spricht.

Angesichts der großen Katastrophen des 20. Jahrhunderts – des Kommunismus und des Nationalsozialismus – sind diese Kritiken auch berechtigt. Aber mittlerweile ist das Pendel viel zu weit in die andere Richtung ausgeschlagen. Die Art von Liberalismus, die auf der Voraussetzung beruht, dass Einzel- und Gesamtinteressen stets übereinstimmen, ist mittlerweile grandios gescheitert. Die Konsequenzen der hemmungslosen Verfolgung von Privat- und Eigeninteressen ohne Rücksicht auf das Gemeinwohl treten deutlich zutage. Die (neoliberal geprägte) Wirtschaftspolitik versagt in den letzten Jahrzehnten gründlich, sei es bei der Bekämpfung der Arbeitslosigkeit, sei es bei der Schaffung eines allgemeinen Wohlstandes (der nicht zu Lasten einer Mehrheit und zugunsten einer Minderheit entsteht). Trotzdem gilt der Glaube an die Marktrationalität nach wie vor als die Basis der modernen Wirtschaftswissenschaft. Hier und da kann in Einzelfällen wohlbegründete Kritik an der Funktion des Marktes vorgebracht werden und wird toleriert – aber immer muss begründet werden, wenn man »den Markt« nicht walten lassen will. Dass es Fälle und ganze Bereiche geben könnte, in denen zunächst andere Voraussetzungen gelten – undenkbar. Woher kommt diese Ignoranz gegenüber der Realität und auch gegenüber den Begründern der sozialen Marktwirtschaft? Rüstows Erklärung scheint plausibel, dass hinter der Ideologie des Kapitalismus in Wahrheit keine wissenschaftliche Vernunft, sondern ein irrationaler Harmonieglaube steckt, der mit stoischer Gelassenheit darauf vertraut, dass eine übergeordnete Macht die Dinge schon regeln werde.

Heiner Flassbeck, der kurzzeitig unter Finanzminister Oskar Lafontaine Staatssekretär war und heute Chefökonom der United Nations Conference on Trade and Development (UNCTAD) ist, bringt es in der *Süddeutschen Zeitung* auf den Punkt:

»Ökonomie als Religion? Wer glaubt, die Lehrsätze der Ökonomie würden ständig kritisch hinterfragt, der irrt. Deren Axiome sind weit mehr Ideologie und Glaubensbekenntnis als rational abgeleitetes und empirisch getestetes Grundwissen.«[43]

Die Neoliberalen glauben – was Rüstow »Unbedingtheitsaberglauben« nennt – an die unbedingte Gültigkeit der Marktgesetze, sind von einer »Soziologieblindheit« geschlagen, aufgrund der sie die Gesellschaft allein als Ansammlung von Marktakteuren deuten können, und obendrein blenden sie die institutionellen Rahmenbedingungen des Marktgeschehens aus. Ohne Notenbank, ohne Staatsanleihen etc. wäre der Kapitalismus in seiner heutigen Form gar nicht möglich.

Der neoliberale Aberglaube sitzt tief: Auch heute wieder gibt es Stimmen, denen der Finanzcrash lediglich eine Bestätigung ihrer These ist, dass der Markt sich selbst reguliere – schließlich, so sagen sie, hätte es sonst ja keine Krise gegeben. Die Krise zeige, dass Seifenblasen eben keinen Bestand hätten; dass sie nun zerplatzt seien, belege, dass der Markt irgendwann von selbst die Reißleine zieht.

Mit demselben Argument können wir auch gleich zu den rechtlosen Zuständen einer wilden Urzeit zurückkehren. Unter der Prämisse, dass sich das Gute am Ende immer durchsetzt, würde so langfristig das Paradies auf Erden entstehen. Die Opfer dieser sozialdarwinistischen Barbarei wären nur der Beweis, dass sie eben doch nicht gut genug fürs Paradies wären. Zynischer geht es kaum.

Still und heimlich – und mit betörenden Gesängen einer Desinformationswirtschaft – werden wir in solche barbarischen Zustände gelockt. Schließlich profitieren von der Religion der Marktwirtschaft vor allem die großen und mächtigen Marktakteure. Das sind Zustände wie im frühen Feudalismus: So lange das Volk dem Kaiser von Gottes Gnaden freiwillig seine Ernte vor den Palast wirft, gibt es für den Herrscher keinen Grund, seine göttliche Bestimmung in Frage zu stellen. Das Volk musste die Revolution einleiten, nicht der Adel. Ähnlich ist es heute: Wer an der finanziellen Übermacht der Großkonzerne rütteln will, darf sich nicht auf die Ideologie der unsichtbaren Hand einlassen, sondern muss vernünftige Argumente einfordern und einen Rechtsstaat einrichten, der nicht auf göttlicher Fügung, sondern auf dem Gemeinwohl basiert.

Das Gegenteil ist derzeit der Fall: Nicht die höhere Vernunft ist das Leitmotiv unserer Gesellschaft, sondern ein auf Egoismus basierender Sozialdarwinismus. Ein starker Rechtsstaat mit starken, unabhängigen Beamten (»Staatsdienern«) wird als »gefährlich« dargestellt und führt nach der jetzt herrschenden Gesellschaftsauffassung direkt in die Knechtschaft (Hayek). Bestenfalls werden sie als idealistische Utopien verlacht. Es ist Trend, dass sämtliche Aktivitäten demokratischer Aktivisten in der Geschichte auf ihre (versteckten) ökonomischen Motive interpretiert werden; politische oder gar auf ein Allgemeinwohl zielende vernünftige Argumente haben keinerlei Geltung mehr, da man dort immer und überall nur Eigeninteressen vermutet.

Es wird Zeit, dass wieder mehr konzeptionelle Klarheit in unser Denken Einzug hält. Die Philosophie der Aufklärung, das politische Denken kontinentaleuropäischer Prägung müssen wieder zu ihrem Recht kommen. Wir benötigen gesellschaftliche Entwürfe und Konzeptionen, die eindeutig, zumindest einigermaßen beständig und damit verlässlich sind. Wenn wir uns ausschließlich der täglichen Bewältigung von Einzelfragen widmen, sehe ich die Basis unserer Wirtschafts- und Gesellschaftsordnung bedroht.

Exkurs
Crash-Test-Dummies oder: Die ungehemmte Entwicklung auf den Finanzmärkten von der Überinformation zur Mogelpackung

Geld ist wie das Rad eine Erfindung, ohne die die moderne Zivilisation nicht denkbar wäre.[44] Von den uns bekannten Hochkulturen scheinen nur die Inka ohne Geld ausgekommen zu sein – sie sind ausgestorben. Stellen Sie sich eine Welt ohne Geld vor: Nehmen wir an, Sie sind Metzger und wollen Ihre Waren an Ihre Kunden verkaufen. Welche Tauschmittel akzeptieren Sie für Ihre Steaks oder Ihre Wurst? Was haben Ihre Kunden zu bieten? Käse? Ein Bekleidungsstück? Geigenunterricht?

Grundsätzlich stellt sich also die Frage, ob Sie einen geeigneten Gegenstand finden, den Sie beide willens sind zu tauschen. Als Nächstes müssten Sie eine angemessene Tauschrelation aushandeln – also wie viele Stunden Geigenunterricht gibt es für wie viele Würstchen? Wenn es kein einheitlich akzeptiertes Geld gibt, müssen Sie jedes Mal aufs Neue einen Preis vereinbaren. Haben Sie einen Tauschgegenstand mit Ihrem Kunden gefunden, heißt das nicht, dass auch Ihre Lieferanten – Ihr Fuhrunternehmer und Ihr Landwirt – sich damit bezahlen lässt. Man muss nicht lange nachdenken, um zu begreifen: Ohne Geld sind die Schwierigkeiten unerschöpflich. Wenn es kein Geld gäbe, müsste es erfunden werden.

Deswegen haben sich die Menschen auch immer neue Varianten dieser Bezahlungsform ausgedacht: Muscheln, Pferde, Perlen, Zigaretten und natürlich Silber und Gold. Letztlich kann alles zu Geld werden, was drei ökonomische Funktionen erfüllt:

- Tauschmittel
  Die Zahlungsmittel, also Muscheln oder Münzen, müssen tauschbar sein, also ein gewisses Format und Ge-

wicht haben. Die Idee, mit Hinkelsteinen zu bezahlen etwa, erweist sich bei Asterix und Obelix schnell als nicht praktikabel.

- Bewertungsmaßstab
  Das Zahlungsmittel muss einheitlich sein und darf nicht im Übermaß vorhanden sein. Wer etwa mit Kieselsteinen bezahlen will, läuft Gefahr, dass die unterschiedliche Größe zu unterschiedlichen Bewertungen führt. Dann aber müsste man irgendwann festlegen, in welchem allgemeingültigen Verhältnis ein kleiner Kieselstein zu einem größeren steht, so wie wir es heute von Cent und Euro kennen.
- Wertaufbewahrungsmittel
  Das Zahlungsmittel muss eine gewisse Mindesthaltbarkeit haben und sich lagern lassen. Hagelkörner sind deswegen als Währung völlig ungeeignet, und auch verderbliche Dinge wie Eier taugen nur bedingt als Zahlungsmittel.

Fehlt eine dieser Funktionen, kann das entsprechende Medium nur ein unzureichender Geldersatz sein.

Mit dem Geld kommt die Geldwirtschaft. Im Mittelalter war die Geldwirtschaft im Vergleich zum Römischen Reich sehr rudimentär. Die Geldleihe gegen Zinsen war vielerorts verboten. Die Willkürherrschaft des Adels ließ Handel und Handwerk nicht den Raum, sich frei zu entfalten. Die Eigentumsrechte des Einzelnen waren nur sehr schwach ausgeprägt. Immerhin: Auch in dieser eher finsteren Epoche fungierten zum Beispiel die Templerritter als eine Art Sparkasse. Reisende Adlige konnten nach Vorlage bestimmter Beglaubigungsschreiben von Templer-Niederlassungen in ganz Europa Geld erhalten.

Wo es Geld gibt, ist meistens auch die Institution des Kredits nicht fern. Nehmen Sie an, Sie haben viel Geld, das Sie im Moment nicht benötigen. Das ökonomische Gefüge ist stabil, Recht und Gesetz haben Bestand. An vielen Stellen in der Wirtschaft besteht Investitionsbedarf. Da wäre es unsinnig, das Geld zu Hause zu horten. Besser ist es, Ihr Geld zu verleihen und für einen Preis, den Zins, für sich arbeiten zu lassen. Sie übergeben Ihre Münzen also jemandem, der Ihnen verspricht, diese zu einem bestimmten Zeitpunkt mit Zinsen zurückzuzahlen. So kommt das Geld in den Wirtschaftskreislauf. Solange Ihre Gläubiger konservativ kalkulieren und ihre Schulden mit großer Wahrscheinlichkeit zurückzahlen können, ist allen gedient.

Heute sind die Möglichkeiten natürlich ungleich vielfältiger. Die Geldwirtschaft ist sehr viel komplizierter geworden; immer mehr Dienstleister kümmern sich um eine optimale Zirkulation des Geldes – und jeder will und kann daran verdienen. Doch im modernen Finanzsystem herrscht große Anonymität; der Eigentümer des Geldes kennt denjenigen, dem er sein Geld leiht, gar nicht mehr persönlich, er muss ihn auch gar nicht mehr persönlich kennen. Schließlich bringt der Geldbesitzer sein Geld zu einer Bank, die es an seiner statt verleiht. Hierfür erhält der Gläubiger ein Zahlungsversprechen. Ihm gegenüber ist die Bank Schuldner; gegenüber demjenigen, dem sie Kredite vergibt, ist sie Gläubiger. In dieser Doppelrolle kann die Bank – im Prinzip ohne jedes Eigenkapital – Forderungen, die sie ihren Schuldnern gegenüber hat, als Wertpapiere auf den Markt werfen.

Vereinfacht dargestellt sieht das so aus: Eine Bank leiht einem Schuldner 100 Euro mit einem Zinssatz von 15 Prozent. Zum Jahresende erwartet die Bank also die Rückzahlung der 100 Euro plus 15 Euro Zinsen. Wenn die Bank selbst über kein eigenes Geld verfügt, leiht sie sich das Geld einfach von fremden Geldgebern, denen sie verspricht, das Geld zum Jahresende mit einem Zinssatz von fünf Prozent zurückzuzahlen. Klappt alles wie geplant, macht die Bank ohne eigenen Kapitaleinsatz ein gutes Geschäft: Sie bekommt 15 Euro vom Schuldner und muss nur fünf davon an den Gläubiger weitergeben. Es bleiben also zehn Euro Gewinn. Je mehr Kreditgeschäfte dieser Art die Bank macht, desto größer also der Gewinn.

Dafür allerdings trägt die Bank das Risiko. Macht der Schuldner nämlich schlapp und kann weder die 100 Euro Schulden noch die 15 Euro Zinsen zahlen, muss die Bank trotzdem ihrem Gläubiger die 105 Euro auszahlen. Hat man jedoch viele Schuldner, verteilt sich das Risiko auf viele Fälle – fällt ein Kredit von zehn aus, kann man den einen Verlust aus den anderen Gewinnen finanzieren. Fällt nur einer von zwanzig aus, macht man trotzdem satten Gewinn.

Kredite kommen in vielerlei Form vor: Sichteinlagen bei der Bank, Hypothekenkredite, Schuldverschreibungen, Kreditkarten, Ratenkredite, Finanzderivate, Wechsel und Anleihen. Das Prinzip ist aber immer dasselbe.

Um das Risiko zu reduzieren, kann man aus einer Vielzahl von Krediten einzelne Pakete schnüren, die man auf dem Markt verkaufen kann. Man spricht von »Verbriefung«. Statt also die einzelnen Kredite zu überprüfen, in der Bilanz zu halten, und das Risiko zu tragen, dass der Kredit getilgt wird, entledigt sich die Bank der Risiken, indem sie diese bündelt und weiterverkauft. Dazu werden Kredite gestückelt und wieder zusammengesetzt, »geratet« und versichert. Man kann sich leicht ausmalen, wie schnell derlei überaus kompliziert werden kann. Das Risiko wird gestreut, die Geldgeber werden mutiger, und schon sitzt die Geldbörse lockerer. Mit Hilfe der Methode der Verbriefung konnte das Kreditvolumen in der westlichen Welt seit den Achtzigerjahren explodieren.

Zugleich haben sich auch in der florierenden Finanzbranche die neuen Informationstechnologien mehr und mehr durchgesetzt. Professionelle Anleger können sich weitgehend selbst über die Lage an den Märkten informieren. Die Mittelsmänner aus den Banken schienen deswegen überflüssig. Warum einer Bank oder einem Finanzintermediär einen Großteil des Gewinns abgeben, wenn man das Geschäft direkt und damit lukrativer machen kann? Man spricht von einer »Disintermediation« der Kreditvergabe. Dahinter steckt im Grunde dasselbe Prinzip wie beim Privateinkauf per Internet, weil durch Online-Shopping oftmals der Zwischenhändler übersprungen wird und damit die relativ hohen Handelsmargen wegfallen. Was beim Einkauf eines T-Shirts oder Kinderbuchs recht unproblematisch funktioniert, wirft aber in der komplexen Finanzwelt allerhand Diskussionen auf. Hier nämlich besteht das Risiko, dass jemand, der gerade Finanzbedarf hat (etwa weil er sich an anderer Stelle verspekuliert hat und einem Dritten Geld schuldet), irgendwelche Finanzprodukte »erfindet«, die er als Wertpapier mit großem Werbeaufwand auf den Markt wirft. Eine Bank wird als Vermittler oder gar Korrektiv gar nicht mehr eingeschaltet. Die Anleger kaufen das scheinbar tolle Finanzprodukt. Wenn alles gut geht, machen beide Seiten ein prima Geschäft. Und weil das so ein prima Geschäft ist, erfinden Finanzunternehmen einfach mehr Wertpapiere, und die Anleger investieren mehr Geld. Alle spekulieren auf den großen Gewinn am Ende. In diesem System kann man quasi selbst Geld erschaffen, einfach indem man immer neue Wertpapiere erfindet. Solange jemand investiert, dreht sich die Schraube immer höher. Geht etwas schief, gibt's ein Problem.

Tatsächlich bewegte sich die Finanzwelt in der letzten Boomphase in genau solch einer scheinbaren Endlosspirale, immer neue Finanzdienstleister erfanden immer neue Finanzprodukte. Angesichts der Datenfülle an den Finanzmärkten war nicht zu verhindern, dass nicht nur die meisten Privatanleger nach kürzester Zeit völlig verwirrt waren, sondern auch diejenigen »Experten«, die nicht unmittelbar an der Entwicklung der Finanzprodukte beteiligt waren. Es hatte niemand mehr eine Chance, im Dschungel der Finanzdaten auch nur annähernd den Überblick zu bewahren.

Die Banken, die zunehmend als Intermediäre übergangen wurden, versuchten an dem lukrativen Geschäft wenigstens insofern beteiligt zu sein, als sie zumindest als Dienstleister etwa bei der Emission von Wertpapieren mitwirkten. So kam es, dass die relativ unbedarften »kleinen Sparkassen-Angestellten« plötzlich ihren Kunden hochkomplizierte Finanzprodukte verkauften, deren Risiken sie selbst gar nicht mehr beurteilen konnten. Sie vertrauten einfach darauf, dass die hochdotierten Investmentbanker in den Geldinstituten am oberen Ende der Spirale schon wüssten, was sie tun.

Die wussten es auch. Wie die ehemalige Börsenmaklerin Anne T. sehr anschaulich in ihrem schonungslos offenen Buch »Die Gier war grenzenlos« schildert, packte die vermeintliche Finanzelite relativ willkürlich irgendwelche Pakete, denen sie schillernde Namen gab und die sie an die Geschäftsbanken weiterreichte, damit diese die Mogelpackungen an die Stammkundschaft weitergaben.[45] Deswegen war es auch nicht wirklich überraschend, dass von der Pleite der Lehman Brothers in Deutschland viele Rentner und Pensionäre betroffen waren. Sie hatten den »Bankbeamten«, mit denen sie aufgewachsen waren, blind vertraut und nicht mitbekommen, dass die Damen und Herren am Schalter schon längst nichts anderes mehr waren als das letzte Glied einer langen Vertriebs- und Vermarktungskette.

Nachdem Ende der Neunzigerjahre zum ersten Mal viele Deutsche mit Aktienmärkten in Berührung kamen – der Börsengang der Telekom im November 1996 und der Start des inzwischen eingestellten Neuen Marktes waren die Auslöser –, setzte um die Jahrtausendwende der große Run auf Aktien ein. Im Jahr 2000, nach einem jahrelangen Anstieg der Börsenwerte, waren selbst konservativere Anleger überzeugt, dass Aktien eine sichere Anlage seien. Der Finanzbranche kam das gelegen. So ließen sich Produkte verkaufen, ohne dass man es mit zu vielen nüchtern nachrechnenden Kunden zu tun hatte.

In der Zeit der New Economy wurden Neuemissionen zu Phantasiepreisen gehandelt. Lug und Betrug nahmen überhand.[46] Manche Technologiefirmen, kaum größer als die berüchtigte Garage und mit nur wenigen Angestellten, waren auf einmal Milliarden Euro wert. Der kleine und heute nahezu bedeutungslose Software-Anbieter Intershop war über 10 Milliarden Dollar wert. Zum Vergleich: Im Sommer 2009 war der Lastwagenhersteller MAN mit über 50 000 Mitarbeitern insgesamt sieben Milliarden Euro wert. Auch die Kurse der etablierten Unternehmen, die irgendetwas mit »Technologie« zu tun hatten, schossen damals in astronomische Höhen. Der Ausgabekurs der Telekom-Aktie von umgerechnet 14,30 Euro versiebenfachte sich auf kurzzeitig über 100 Euro. Im Sommer 2009 stand sie dann bei 8,50 Euro.

Hochriskante Sicherheitsmaßnahmen: Zertifikate

Als im Jahr 2000 der Neue Markt zusammenbrach, erkannte kaum jemand das grundsätzliche Versagen der Finanzbranche, die meisten hielten die Seifenblase »Internet« für schuldig an dem Debakel. Deswegen hinterfragte die Masse der Kapitalanleger in Deutschland und Österreich nicht die Strukturen der Finanzwelt, sondern suchte schlichtweg eins: Sicherheit. Und die Finanzbranche fand einen Weg, den Anlegern, die den Aktienmarkt nach dem Crash gescheut hatten, diesen durch eine scheinbar »sichere« Partizipation wieder schmackhaft zu machen. Diese Lösung hieß: Zertifikate und Derivate.

Unter so schön klingenden Namen wie »Garantie-«, »Bonus-« oder »Discountzertifikat« wurden undurchsichtige oder zumindest sehr schwer berechenbare Produkte verkauft, die der Finanzbranche extreme Gewinne einbrachten, während die Abnehmer über deren tatsächliches Risiko im Dunkeln gelassen wurden. Im Herbst 2008 wurde dann klar, dass diese Produkte keinesfalls sicherer als gute Anleihen oder Aktien sind, im Gegenteil: Da Zertifikate Inhaber-Schuldverschreibungen der jeweiligen Bank sind, kann das Risiko bis zum Totalverlust gehen, wie die Geschädigten der Lehman-Pleite erfahren mussten.

Die Konstruktion eines herkömmlichen »Garantiezertifikats« etwa klingt harmlos: Dem Anleger wird nach Ende der Laufzeit – also meist etliche Jahre später – die Rückzahlung von hundert Prozent des eingesetzten Kapitals garantiert; man geht als Anleger also scheinbar kein Risiko ein: Das Geld wird zumindest nicht weniger. In die Garantiesumme sind allerdings weder der Ausgabeaufschlag, also die Gebühr für den Erwerb des Zertifikats, von bis zu fünf Prozent noch der zwischenzeitliche Wertverlust durch eine mögliche Inflation von etwa drei Prozent eingerechnet. In Wahrheit bekommt der Anleger also sein Geld nicht zurück, während die Bank in jedem Fall etwas verdient. Doch das sind nur Lappalien gegen das, was dann geschieht.

Von dem Geld, das der Privatanleger einzahlt, wird ein bestimmter Anteil, beispielsweise 70 Prozent, in Anleihen und Festgeldern angelegt. Die Bank tut also nichts anderes, als was ein konservativer Anleger auch selbst tun könnte: Sie investiert einen Großteil des Geldes in eine sichere Geldanlage, damit sie am Ende ihre Garantiezusage einhalten kann. Denn zum Ende der Laufzeit sind diese 70 Prozent wieder auf die 100 Prozent der Anlagesumme angewachsen. Es bleiben also 30 Prozent als »Spielgeld«, also Kapital, das die Bank mit hohem Risiko einsetzen kann. Geht das Geld verloren, verliert die Bank nichts. Bringt das hohe Risiko die erhoffte hohe Rendite: Bingo!

Eine Möglichkeit wäre, die 30 Prozent einfach in Aktien anzulegen, die mittelfristig eine höhere Rendite erzielen würden. In diesem Fall hätte die Bank mit dem Garantiezertifikat eine Vermögensmischung zwischen Festgeldern und Anleihen auf der einen und Aktien auf der anderen Seite vorgenommen. Ein vernünftiger, konservativer Anleger würde an dieser Mischung sicher Gefallen finden. Das Problem: Ein derartig aus Anleihen und Aktien zusammengesetztes Produkt ist sehr durchschaubar und transparent, bietet den Banken also nur geringe Verdienstmöglichkeiten.

Wesentlich attraktiver, weil undurchsichtiger, sind sogenannte »strukturierte Produkte«, also Anlagepakete, die mehrere Basisfinanzprodukte kombinieren und dabei mindestens ein Derivat, zum Beispiel in Form von Optionen, enthalten. Derivate sind »abgeleitete« Wertpapiere, deren Wertentwicklung von einem Basiswert abhängt; eine Option ist eine Chance, an einer Kursentwicklung zu partizipieren. Stieg also der DAX zum Beispiel über 5000 Punkte, würde eine Kaufoption auf den DAX werthaltig werden. Bei 6000 Punkten wäre die Wertentwicklung massiv. Der Nachteil: Unter 5000 Punkten wäre die Option wertlos. Und da Derivate ein Verfallsdatum haben, sind sie Wetten auf Zeit.

Das Gute daran: Durch die komplizierte Konstruktion und die damit einhergehende mangelnde Transparenz merkt der Anleger gar nicht, dass sich der Finanz-Dienstleister selbst hohe Gewinnmargen sichert. Und das Allerbeste: Kein Mensch konnte den Preis dieser Instrumente nachrechnen. So berichtet Anne T., dass die Investmentbanker mit völlig überteuerten Optionen binnen kürzester Zeit zehn Prozent der gesamten Anlagesumme verdienen konnten, weil selbst die vermittelnden Banken nicht mehr verstanden, was mit dem Anlagevermögen ihrer Kunden geschah.[47] Um die ahnungslosen Vertriebsmitarbeiter der Banken für diese Mogelpackungen zu begeistern, gaben die Investmentbanker einfach einen Teil ihrer horrenden Gewinne als satte Provisionen an die Vermittler weiter. Die priesen Zertifikate bald als Wunderwaffe für sichere Renditen. Anne T. beschreibt das so:

> »Den hauseigenen Vertrieb für die Privatkunden zu überzeugen, fiel uns nicht schwer: Die Investment-

> Story war gut. Nachdem Börsengänge und die Aktienhausse erloschen waren, suchte auch dieser Zweig unserer Bank nach neuen Ideen, um sie den Anlegern in den Filialen verkaufen zu können. Das überzeugendste Argument aber lieferte die Provisionsstruktur des neuen Produkts: Es sollte einen Ausgabeaufschlag von zwei Prozent geben, eine Vertriebsprovision von weiteren zwei Prozent sowie eine jährliche Bestandsprovision von 0,5 Prozent. Das machte bei siebenjähriger Laufzeit nach Adam Riese 7,5 Prozent. Eine fette Gans für jeden Privatkundenbetreuer.«[48]

Ohne sich dessen bewusst zu sein, wurden Privatanleger mit dem Etikett »Garantie« zu gewichtigen Playern am hochriskanten Derivatemarkt.

Immerhin: In der am Anfang des zweiten Kapitels erwähnten Titelgeschichte »Bankberater packen aus: Ich habe Sie betrogen – Mit welchen Drücker-Methoden die Banker ihre Kunden ausnehmen« berichtete die *Wirtschaftswoche* bereits am 2. Februar 2008 über den flächendeckenden Betrug am Kunden. *Wirtschaftswoche*-Rechercheure gingen als Testkunden in nahezu alle größeren Banken – überall konnten sie nur von dem gleichen niederschmetternden Ergebnis berichten: Die Bankberater hatten nicht die Interessen der Kunden im Sinn, sondern wollten vor allem Produkte verkaufen, an denen die Banken viel Geld verdienten. Und die *Wirtschaftswoche* ist nun wahrlich keine Zeitung, der man Banken- oder Wirtschaftsfeindlichkeit vorwerfen kann.[49] Nach der Lehman-Pleite wurden dann viele erschreckende Beispiele eines oftmals geradezu betrügerischen Fehlverhaltens der Banken in der Privatkundenberatung bekannt.[50] Die *Bild*-Zeitung titelte etwa: »Ein Bankberater packt aus: So musste ich meine Kunden reinlegen.«[51]

Wer nichts versteht, muss blind vertrauen

Neben den Garantiezertifikaten waren die sogenannten Discount- und Bonuszertifikate die beliebtesten Produkte. Und die Konstruktionen wurden immer mysteriöser. Unter www.zertifikateweb.de finden sich die unterschiedlichsten Typen von Zertifikaten: Twin-Win, Reverse Outperformance Protect, Airbag, Alpha Express, Easy Express oder Reverse Discount Knock-in. Sie alle wurden nur mit einem Ziel geschaffen: Privatanleger durch gezielte Desinformationen zum Wetten und damit zum Zocken zu verleiten.

Um zu verdeutlichen wie diese Desinformation funktionierte, sei mir noch einmal ein Zitat aus den Offenbarungen der Anne T. erlaubt:

> »**Garant Rebound Zertifikat**: Bonus-Garantieanleihen stellen je nach Ausstattung in Abhängigkeit von der Kursentwicklung eines zugrunde liegenden Baskets einen variablen bzw. einen im Rahmen einer Zinsstaffelung fix vorgegebenen Kupon in Aussicht, wobei sich der Zinssatz entweder an der kleinsten absoluten positiven oder negativen Performance eines einzelnen Korbwertes (= schwankungsabhängig) oder an der tatsächlichen Kursentwicklung (= kursabhängig) orientieren kann. Bei der vorliegenden kursabhängigen, sich auf 20 internationale Blue Chip Titel beziehende Variante ergibt sich der jährliche Kupon, ausgehend von einer 5-prozentigen Startverzinsung in den ersten beiden Jahren, ab der dritten Laufzeitperiode, indem 60 % der Kursentwicklung der seit Emission am schlechtesten performenden Aktie zu einem Berechnungsfaktor von 10,00 % addiert wird. Mindestens wird jedoch ein Kupon von 0,75 % p. a. gezahlt.«[52]

Wenn Sie hier genauso wenig verstehen wie ich, ist der Sinn und Zweck dieses Zertifikats erfüllt, nämlich ein solches

Maß an Unverständlichkeit zu schaffen, dass jegliche rationale Überprüfung unmöglich ist.

Und schlimmer noch: Wer nichts versteht und nicht überprüfen kann, dem bleibt nichts als blindes Vertrauen. Genau das lässt sich dann aber trefflich ausnutzen: Im von Anne T. beschriebenen Fall konstruierte sich die Bank einen eigenen Index aus zwanzig internationalen Aktien. Auch bei sogenannten Basketzertifikaten setzten sich die Banken den Basiswert eigenhändig zusammen, der aus einem Korb (»Basket«) von Aktien und Wertpapieren bestand. Das Grandiose daran: Da die Bank den Basket selbst definiert und berechnet, ist es schwer, ja manchmal sogar unmöglich, den Indexwert nachzuprüfen. Ein solcher Index besteht beispielsweise aus zwanzig Basisaktien, die alle eine bestimmte Verlustschwelle nicht unterschreiten dürfen, damit die Rendite des Basketzertifikats erhalten bleibt. So wird der Wert dieses Papiers, das als ein Bündel von mindestens zwanzig einzelnen Wetten angesehen werden kann, die auch noch miteinander zusammenhängen, völlig unberechenbar.

Ich will hier nicht in die Details gehen. Doch wenn solche Finanzprodukte als »Geldanlagen« für normale Bürger bezeichnet und gehandelt werden, kann ich nur den Kopf schütteln. Heute ernte ich damit Applaus, aber als ich 2004 in meiner Kolumne bei www.privatinvestor.de und im Netz den Zertifikatewahn beklagte, beschwerten sich zwei große Banken bei einer seriösen Presseagentur, die daraufhin sofort die Zusammenarbeit mit mir als Kolumnist aufkündigte.

Deutschland entwickelte sich schnell zum weltweit größten Markt für strukturierte Produkte für Privatanleger. Auch die Finanzmedien spielten das Spiel mit. Bei den privaten Fernsehsendern hatte man manchmal das Gefühl, in einer einzigen Werbeveranstaltung für Zertifikate zu sein. Zertifikatejournale und -websites schossen aus dem Boden. Sogar seriöse Zeitungen wie die *Frankfurter Allgemeine Zeitung* oder das *Handelsblatt* brachten regelmäßig Sonderteile über Zertifikate. Das konnte die Privatanleger nur beruhigen. Im Jahr 2007 steckten in Deutschland 140 Milliarden Euro in strukturierten Anlageprodukten. Die Ironie dabei: In vielen anderen Ländern Europas – selbst in den USA – ist es für Privatanleger wesentlich schwieriger, in Derivate zu investieren. Während in Deutschland jeder mündige Anleger Zertifikate und Derivate erwerben kann, muss man in den USA zum Beispiel als Privatanleger bestimmte Voraussetzungen erfüllen.

Private Equitiy und der Sklavenhandel in der Moderne

Neben den Zertifikaten war das sogenannte »Private Equity« eine beliebte Masche, den vermeintlich fortschrittlichen Anlegern Geld aus der Tasche zu ziehen.[53] Dabei hätte allein der Begriff schon misstrauisch machen müssen: »Equity« ist ganz simpel das englische Wort für »Kapital«, etwa Grundkapital, Firmenkapital oder Stammkapital. »Private« ist jedoch ein spezifischer Begriff in der amerikanischen Börsensprache, der zum Ausdruck bringen soll, dass das Wertpapier nur von wenigen Investoren gehalten wird. Im Unterschied dazu verwendet man »Public« bei einem breit gestreuten Investment. So spricht man bei großen börsennotierten Aktiengesellschaften von »Public Corporations«. Es geht also nicht wie im Deutschen um die Unterscheidung von »privat« und »öffentlich«, sondern um die Anzahl der Investment-Beteiligten: viele (»public«) oder wenige (»private«). Der Begriff »Private Equity« sollte also ursprünglich zum Ausdruck bringen, dass mit mehr oder weniger privatem Kapital Unternehmen gekauft und diese am Ende auch wie »private« Firmen gemanagt würden.

Der Begriff blieb, aber der Inhalt änderte sich – und zwar

bis zu seinem Gegenteil: Private- Equity-Werte wurden bald flächendeckend und massenhaft verkauft. Es entwickelte sich ein gigantischer Hype. Die Finanz-Dienstleister, sogenannte Private-Equity-Firmen, sammelten so erfolgreich Geld bei den Kapitalanlegern, dass es bald sehr viel mehr Private-Equity-Geld gab als Unternehmen, in die man dieses Geld klug investieren konnte. Aber wenn man die Taschen voller Geld hat, scheut man sich auch nicht, überteuerte Firmen zu kaufen, die sonst keiner mehr haben will – oder solange zu bieten, bis alle anderen Käufer aussteigen. Um dann trotzdem noch Rendite einzufahren, wurden die gerade erst gekauften Unternehmen erst mit Schulden vollgeladen, dann zog man das investierte Kapital wieder ab, und die nunmehr wieder selbständigen Firmen mussten die nächsten Jahre die Schulden abtragen. Das Ganze funktioniert etwa wie der Trick eines Heiratsschwindlers: Der Pseudo-Casanova lacht sich eine reiche Braut an. Das Vermögen der verliebten Frau wird von ihm dann so lange beliehen, bis nichts mehr zu holen ist – natürlich immer mit dem Versprechen, alles bald zurückzuzahlen. Irgendwann wird das Opfer dann mit den Schulden allein zurückgelassen; das geliehene Geld steckt längst in anderen Projekten.

Noch verwegener wird es, wenn das Private-Equity-Unternehmen sich das Geld, mit dem es das Unternehmen kauft, selbst erst leihen muss und das gekaufte Unternehmen nun die Schulden für den überteuerten Kauf selbst abstottern muss. So funktioniert Sklavenhandel in der Moderne; der Sklave wird gekauft und muss seinen Kaufpreis dann abarbeiten.

So geschehen im Fall des Iserlohner Armaturenherstellers Grohe, der traurige Berühmtheit erlangte, als die Inhaberfamilie Grohe das Unternehmen – damals Weltmarktführer mit einer Traumrendite von zehn Prozent und einer Eigenkapitalquote von 50 Prozent – 1998 vollständig an die Investorengruppe BC Partners verkaufte. Rund 900 Millionen

Euro kostete der Deal, wovon BC Partners schätzungsweise nur hundert Millionen aus eigener Kraft aufbrachte; der Rest wurde über Kredit finanziert. Fünf Jahre später gingen fast drei Viertel des Betriebsergebnisses, nämlich 71 Millionen Euro, dafür drauf, die Zinslast dieses Großkredits zu tilgen. Das Unternehmen stagnierte, 2005 wurden Einsparungen in Höhe von jährlich 150 Millionen Euro bis 2008 beschlossen und rund 500 Arbeitsplätze abgebaut.

Grohe steht aber nur stellvertretend für viele gleichartige Fälle aus dieser Zeit, in der auch vom damaligen SPD-Vorsitzenden Franz Müntefering die berühmte »Heuschrecken-Debatte« losgetreten wurde:

»Manche Finanzinvestoren verschwenden keinen Gedanken an die Menschen, deren Arbeitsplätze sie vernichten – sie bleiben anonym, haben kein Gesicht, fallen wie Heuschreckenschwärme über Unternehmen her, grasen sie ab und ziehen weiter.«[54]

Das Geschäft funktionierte nur in einer Zeit des billigen Geldes und des frei verfügbaren Kredits, also in den Jahren von 2001 bis 2007, weshalb diese Transaktionsformen in der Zukunft wesentlich seltener werden dürften. Allerdings haben sich viele Investoren langfristig bei Private Equity Fonds festgelegt, können also ihr Kapital von diesen Fonds nicht abziehen, so dass viele Fonds immer noch eine Menge »Spielgeld« haben.

In jedem Fall ist der Name »Private Equity« ein Beispiel für die außerordentlich hohe PR- und Suggestionskraft der Finanzbranche. Eigentlich müssten solche Fonds »Public Leverage« heißen – »Public«, weil sich sehr viele, auch kleine Investoren an den Fonds beteiligen sollten, und »Leverage«, weil das Engagement dieser Fonds meist nicht zu mehr Eigenkapital (»Equity«) führt, sondern zu einer höheren Verschuldung (»Leverage«). Aber »Private Equity« klang einfach besser. Das ist ein ganz besonders dreistes Beispiel von »Etikettenschwindel«, wie ich ihn im letzten Kapitel analysiert hatte.

Kapitel 3

Überinformation in der Überflussgesellschaft

Supermarkt – das Schlachtfeld der Zivilisation

Dass die Jagd nach Wohlstand und Reichtum in der modernen Gesellschaft über das hinausgeht, was vernünftigerweise von den Menschen eigentlich gebraucht wird, ortete der amerikanische Ökonom John Kenneth Galbraith bereits im Jahr 1958. Damit nahm er spätere Entwicklungen präzise vorweg. In »The Affluent Society« beschreibt Galbraith die USA als »Gesellschaft im Überfluss«.[55] Seine These: Obwohl die moderne Industriegesellschaft die echten Bedürfnisse der Bevölkerung ohne weiteres befriedigen kann, jagt sie weiter den propagierten Wachstumszielen nach und schafft dafür neue, bis dahin ungeahnte und mithin auch unnötige Bedürfnisse. In der Tat ist spätestens durch die beiden Boom-Zyklen, die seit Ende der neunziger Jahre einen beispiellosen Aufschwung getragen hatten, genau jene Kräfteverschiebung entstanden, vor der Galbraith am Ende seines Buches so eindringlich gewarnt hat: So besteht ohne Frage ein deutliches Missverhältnis von privater Verschwendung und öffentlicher Armut etwa durch Unterversorgung im staatlichen Sektor (Schulen, Gesundheit).

Als Galbraith sein Buch »Gesellschaft im Überfluss« veröffentlichte, das weltweit zum Bestseller werden sollte und den Begriff der Überflussgesellschaft zum Allgemeingut werden ließ, ahnte er nicht, wie unsere Welt knapp ein halbes Jahrhundert später aussehen würde. Zwar hatte Andy Warhol bereits wenige Jahre zuvor mit seiner ersten Ausstellung als Künstler in der Ferus-Gallery in Los Angeles für Furore gesorgt, als auf seinen Bildern lediglich die aus Werbung und Supermarkt bekannten »Campbell's«-Suppendosen abgebildet waren. Der Pop-Art-Künstler hielt mit seiner Kunst der Gesellschaft den Spiegel vor: So wie einst Heilige oder Könige bildwürdig waren, so seien es heutzutage eben Produkte und Waren, die als Ikonen der Welt ausgestellt würden. Aber dass wir heutzutage die Qual der Wahl zwischen Tausenden von Produktvariationen haben und täglich neue Produkte »kreiert« werden – seien es neue Geschmacksrichtungen für Joghurt, Schokolade oder Bier, seien es neue Darreichungsformen von Waschmittel als Pulver, Tabs oder Megaperls –, hat wohl selbst der kühnste Visionär nicht vorausgesehen.

Eine der eindrucksvollsten Szenen in dem Kinofilm »The Hurt Locker – Tödliches Kommando«[56] über Bombenentschärfer im Irak zeigt den Protagonisten Sergeant William James nach erfolgreich abgeschlossener Mission im Supermarkt seiner Heimatstadt irgendwo in der amerikanischen Provinz. Gemeinsam mit seiner Frau und seinem kleinen Sohn schiebt der tapfere Soldat, den kein noch so gefährlicher Einsatz im kriegsgeschundenen Mittleren Osten schrecken konnte, den Einkaufswagen durch die Regalreihen. Kurz vor der Kasse bittet ihn seine Frau, doch bitte noch schnell eine Packung Cornflakes zu holen. Und eben jener knallharte Sergeant James steht nun ratlos und überfordert vor einem Regal voller Hunderter Cornflakes-Packungen. Der Supermarkt ist zum Schlachtfeld der Zivilisation geworden, auf dem der Kunde wehrlos einem Trommelfeuer an Werbung, Propaganda und Desinformation gegenübersteht, dem er nicht standhalten kann.

Derlei hatte der Ökonom Galbraith nicht voraussehen können. Erst im hohen Alter erkannte er, dass mit dem Überfluss auch eine »Verschiebung im ökonomischen Machtgefüge« einherging: Während in einem freien und fairen Markt theoretisch die Kaufentscheidungen der Verbraucher die Nachfragekurve definieren, genauso wie die Bürger an der Wahlurne die politische Souveränität ausüben, so Galbraith in seinem 2004 erschienenen Spätwerk,[57] sähen sich in der Praxis der modernen Absatzförderung »der Wähler als auch der Käufer einer massiven Manipulation durch überaus finanzkräftige Akteure ausgesetzt«.

Nun hat Propaganda (was übrigens bis in die 1940er Jahre hinein der übliche Begriff war und erst nach dem Ende des Nazi-Regimes und seines rhetorisch überaus gewandten »Propaganda«-Ministers Dr. Joseph Goebbels zu »Werbung« wurde) immer schon dazu gedient, Menschen in die Irre zu führen oder mindestens zu verführen. Es gibt wohl nur noch sehr wenige Menschen, die »Werbung«, wie man heute lieber sagt, glauben. »Werbung lügt« ist wohl DIE Binsenweisheit der Moderne, weswegen es auch kaum jemanden gibt, der »Werbung« macht. Unternehmen haben »Kommunikationsabteilungen«, machen Marketing oder PR (Public Relations) oder veröffentlichen »Unternehmens- und Produktinformationen«. Und die, die Werbung machen, finden nichts dabei: Schließlich versuche doch jeder, sich im besten Licht darzustellen, und würde dabei eben auch »ein bisschen schummeln«. Wer sich vor einem Rendezvous oder einem Bewerbungsgespräch hübsch anzieht, betreibe gleichfalls Werbung, und somit sei doch nichts dabei.

Wer sich über Werbung heute noch empört, erntet in der Regel lediglich ein Achselzucken – is' doch klar, is' eben Werbung. Derart geschult, zieht der kritische Konsument bei allen Werbeaussagen eben einen gewissen Prozentsatz ab und korrigiert die übermäßig positiven Aussagen auf ein normales Mittelmaß. Besonders Schlaue rühmen sich, dass sie Werbung als Kunst betrachten[58] und sich in ihren Kaufentscheidungen davon gar nicht beeinflussen lassen – höchstens in dem Sinne, dass sie besonders gute Werbung eben doch hier und dort durch ihren Konsum belohnen. Doch damit gehen sie den Werbenden selbst auf den Leim, die genau diesen Effekt bewusst herbeigeführt haben, indem sie enormen Aufwand betrieben, um die »Kunstform« Werbung zu etablieren. Wie die Kommunikationswissenschaftlerin Karin Knop entlarvend feststellte, versuchten 1981 der Bund Deutscher Werber, Michael Schreiner und die Zeitschriften *w&v* (was für »werben und verkaufen« steht) einen Wettbewerb »Werbung und Kunst« zu etablieren. Man wollte in der renommierten Galerie Hans Mayer in Düsseldorf zwanzig künstlerisch gestaltete Anzeigen ausstellen und das Ganze mit einem prominenten Künstler adeln. Andy Warhol sagte ab, und der Ersatz-Promi Joseph Beuys sperrte sich gegen die Vereinnahmung. Er kritzelte auf eine Werbeanzeige: »Ob Werbung Kunst ist, hängt davon ab, wofür man wirbt.«[59]

Auch beim zweiten Anlauf drei Jahre später kam es nicht zum erwünschten Effekt: Der eigentlich als Fürsprecher eingeladene Ästhetik-Professor Bazon Brock bezeichnete die Werber als »gescheiterte Existenzen und Möchtegern-Künstler, die von der Ausbeutung der Kunst lebten«. In Fachkreisen hat sich längst die Erkenntnis durchgesetzt, dass tatsächlich nicht die Werbung die künstlerische Bildsprache in originärer Weise beeinflusst, sondern umgekehrt sich die Werbung in dreister Weise der künstlerischen Bildsprache anderer bedient, um sich mit dem Habitus der Originalität zu schmücken. Werbung lügt nicht nur, sie schmückt sich auch noch mit fremden Federn! Wer sich wirklich für Kunst interessiert, sollte also statt der Cannes-Rolle im Kino sich lieber »normale« Ausstellungen in Galerien und Museen ansehen.

Im Überfluss wird Nein-Sagen zur Überlebenskunst

Um ihre wahren Absichten zu verschleiern, praktizieren die Unternehmen immer ausgefeiltere Methoden, dem Kunden eine freundschaftliche Umarmung anzubieten. Denn der massive Angriff auf die Markt-Gegenseite gelingt nur, wenn die Angreifer so tun, als seien sie die Verbündeten der Angegriffenen. Deshalb entwickeln die Firmen ein stets ausgefeilteres Instrumentarium in ihrer Kommunikation, um die Gegenseite von den wahren Intentionen abzulenken. Der Kunde soll sich wohl fühlen, dann bemerkt er den schmerzlichen Griff in seinen Geldbeutel nicht.

Obgleich also jeder halbwegs aufgeklärte Konsument meint, sich in seinen Kaufentscheidungen über Werbung souverän hinwegsetzen zu können, kam – ohne dass es die breite Öffentlichkeit bemerkt hätte – der Werbung in den letzten dreißig Jahren ständig wachsende Bedeutung zu. Funktional unterschieden sich die Produkte nämlich immer weniger voneinander. Ob man dieses Waschpulver oder jenes kaufte, diese Dosensuppe oder jene, war letztlich keine Frage mehr der Warenkunde, sondern allein der flankierenden Emotionalisierung. Das gilt nicht nur im Wettbewerb verschiedener Anbieter gegeneinander, sondern auch in der Weiterentwicklung von Produkten im eigenen Haus. Die meisten Haushaltsgeräte beispielsweise haben sich in den letzten drei Jahrzehnten technisch nicht wirklich weiterentwickelt. In Bezug auf Toaster, Waschmaschinen oder Geschirrspüler hat es keine wirklichen Veränderungen mehr gegeben. Zeitreisende aus dem letzten Jahrhundert werden nicht staunend vor den Brötchen-Grillapparaten der Jetztzeit stehen bleiben. Auch die patente Hausfrau aus dem Wirtschaftswunder wird sich höchstens wundern, dass die Waschmaschine auch heute noch genauso spült und schleudert wie in den goldenen Sechzigern.

Dennoch werden Jahr für Jahr »neue« Geräte präsentiert. Tatsächlich aber werden in den Forschungs- und Entwicklungsabteilungen lediglich minimale Variationen geschaffen, die sich in der Regel allein in ästhetischen Kategorien fassen lassen. So werden Modefarben und bestimmte Dekors durch flankierende Kampagnen an bestimmte Lifestyle-Zielgruppen »kommuniziert« – etwa durch Product Placement in bestimmten zielgruppenrelevanten Filmen oder Fernsehserien –, so dass ein irrationaler Kaufwunsch entsteht. Ein neuer Toaster muss her, auch wenn's der alte eigentlich noch tut! So hat etwa der Edelstahl der ehemals »Weißen Ware« in der Haushaltsabteilung nur ein neues Gesicht mit Science-Fiction-Anmutung, keineswegs aber eine technologisch revolutionäre Neuerung verpasst.

Die Zyklen der Erneuerung erleben dabei eine ungeheuerliche Beschleunigung. Was früher noch in Jahrzehnt-Schritten passierte, passiert heute im Jahrestakt. Möbel, die früher noch von Generation zu Generation weitervererbt werden, haben mittlerweile nur noch eine »Lebenserwartung« von wenigen Jahren. Die Industrie profitiert davon übrigens doppelt, weil sie nicht nur mehr verkauft, sondern auch billiger herstellt, einfach indem sie die Haltbarkeit ihrer Produkte entsprechend anpasst. Handys, deren Umschlagszeit bei etwa einem Jahr liegt, obgleich der technische Fortschritt bei den Handyfunktionen im Kern seit Jahren stagniert, werden mittlerweile aus so billigen Materialien erstellt, dass sie gar nicht mehr länger als ein Jahr halten. Optisch kommen sie allerdings daher, als seien sie aus »unkaputtbaren« Materialien.

In der Überfluss-Gesellschaft wird Nein-Sagen zur hohen Kunst des Überlebens. Für Hobby-Psychologen mit anthropologischen Grundkenntnissen ist schnell einzusehen, dass manche Grundfähigkeiten, die dem Menschen vor Urzeiten das Überleben sicherten, heutzutage das Leben eher erschweren. Die Jäger und Sammler in den flora- und faunaarmen Tundraregionen Europas des frühen Mesolithikums mögen drauf angewiesen sein, dass sie, sobald sich Beute auftat, schnell zuschlugen. Früchte, Nüsse, Pilze und Beeren waren so selten, dass man gewiss jede Gelegenheit nutzen musste, um sie zu ernten und zu horten. Doch in heutigen Zeiten des Überflusses bedarf es nicht mehr des blitzschnellen Zugriffs oder einer eifrigen »Daskönntemannochbrauchen«-Sammelwut.

Die Dinge sind da, auch morgen noch und übermorgen. Und immer wieder. Es gibt Erdbeeren auch im Dezember und Kartoffeln das ganze Jahr. Jacken, Hemden und Hosen kann man montags bis samstags in allen Varianten und Größen kaufen und immer auch zu irgendwelchen besonders günstigen Preisen. Leider hat sich diese Erkenntnis noch nicht in den Tiefen unseres Großhirns verankert. Weswegen wir immer noch – geradezu pawlowsch – auf »Sonder-« oder »Nur noch bis Ende des Monats«-Angebote und ähnlich künstliche Verknappungsmaßnahmen des Handels reagieren. »Waaaas?«, kreischt es wider alle Vernunft durch unser Unterbewusstsein, »die Ware könnte knapp werden??!!« – und zack ist der Pfeil abgeschossen und das flüchtige Wild erlegt. Menschen in Europa leiden keinen Hunger, im Gegenteil: Übergewicht ist längst zur größeren Gesundheitsbedrohung geworden. Statt über Hungerödeme klagen die Menschen über Fettröllchen und Cellulite, statt unter Magenknurren leiden wir überfressen unter Sodbrennen. Und warum? Weil wir nicht nein sagen können, weil wir undiszipliniert vor dem überfüllten Kühlschrank stehen und alles in uns hineinstopfen, was sich schmackhaft und appetitlich anbietet, als ob es nie wieder etwas gäbe. Es braucht Willenskraft und Selbstdisziplin, den verführerischen Rufen der Konsumwelt und den archaisch verankerten Ur-Reflexen zu widerstehen.

Die drei Dimensionen der Desinformation

Der Überfluss an Waren wird deswegen in drei Dimensionen bewusst vorangetrieben, um den Verbraucher durch Scheininformationen zu verwirren und zum willenlosen Sklaven der Konsumgesellschaft zu machen:

- *Produkthöhe*

Die massenhafte Darbietung von immergleichen Waren im Autohaus, Möbelgeschäft oder Supermarkt suggeriert: »Dieses Produkt wollen ganz viele Menschen haben!« Dadurch entsteht beim Betrachter der Wunsch – man nennt derlei »Herdentrieb« –, es den anderen gleichzutun. Nach dem Motto »Was alle haben, muss ich auch haben« wird gekauft, vollkommen unabhängig davon, ob überhaupt irgendein Bedarf besteht, nur allein um Teil der großen sozialen Gruppe zu sein. Die Produkthöhe forciert die Angst: »Ich will doch nicht der Einzige sein, der das nicht hat.«

Nach diesem Prinzip funktioniert jeder Bestseller, der nicht zum Bestseller wird, weil er viel gekauft wird, sondern weil in den Vertriebsabteilungen der Konzerne beschlossen wird, dass das Produkt als Bestseller präsentiert wird – also mit entsprechendem Werbeaufwand und durch Sonderplazierungen großer Produktmengen in den Verkaufsstätten, wofür die Handelsketten immer offener und aggressiver Geld von Herstellern fordern. Es macht eben einen Unterschied, welchen Regalplatz man im Supermarkt bekommt. Die Händler geben den Herstellern regelrechte Preislisten für die Plazierung an die Hand – besser lässt sich die heutige Manipulationsgesellschaft nicht darstellen.

Der vermeintlich souveräne Konsument durchschaut vielleicht diese Art der Manipulation noch. Spätestens aber geht er der – durch die Darbietung im Überfluss – immanenten Botschaft auf den Leim, bei diesem »Massenprodukt« handele es sich um ein preisgünstiges Angebot. Schließlich reduziert die Massenproduktion ja die Herstellungskosten. Wie dieses positive Verbraucher-Vorurteil von der Wirtschaft schamlos ausgenutzt wird, beschreibe ich im nächsten Kapitel.

- *Produktbreite*

Die Breite der Produkte wird durch eine scheinbare Varianz hergestellt. Wenn es beispielsweise Schokolade in verschiedenen Produktgrößen gibt, etwa als 40-Gramm-Riegel, als 100-Gramm-Tafel, als 200-Gramm-Familienpack und als Kilogramm-Sensationspaket, dann wird dem Kunden suggeriert, er habe eine Auswahl, obgleich es sich ja in Wahrheit um immer dasselbe Produkt handelt.

Das Angebot wird zusätzlich verbreitert, indem derselbe Hersteller sich scheinbar selbst Konkurrenz macht, indem er dasselbe Produkt unter zwei verschiedenen Namen anbietet. So ist bekannt, dass sich hinter zahlreichen »No-Name«-Produkten, die im billigen Preissegment auftreten, in Wahrheit Markenartikel aus dem Hochpreissegment verbergen. So kann der Hersteller zwei verschiedene Zielgruppen – die markenbewussten Besserverdiener wie die preisbewussten Billigshopper – bedienen. Da es sich bei demselben Produkt im unterschiedlichen Preisgewand nur um eine Scheinkonkurrenz handelt, geht dem Anbieter in Wahrheit kein Kunde verloren. Wer die Wahl hat zwischen einem billigen, einem mittleren und einem teuren Produkt, entscheidet sich in der Regel für das mittlere. In der Desinformationswirtschaft wird jedes Unternehmen sein Produkt deshalb von vornherein immer in verschiedenen Preissegmenten anbieten – und kann so alle drei Käufergruppen, die Masse der Mitte, die Luxus- und die Billigkonsumenten, erfolgreich ansprechen.

Für den Hersteller entstehen durch die größere Produktbreite erhebliche durch Produktion und Logisitik bedingte Mehrkosten. Trotz der höheren Kosten scheint die Logik des Desinfomationszeitalters aber eine solche Komplexität zu fordern, die ja auch beim Verbraucher zu erhöhtem Informationsaufwand führt. Preisvorstellungen lassen sich so besser durchsetzen; der Gewinn steigt.

- *Produkttiefe*

Etwas anders verhält es sich bei tatsächlichen Varianzen von Produkten, bei Schokolade also etwa die verschiedenen Geschmacksrichtungen wie Vollmilch, Nuss oder Zartbitter. Doch die Fülle der Varianten (die drei genannten Geschmacksrichtungen hatten sich über Jahrzehnte bewährt) führt zu einer neuen Suggestiv-Botschaft: Es geht nicht mehr um die Frage, OB man Schokolade kaufen will, sondern nur WELCHE. Nach genau diesem Prinzip werden Kellner in Fastfood-Restaurants für die Verkaufsgespräche geschult. Sie werden nie die Frage »Möchten Sie etwas trinken?« stellen, sondern immer fragen: »Was möchten Sie trinken?« Während die erste Frage noch die Möglichkeit einschließt, dass man ein höfliches »Nein danke!« antwortet, überspringt die zweite Version die Grundsatzfrage des »ob überhaupt« und zwingt den Kunden zu einem weitaus unhöflicheren »Nichts!«, weswegen die reflexhafte Antwort auch meist ein Getränk nennt. Um es dem Kunden noch schwerer zu machen, OHNE Getränk das Geschäft zu verlassen, wird der Verkäufer dazu angehalten, unmittelbar nach der Frage »Was möchten Sie trinken?« auch gleich drei oder vier konkrete Getränke zu nennen: Cola, Fanta, Wasser. Das Wort »Nichts« wird bei diesem manipulativen Multiple-Choice-Verfahren garantiert nicht vorkommen.

Eben darum gibt es selbst simple Getränke wie Milch, die man früher gedankenlos in den Einkaufswagen legte, heutzutage in erstaunlicher Vielfalt. Das erfordert eine intensive Beschäftigung mit diversen Produkteigenschaften, über die man noch nie zuvor nachgedacht hat; es gibt Vollmilch, entrahmte oder fettarme Milch, Magermilch, Rohmilch, Vorzugsmilch, Landmilch, Bio-Milch, Konsummilch, H-Milch, länger frische Milch, Sojamilch, Ziegenmilch, calciumreiche Milch, Milch aus dem Allgäu oder aus Friesland und so weiter. Die simple Bestellung eines Wassers im Lokal gerät zum ausführlichen Beratungsgespräch: Mit oder ohne Kohlensäure? Mit wenig oder viel Kohlensäure? Ein Glas oder eine Flasche? 0,7 Liter oder 1,5 Liter? Evian oder Volvic, San Pellegrino oder Bismarck? Man läuft Gefahr zu verdursten, bevor die Bestellung ausdiskutiert ist. Mich stört das gewaltig. Wenn ich in ein Restaurant komme, möchte ich im Stil DIESES Restaurants nach bestem Wissen und Gewissen bedient werden. Das – und nichts anderes – gibt dem Restaurant seine Unverwechselbarkeit.

Nicht anders als beim Wasser ist es beim Kaffee, für dessen unzählige Variationsmöglichkeiten es inzwischen nicht nur Sonderausgaben von Lifestyle-Magazinen, sondern auch unzählige Spezial-Geschäfte gibt, natürlich ihrerseits mit fein differenzierten Geschäftskonzepten. Der Effekt, den dieses pralle Angebot auf den Konsumenten hat, hat einen Namen: »Customer Confusion« nennt man das im Marketingjargon, und das meint nichts anderes als die Verwirrung der Verbraucher.

Scheinvielfalt am Aktienmarkt

Auch in der Finanzwelt wird mit diesen Techniken der Desinformation gezielt für eine Verwirrung der Anleger gesorgt: In den letzten Jahrzehnten ist die Anzahl der Finanzdaten und -produkte förmlich explodiert – und das, ohne dass sich im selben Maße die wirtschaftliche Aktivität vergrößert hätte. Man betrachte nur einmal das Thema Aktienfonds:

Ein Anleger kann eine bestimmte Anzahl von Aktien einzelner Unternehmen kaufen, das heißt, er muss für jeden Aktienkauf entsprechende Gebühren bezahlen, die Aktien in einem Depot sammeln und fortan jedes einzelne Unternehmen beobachten, um zu wissen, wie sich seine Geldanlage entwickelt. Oder er delegiert diesen Schritt an einen Dienstleister, der diese Arbeit für ihn erledigt. So entstand die Idee der Aktienfonds.

Man muss sich das vorstellen wie bei einer Pralinenpackung. Natürlich kann man sich in jeder Konfiserie einzelne Pralinen zu einer Packung zusammenstellen lassen. Bequemer ist es aber, gleich eine fertige Packung zu kaufen, die der Konfisseur nach irgendwelchen Kriterien zusammenstellt. Er wird beispielsweise eine Nuss- oder eine Trüffel-Mischung anbieten, vielleicht eine alkoholfreie und eine mit Früchten. Interessanterweise kann man durch die Pakete, in denen Einzelstücke gebündelt werden, eine weitaus größere Vielfalt erzeugen, als die Zahl der einzelnen Stücke vermuten lässt. Ein mathematisches Phänomen, das schon bei vier Einzelstücken deutlich wird. Denn selbst wenn in jeder Packung vier Pralinen enthalten sind, lassen sich theoretisch 4!, also 4 x 3 x 2 x 1 = 24 verschiedene Sortimente packen. Ein

Konfisseur, der dreißig verschiedene Pralinen herstellt, kann ohne weiteres eine Produkttiefe von tausenden Pralinenpackungen schaffen – und noch mehr, wenn er unterschiedliche Packungsgrößen anbietet.

Dasselbe gilt für Aktien. Es verwundert also nicht, dass es mittlerweile etwa ungefähr doppelt so viele Aktienfonds gibt wie Einzelaktien (aus denen sich die Fonds letztlich zusammensetzen). Man schätzt die Zahl der Aktienfonds weltweit auf ungefähr 150 000, die der Einzelaktien auf 80 000. Sie dienen einzig und allein dem Zweck, dem Anleger zu suggerieren, er habe die freie Wahl zwischen einer ungeheuren Vielfalt von Produkten.

Aus den immer gleichen Einzelaktien werden zu unterschiedlichsten »Themen« Fonds zusammengestellt, etwa Technologiefonds, Öko- oder Gesundheitsfonds, die weniger damit zu tun haben, was die Unternehmen tatsächlich tun, als was in der Anlegerwelt thematisch gerade »en vogue« ist.

Wenn man sich dann die vermeintlich neuen Finanzprodukte genauer anschaut, finden sich dort natürlich immer nur die altbekannten Aktien wieder, es gibt ja keine neuen. Der »Sarasin Sustainable Water Fonds« (WKN: A0M90 M), der laut Eigendarstellung »in Aktien von Unternehmen, die sich durch einen nachhaltigen Umgang mit der Ressource Wasser auszeichnen und dabei ökologische und soziale Nachhaltigkeitsaspekte berücksichtigen«, investiert, hielt im Sommer 2009 Aktien von den Unternehmen Henkel und Geberit. Henkel ist laut Eigenwerbung »führend mit Marken und Technologien, die das Leben der Menschen leichter, besser und schöner machen«,[60] oder anders gesagt: »Experte in Sachen Waschen, Spülen und Reinigen«, aber ganz gewiss nicht das, was man assoziiert, wenn die Rede auf »nachhaltigen Umgang mit der Ressource Wasser« kommt. Geberit wiederum schafft nach eigenen Angaben »Systemlösungen in den Bereichen Sanitär- und Rohrleitungssysteme« und ist »weltweit anerkannt in der Sanitär-, Heizungs- und Klimatechnik«.[61]

Kurz: Der vermeintliche Öko-Wasser-Fond von Sarasin enthält schlichtweg Unternehmen, die in irgendeiner Weise mit Wasser zu tun haben, sei es, dass sie es durch Rohre leiten oder es schlichtweg nur verbrauchen. Das Ausmaß einer solchen Werbelüge ist vergleichbar groß wie der Werbeslogan für ein übersüßtes Frischkäse-Frucht-Gemisch von Danone, der behauptet, die »Fruchtzwerge« seien »so wertvoll wie ein kleines Steak«. Das galt jedoch allein für den Kaloriengehalt, der sich bei dem Industriebrei jedoch vorrangig aus Fett und Zucker ergab, während das im Fleisch so wertvolle Eiweiß kaum dazu beitrug.

Zu der aufgeblasenen Masse der Aktienfonds kommen noch Zehntausende von Zertifikaten, Derivaten, Aktienanleihen, Hedgefonds, Mischfonds, Geldmarktfonds, Garantieprodukte und dergleichen mehr, die sich allesamt in irgendeiner Weise aus immer denselben Grundbausteinen – nämlich Aktien von Unternehmen oder Schuldtiteln – zusammensetzen.

So wird einer Branche eine Bedeutung zugemessen, die sie in Wahrheit eigentlich nicht hat – vergleichbar der Bedeutung von Cornflakes bei einer ausgewogenen Ernährung. Das Missverhältnis zwischen Marktpräsenz und Bedarf könnte kaum größer sein.

Auch Informationen gibt's im Überfluss

Die Desinformationswirtschaft bedient sich des Überflusses aber auch auf andere Weise: Sie informiert scheinbar sachlich, aber das derart im Übermaß, dass niemand mehr die Information verarbeiten und verstehen kann.

Für kurze Zeit schien das Internet das ideale Werkzeug für Privatanleger, sich in der verwirrenden Finanzwelt zurechtzufinden und umfassend zu informieren. Bei Finanzportalen wie www.comdirect.de, www.onvista.de oder www.finanztreff.de, die ich seit Beginn nutze, ist eine Vielzahl von Informationen verfügbar.[62] Mittlerweile haben auch etablierte Medien wie das *Handelsblatt* unter www.handelsblatt.com ihre eigenen Finanzseiten und Musterdepots. Privatanlegern standen somit auf ein Mal (fast) alle Informationen zur Verfügung, die auch professionelle und institutionelle Anleger hatten. Da gleichzeitig die Regeln für Insider-Transaktionen verschärft wurden, mussten das Management und andere Unternehmensinsider wie Wirtschaftsprüfer oder Berater alle potentiell den Kurs beeinflussenden Faktoren veröffentlichen und damit dem Privatanleger zeitgleich zu den großen Anlegern bekanntgeben.

Doch parallel zur rasanten Entwicklung des World Wide Web drängten immer mehr Finanzunternehmen ins Netz, um der Information durch Desinformation zu begegnen. Nicht nur sachlich bemühte Experten meldeten sich zu Wort, sondern immer öfter die Vertriebsabteilungen der Finanzbranche. Inzwischen sind die meisten Finanzportale nichts als mehr oder weniger raffinierte Verkaufsportale für Finanzprodukte geworden. Sogenannte »hugin news« in den Finanznachrichtenportalen sind kaum getarnte Pressemitteilungen und Werbeschreiben der Unternehmen.

Und um die Verwirrung zu vergrößern, wird dort in völlig unnötiger Weise mit Fachvokabular hantiert und eine Datenfülle präsentiert, die eben nicht mehr der Information, sondern allein der Desinformation dient. Finanz-Websites lassen dem Laien keine Chance, die eher bruchstückhaften oder verklausulierten Hinweise zu sinnvollen Informationen zusammenzusetzen. Der Privatanleger ist ausgebootet und ohne Expertenhilfe aufgeschmissen. Und die Experten sind nur im Ausnahmefall unabhängig und frei. Fast immer agieren sie im Interesse ihrer zahlenden Auftraggeber, sprich: der Finanzunternehmen. Desinformation durch Überinformation macht Anleger kleinlaut und gefügig.

Lebensmittelindustrie – Vorreiter der Desinformation

Das gilt aber nicht nur für Anleger. Mit großem Erfolg wird Desinformation dieser Art etwa auch von der Lebensmittelindustrie praktiziert. So hat die Industrie gemeinsam mit dem damaligen Verbraucherminister Horst Seehofer eine Art der Lebensmittelkennzeichnung entwickelt, die niemand mehr versteht – und wohl auch nicht verstehen soll. Die »Guideline daily amount«-(GDA-)Kennzeichnung, was so viel bedeutet wie »Richtlinie für den täglichen Bedarf«, kennzeichnet, wie viel Kalorien, Zucker, Fett, gesättigte Fettsäuren und Salz ein Lebensmittel enthält – und zwar pro Portion. Daneben stehen Prozentangaben, die darüber informieren sollen, wie groß der Anteil am täglichen Bedarf ist – gemessen am durchschnittlichen Verbrauch einer 40 Jahre alten Frau.

Es geht auch anders: Das Tiefkühlkostunternehmen Frosta wendet die Ampel-Kennzeichnung seiner Produkte freiwillig an. Zudem hat Frosta ein »Reinheitsgebot« für seine Produkte eingeführt, nach dem keine chemischen Zusatzstoffe verwendet werden. 60 Hilfsstoffe wurden gestrichen, 200 Zutaten ausgetauscht. Frosta-Gerichte, für die Hilfsmittel unbedingt nötig waren, wurden aus dem Sortiment entfernt. Frosta ist Vertreter einer Spezies von Unternehmen, auf die ich im Schlusswort noch genauer eingehen werde – der langfristig orientierten, eigentümergeführten Unternehmen.

Was zunächst toll klingt, entpuppt sich schnell als Verwirrspiel. Denn wie groß eine Portion ist, entscheidet der Verbraucher im Moment des Verzehrs. Für den einen ist die Tüte Chips der Familien-Vorrat einer Woche, ein anderer verputzt das Salzgebäck an einem Abend allein.

Besonders irritierend ist, wenn ein Joghurtbecher 150 Gramm enthält, die angegebene Portion aber mit 100 Gramm berechnet wird. Wer hört denn schon nach zwei Dritteln auf zu essen und lässt das letzte Drittel im Becher vertrocknen? 25 Gramm mögen eine gesunde Portion Erdnüsse sein, aber wie viele Nüsse ergeben 25 Gramm – eine Handvoll, zwei Handvoll, oder ist das schon viel zu viel?

Dass das Ganze dann ins Verhältnis zum Tagesbedarf einer erwachsenen Frau gesetzt wird, erschwert die realistische Einschätzung des Lebensmittels doppelt. Ein erwachsener Mann braucht sicher mehr Kalorien als eine Frau, oder? Wie ist es, wenn der Mann eher klein und dünn ist, ein Schreibtischarbeiter, der so gut wie keinen Sport treibt? Und braucht eine 60-jährige Frau genauso viele Kalorien wie eine 25-jährige? Ganz sicher nicht, aber wie viel weniger? Und um wie viel kleiner ist der Tagesbedarf eines Fünfjährigen als der eines Erwachsenen? Und wie errechne ich meinen eigenen, ganz individuellen Bedarf?

Bei einer korrekten Berechnung müsste man letztlich auch berücksichtigen, dass Herzpatienten möglichst wenig Salz zu sich nehmen dürfen, Diabetiker ihren Zuckerkonsum weitestgehend einschränken müssen und Gallenkranke möglichst wenig Fett zu sich nehmen sollten – egal, ob Mann oder Frau. Auch das wäre in die Berechnung des individuellen Nährwertbedarfs einzukalkulieren. Kurz: Wer GDA-Tabellen ohne medizinische Vorkenntnisse, ohne Waage und ohne Taschenrechner betrachtet, kann zur Lebensmittelkunde auch gleich das Telefonbuch von Shanghai studieren!

Aber selbst wenn man zufällig die durchschnittliche erwachsene Frau mit dem Kalorienbedarf von 2000 Kilokalorien ist und also die GDA-Angaben eins zu eins lesen kann – was bedeutet das konkret für dieses eine Lebensmittel: Sind 6 % des Tagesbedarfs an Salz okay oder nicht?

Im Zweifel klingen die GDA-Angaben immer nach wenig. Selbst Kartoffelchips, die bekanntlich zu den größeren Lebensmittelsünden zählen, wirken in der GDA-Tabelle vergleichsweise harmlos: So enthält eine Portion Chio-Chips 13 % Fett und 7 % Kalorien. Allerdings ist die Portion mit 25 Gramm veranschlagt; die ganze Tüte (175 Gramm) besteht demnach aus sieben Portionen. Wer jemals Chips gegessen hat, weiß, dass man eine Tüte zum Beispiel im Kino locker zu zweit essen kann; das wären also 3,5 Portionen pro Kopf, macht 45,5 Prozent des Tagesbedarfs einer erwachsenen Frau an Fett und 24,5 Prozent des gesamten Kalorienbedarfs. Wer noch eine »kleine« Cola dazu trinkt, im Kino sind das heutzutage 0,5 Liter, nimmt obendrein zwei GDA-Portionen des Getränks zu sich, nämlich 58 % des täglichen Zuckerbedarfs und 10 Prozent der Kalorien. Trinkt man womöglich eine »große« Cola (= 1 Liter), schließlich machen Chips durstig, ist man in punkto Kalorien schon bei mehr als einem Drittel des Tagesbedarfs und beim Zuckerkonsum schon 16 % DARÜBER! Und das mit einem Abend-Snack im Kino!

Lieblingsübung der Industrie: Informieren, ohne zu informieren

Theoretisch kann sich der Verbraucher zwar informieren, aber er wird derart »über«-informiert, dass außer Desinformation nichts bleibt. Kein Wunder, dass sich Krankenkassen, Verbraucherschützer und die Non-Governmental-Organisation »foodwatch« für eine andere, einfachere und anschaulichere Kennzeichnung der Lebensmittel in einem erweiterten Ampelsystem, das Text- und Bildinformationen zusammenfügt, stark machen. Wissenschaftliche Studien belegen, dass Verbraucher mit einer solchen Kennzeichnung realistischer einschätzen, welche Lebensmittel welche Nährwerte haben, und ihr Essverhalten besser steuern können.

Die Medien haben das Thema Ampelkennzeichnung übrigens aufgegriffen. Doch in der Fülle der Informationen dürfte die Brisanz dieses Themas nur bei den wenigsten Verbrauchern angekommen sein, zumal dem einen Artikel über dieses scheinbar bürokratische Detailproblem eine Vielzahl von Werbeanzeigen der Lebensmittelindustrie gegenüberstehen. Zwischen all den feschen Joghurtdrinks, coolen Fitness-Snacks und leckeren Fertiggerichten, die einen Großteil der Zeitschriftenseiten beanspruchen, fällt die vereinzelte Sachinformation eben nicht mehr auf. Gerade in den Medien werden irrelevante Informationen im

Überfluss geboten, die verhindern, dass relevante Informationen wahrgenommen werden. Desinformationswirtschaft der Marke Überfluss vom Feinsten!

Und die Politik? Die lässt sich in diesem Zusammenhang von der Industrielobby, die natürlich durch eine offene Kennzeichnung Umsatzeinbußen fürchtet, derart beeinflussen, dass sogar ein europaweites Verbot einer Ampelkennzeichnung erwogen wird. In diesem Fall handelt es sich ganz sicher nicht um Ahnungslosigkeit, denn Verbraucherministerin Ilse Aigner setzt sich in Medieninterviews für eine Lebensmittel-Ampel ein, wird aber politisch in Brüssel nicht aktiv. Das ist für mich ein sehr gutes Beispiel für die Machtlosigkeit und Feigenblattfunktion, welche mittlerweile die Politik in fast allen Bereichen und Parteien prägen. Durch Nichtstun lässt Aigner die Industrie gewähren und ermöglicht, dass die Verordnung der Europäischen Kommission zur Nährwertkennzeichnung die industriefreundliche GDA-Kennzeichnung festschreibt und jede Abweichung verbietet. Ampel ade – es lebe die Desinformation!

Informieren, ohne zu informieren, ist eine der Lieblingsübungen der Lebensmittelindustrie: Die ständigen Fehl-, Mangel- und Falschinformationen, die in der Lebensmittelindustrie immer wieder Teil des gängigen Geschäftsmodells sind, haben nicht nur zur Gründung von foodwatch 2002 geführt, sondern rufen zunehmend die Verbraucherzentralen auf den Plan. Sie beklagen eine systematische Desinformation der Konsumenten.

Wer etwa seinen Kindern »freche Früchtchen«, wie die Werbung glauben macht, oder eben zuckerhaltige Kaubonbons der Marke Maoam kauft, dürfte sich eigentlich zum Wohl der Kinder für die Zutatenliste interessieren. Doch der Hersteller macht es dem Konsumenten schwer, wenn nicht gar unmöglich, zu erfahren, woraus die Kaubonbons bestehen. Zwar ist die Vorschrift erfüllt, auf der Verpackung ist die Zutatenliste aufgedruckt – aber in fast mikroskopisch kleinen Buchstaben – ohne Brille oder gar Lupe ist da wenig zu machen. Farbige Schrift auf farbigem Untergrund, etwa Schwarz auf Rot bei der Sorte »Erdbeer«, minimiert den Farbkontrast zudem so weit, dass die Aufschrift für viele Menschen gar nicht mehr lesbar ist. Pflicht erfüllt, aber Informationswert gleich null!

Maoam ist kein Einzelfall. Die Verbraucherzentrale Nordrhein-Westfalen untersuchte im Mai 2009 aus dem gängigen Sortiment 75 Nasch- und Knabberartikel von 47 Herstellern und Abpackfirmen. Darunter waren Markenartikel von Mars, Nestlé, Haribo und Pringles ebenso wie markenlose Produkte. In zwei Dritteln der Fälle kam es zu Beanstandungen, die auf der Ebene mieser Tricks zu lokalisieren sind:[63]

- Einundvierzig Mal war die Schrift unleserlich klein.
- Auf dreiundvierzig Produkten erschwerte der geringe Kontrast zwischen Schrift und Hintergrund die Lesbarkeit.
- In achtzehn Fällen waren die Zutatenlisten unter dem Verschluss zusammengeknautscht oder unter einer Verpackungsnaht versteckt.
- Bei achtunddreißig Packungen waren die Hinweise in deutscher Sprache zwischen fremdsprachigen Texten versteckt.

Transparenz sieht anders aus! Vor allem die Überinformation durch die Mehrsprachigkeit ist oftmals nichts als Irreführung. Man tut so, als würden die Lebensmittel tatsächlich so massenhaft für den Weltverbrauch verpackt, dass die zentrale Verpackung zwangsläufig zu dieser überdimensionierten Textmenge führt. Die Logik der Kosteneinsparung zwingt das Unternehmen, seine Produkte nahezu unverständlich für den Verbraucher zu machen. Besser wäre: weniger Produktvarianten, bessere Informationen. Aber dazu bedürfte es der richtigen Politik, die steuernd eingreift. Was tun wir stattdessen? Wir schaffen die deutsche Verpackungsverordnung, deren Sinn angesichts dieser Tatsachen sehr deutlich wird, ab. Und wieder ist das Ergebnis Desinformation durch Information im Überfluss.

Customer Confusion im Tarifdschungel

Dass diese Art der Überinformation sich in der Lebensmittelbranche zu derartiger Perfektion entwickelt hat, liegt natürlich daran, dass es hier besonders strenge Kennzeichnungsverordnungen gibt. Wer sich nicht regelwidrig verhalten will, führt die Regel eben am besten durch Übererfüllung ad absurdum.

Während sich die Lebensmittelindustrie durch die Überinformation aus der geschäftsschädigenden Kennzeichnungspflicht rettet, setzt eine andere Branche ganz gezielt auf Customer Confusion: die Telekommunikation.

Obwohl die Grundgebühr und die Tarife für fast drei Viertel der Handynutzer ein wichtiges Kriterium beim Abschluss eines Telefon-Vertrages sind, weiß nur ein gutes Fünftel aller Mobiltelefonierer, welche Kosten tatsächlich auf sie zukommen. Das ergab eine Umfrage des Meinungsforschungsinstitutes forsa unter 1003 selbstzahlenden Handynutzern für die Wochenzeitschrift *Stern* im Frühjahr 2004.[64] Zwar hielt jeder Dritte die Kosten für »angemessen«, aber das war nur eine »gefühlte« Einschätzung. Nur jeder Fünfte wusste, was eine Minute Telefonat von seinem Handy ins Festnetz kostet.

Es gibt sowohl im Festnetz als auch im Mobilfunk deutschlandweit vier Netzbetreiber: T-Mobile, Vodafone, E-Plus und O2. Dazu kommen die sogenannten »Provider«, die keine eigenen Netze betreiben, sondern nur reine Vertriebsfirmen sind, wie Mobilcom, Debitel oder Talkline. Jeder bietet »maßgeschneiderte« Tarifmodelle, die sich bei kritischer Überprüfung als genau das Gegenteil entpuppen. Doch das ist selbst für die Experten im Verbraucherschutz nur schwer zu beweisen.

Selbst wer sich die Mühe macht, die jeweiligen oft mehr als 20 Seiten fassenden Preistabellen und Geschäftbedingungen zu studieren, weiß am Ende oft nicht, was er zahlt. Einerseits werden einem mit sogenannten Flatrates bestimmte Leistungen pauschal in Rechnung gestellt, egal wie oft oder intensiv man sie nutzt, zugleich aber werden andererseits für alle möglichen Bereiche Ausschlussklauseln formuliert.

So bot beispielsweise Freenet für den Festnetzanschluss einen vermeintlichen »Kompletttarif« für monatlich 19,95 Euro, aber komplett gab es gar nichts. Jedes Telefonat musste zu einem »supergünstigen Minutenpreis« extra bezahlt werden. Und auch der DSL-Anschluss war nur »zeitlich unbegrenzt«, nicht aber das Übertragungsvolumen. Lediglich das erste Gigabyte Daten, das sich der dank Komplettpreis unbeschwert surfende Internet-Nutzer herunterlud, war kostenfrei. Jedes weitere Bit musste extra bezahlt werden. Für den Laien ist derlei ein Buch mit sieben Siegeln. Er weiß oft gar nicht, wie viel Gigabyte Daten er durchs Netz bewegt, wenn er per Internet zum Beispiel sein Bahnticket bucht oder eine Überweisung online tätigt. Das weiß niemand so genau, weil es nämlich im Unterschied zur Armbanduhr zwar jede Menge Zeitmesser, aber noch keine Bit-Messgeräte gibt. So kann man erst im Nachhinein durch den Blick auf die Rechnung feststellen, wie viel Leistung man abgerufen hat und wie viel man zu bezahlen hat. Jedes Taxi darf nur mit geeichtem Taxameter herumfahren, aber in der Telekommunikationsindustrie wird kassiert, wie es dem Anbieter gefällt.

Diese Verwirrung ist beabsichtigt. So lassen sich die Kunden mit scheinbar sachlichen Preisinformationen ködern – etwa einem niedrigen Minutenpreis oder einem günstigen Pauschaltarif – und werden dann bei den angeblichen »Sonderleistungen« kräftig geschröpft. An echte Preiskonkurrenz ist nicht zu denken, denn der Wettbewerb aller Telekommunikationsanbieter hört spätestens bei der Vertragslaufzeit auf – der Standardvertrag ist frühestens nach zwei Jahren kündbar. Wenn der Kunde sich irgendwann für einen Tarif»partner« entschieden hat, ist er Gefangener des Unternehmens und muss den Rest der Laufzeit zumindest die Grundgebühr zahlen, selbst wenn er verärgert gar keine Leistungen mehr abruft. Der günstigste Tarif bei Vodafone ist übrigens im Sommer 2009 eine »Superflat« …

Konditionen-Wirrwarr macht den Kunden dumm

Inzwischen hat sich das System Tarifdschungel in alle möglichen Wirtschaftsbereiche ausgebreitet, selbst einstige Konsumwüsten wie die Wasser- und Strombranche haben mittlerweile ein Dickicht aus verstandesfressenden Tarifpflanzen angelegt. Geschickt haben sie einen Konditionen-Wirrwarr geschaffen, in dem selbst die eigenen Mitarbeiter den Überblick verlieren.

Die Stiftung Warentest veröffentlichte bereits 1999 eine Studie, bei der sie die Preisauskunft der Deutschen Bahn überprüfte. Ergebnis: 87 Prozent der Empfehlungen des Bahn-Personals lagen über dem günstigsten Preis, nur in 13 Prozent der Fälle hätten die Bahn-Berater ihren Kunden auf Anhieb den günstigsten Preis angeboten. Bei Auslandsfahrten habe nicht einmal jeder zehnte Kartenverkäufer die geringsten Kosten ausrechnen können.[65]

Die Bahn räumte damals Defizite ein und versprach die Beseitigung der Mängel. Wie die aussahen, kann man mittlerweile an allen deutschen Bahnhöfen beobachten: Das Auskunftspersonal wurde drastisch reduziert, stattdessen sind die Bahnhöfe mit Automaten ausgestattet, die so kompliziert zu bedienen sind, dass nur wenige Bahnkunden darin selbständig den für sie günstigsten Tarif ausfindig machen können.

Im Ergebnis zahlt der Kunde weiterhin mehr, als er müsste, aber er ist »selbst schuld« daran. Kaum jemand, der später feststellt, dass er zu viel bezahlt hat, wird sich beschweren, schließlich müsste er dann zugeben, dass er zu dumm war, um das Gerät richtig zu bedienen. So wird der Kunde durch komplexe Tarife und komplizierte Technik erst richtig für dumm verkauft.

Der ideale Nährboden für Mogelpackungen

Interessanterweise fallen vor allem die erst jüngst privatisierten, ehemals staatlichen Unternehmen durch komplexe und verwirrende Preisgestaltung auf, was aber daran liegen mag, dass der Verbraucher in allen anderen Konsumfeldern längst den Preisüberblick verloren hat. Obgleich sich vor allem die Discounter (von Lidl bis Mediamarkt) scheinbar einem Preiswettbewerb unterziehen, den sie mit Werbeanzeigen lauthals beschreien, gibt es hier in Wahrheit keinerlei Preistransparenz. Darauf werde ich im nächsten Kapitel ausführlicher eingehen.

Es ist aber so, dass dem Verbraucher derzeit, also im Moment der aktuellen Veränderung, noch auffällt, dass sich die Dinge eher zum Schlechten ändern als zum Guten. Bei der Privatisierung der Versorgungsleistungen Strom, Wasser, Telefon und Post, die ja eigentlich durch Wettbewerb für den Verbraucher zu günstigeren Preisen führen sollten, hat sich gezeigt, dass das Gegenteil passiert:

Bei den Stromtarifen etwa herrscht ein solches Kuddelmuddel in der Preisgestaltung, dass sich im Internet bereits erste Dienstleister – und dort vor allem verivox.de – etabliert haben, die einem den (angeblich) günstigsten Tarif ausrechnen. Die profitieren übrigens von dem Tarifdschungel der Stromanbieter: Verivox machte 2008 nach eigenen Angaben einen Umsatz von 30 Millionen Euro, was deutlich macht, dass solche Preisvergleichsportale kommerziell und deshalb nicht unabhängig sind. Bei jedem Wechsel, der über das Portal vollzogen wird, fließt eine Provision.

Sich selbst über alle Angebote zu informieren ist schlichtweg unmöglich. Selbst die professionellen Rankings sind gezwungen, permanent Äpfel mit Birnen zu vergleichen.[66] Fast jeder Anbieter hat irgendwelche Sonderregeln, Prämien oder Rabatte, die den Preis stark variieren lassen. Flexstrom etwa, die nicht selbst als Stromproduzent, sondern nur als reines Vertriebsunternehmen aktiv sind, bieten günstige Tarife, erwarten aber neben einer jährlichen Vorauszahlung auch eine Festlegung auf einen bestimmten Stromverbrauch pro Jahr. Verbraucht man weniger, bekommt man kein Geld zurück; verbraucht man mehr, erhöht sich der Kilowattstunden-Tarif erheblich. Ob sich derlei lohnt, weiß man also erst hinterher.

Doch ob Stromtarif, Handyvertrag, Kfz-Versicherung oder private Krankenkasse – ein objektiver Preisvergleich ist fast nirgends mehr möglich. Der Wettbewerb wird von einigen wenigen marktbeherrschenden Konzernen durch bewusste Customer Confusion unterwandert. Die verwirrende Produkt- und Angebotsvielfalt ist dann der ideale Nährboden für Mogelpackungen. Am Ende zahlt der Verbraucher drauf.

Ein Überfluss besonderer Art: Datenflut im Internet

Wenn Desinformation der Methode ›Überfluss‹ zu erhöhten Preisen führt, wie in allen genannten Branchen gezeigt, so scheint es ein Glück, dass ein immer wichtiger werdender Lebensbereich noch kostenlos daherkommt: das Internet.

Hier ist der Überfluss – jedenfalls bislang – kein finanzielles Problem, sondern eher ein zeitliches. Immer mehr Menschen klagen gegenüber Marktforschern, dass ihnen die neuen Technologien unangenehm zu schaffen machen: Manche leiden unter einer nicht zu bewältigenden E-Mail-Flut, andere beschweren sich über permanentes Handy-Klingeln oder Telefonstress, Dritte leiden sogar unter Internetsucht. Für Letztere ist das Jederzeit-und-überall-Versprechen »24/7«, die ständige Verfügbarkeit dank neuer Medien, zur Droge geworden, der sie tagtäglich rund um die Uhr nachjagen.

Allein die Masse der an sie persönlich gerichteten elektronischen Post macht den Menschen zu schaffen. Wer den Begriff »E-Mail-Flut« in eine Suchmaschine eingibt, bekommt über 36 Millionen Treffer aufgelistet. In unzähligen Artikeln werden Studien diverser Institute zitiert, die alle immer nur ein und dasselbe Phänomen beschreiben: Stress durch Elektropost! Man fühlt sich in der Konzentration gestört, von der Arbeit abgehalten, von der Masse der zu bewältigenden Informationen überfordert und reagiert genervt auf überflüssige oder sinnlose Informationen. Manche schaffen es nicht einmal mehr, alle ihre E-Mails zu lesen. In schlimmsten Fällen würde sogar der »Mail-Bankrott« erklärt und einfach so lange gnadenlos die Löschtaste gedrückt, bis das elektronische Postfach leer ist. Einfach mal wieder auf null stellen!

Als noch schlimmer wird die wachsende Datenflut im Internet

empfunden. Kein Wunder: Das Beratungsunternehmen International Data Corporation (IDC) bezifferte im Jahr 2003 das Volumen der weltweit verfügbaren Informationen auf fünf Exabyte. Ein Exabyte sind eine Trillion, also 10^{18} Bytes oder anders ausgedrückt, wie es nämlich IDC formuliert: etwa das 20 000-Fache der Library of Congress in Washington, eine der größten und bedeutendsten Bibliotheken der Welt mit immerhin 31 Millionen Büchern! Auf jeden Erdbewohner entfiel laut IDC-Berechnungen schon damals rein rechnerisch ein Gigabyte an Informationen. Wohlgemerkt – das war 2003. Seitdem ist nicht nur die Weltbevölkerung gewachsen, sondern auch die im Internet verfügbare Datenmenge.

Heute sind im Internet so viele Informationen abrufbar, dass niemand sie mehr zählen kann. Stattdessen zählt man 665 Millionen Web-User auf der ganzen Welt, ein knappes Drittel davon (28 %) allein in Europa. In Deutschland nutzt bereits mehr als jeder Zweite das Internet, Tendenz steigend. Weltwelt gibt es knapp eine Milliarde Computer, 155 Millionen von Internet-Dienstleistern betreute Webseiten und 35 Milliarden E-Mails pro Tag, macht laut IDC 2007 allein sechs Exabyte an versendeter Information – über den Daumen müsste jeder Web-User zehn Gigabyte an Informationen zu sich nehmen, damit jede Information wenigstens einmal wahrgenommen würde.

Google selbstloser Verleger der Neuzeit?

In diesem verwirrenden Umfeld hat sich Google binnen weniger Jahre zur führenden – und in mancher Hinsicht »einzigen« – Suchmaschinen-Marke etabliert und hat wie das Tempo-Taschentuch und Nutella den Markennamen zum Synonym einer ganzen Produktlinie werden lassen. Heute wird nicht mehr gesucht, sondern »gegoogelt«.

Mittlerweile hat sich herumgesprochen, dass das »Googeln« zwar scheinbar objektive Ergebnisse produziert, nämlich »alles« findet, was es im Netz zu finden gibt – aber dass »alles« eben längst nicht »alles« ist. Erstens. Und zweitens, dass es längst gar nicht mehr um »alles«, also die Quantität der Treffer, sondern um »was« geht, nämlich um die Qualität der Suchergebnisse.

Dass es, obwohl man für die Nutzung von Google keine Rechnung bekommt, dabei auch um Geld geht, beweist der Jahresumsatz des Google-Konzerns, der 2008 bei rund 21 Milliarden Dollar lag. Ohne es zu wissen, bezahlen wir nämlich die Suchmaschine, indem wir Informationen preisgeben. Google erfasst diese Informationen und verkauft sie weiter, etwa an Inserenten. So ist Information schon längst nicht mehr »die Verringerung von Ungewissheit«, sondern eine schnöde Ware geworden, die gekauft und verkauft wird wie jedes andere Produkt.

Dass die unternehmerische Leistung von Google nicht darin besteht, im Datenmeer des Internets eine Art Lotsenfunktion einzunehmen, weiß inzwischen jedes Kind. Sonst könnte der Suchmaschinenbetreiber nicht überleben, denn diese Leistung verschenkt Google bekanntlich. Es hat sich mittlerweile auch herumgesprochen, dass Google sein Geld damit verdient, dass es die Informationen sortiert – und zwar, soweit sich das beurteilen lässt, nach irgendeiner Form von »Relevanz«.

Viel wichtiger als die Gesamtmenge der Treffer ist nämlich das Ranking, also die Reihenfolge der aufgelisteten Treffer. Schließlich ist niemand willens und in der Lage, ernsthaft mehr als zehn oder zwanzig Links nachzuverfolgen, um relevante Informationen zu finden. Ergo ist entscheidend, welche Treffer die Suchmaschine zuerst auflistet.

Doch was in der Ergebnisliste der Suchmaschinen ganz oben steht, entscheidet ein Computer bzw. ein zugrunde liegender Algorithmus, also eine mathematische Methode, nach der die Rechenmaschine die gefundenen Webseiten sortiert. Zwar kreisen eine Reihe von Theorien und Gerüchten um die Frage, wie sich das Suchergebnis von Google oder anderen Suchmaschinen beeinflussen lässt; doch wie der Algorithmus genau aussieht, ist bestgehütetes Geheimnis der Suchmaschinenbetreiber.

In jedem Fall steht bei Google fast immer neben der eigentlichen Trefferliste eine zweite Rangliste mit Links auf Webseiten irgendwelcher Online-Händler, Reiseveranstalter oder sonstiger kommerzieller Anbieter, sogenannte »Adwords«. Wer immer auf

Seite 1 der Trefferliste rechts oben steht, hat Geld bezahlt dafür, bei bestimmten Suchbegriffen dort aufzutauchen. Man kauft »Traffic«, sagt man im Werbe-Fachjargon, denn durch die attraktive Suchmaschinen-Positionierung lockt man sehr viel mehr Besucher auf die eigene Webseite als durch die »normale« Position unter »Ferner liefen«.

Wann immer ein unterlegtes Feld als erste Nennung auf der Trefferliste erscheint, hat ein Anzeigenkunde dafür gezahlt. Überdies sind alle briefmarkengroßen Textfelder, die rechts neben der Trefferliste untereinander angeordnet sind, ebenfalls von Inserenten finanziert worden. Wenn Sie in das Suchfenster »günstige Mietwagen in Nizza« eingeben, erhalten Sie nicht nur die Trefferliste mit den entsprechenden Referenzen, sondern auch Anzeigenhinweise, deren Gestalter genau für dieses Suchwort Geld gegeben haben.

Wer die stärksten Google-Adwords-Käufer sind, ermittelt die Bonner Sistrix GmbH, die nach eigenen Angaben wöchentlich rund 250 000 populäre Suchbegriffe überprüft und dabei aufzeichnet, welche Websites entsprechende Adwords eingekauft haben. Zeitweilig stand dabei der Medienkonzern WAZ mit seiner Internettochter »Der Westen« ganz oben, vor Zeit online und Wiwo.de. Bei 481 Suchbegriffen tauchte im Oktober 2008 »Der Westen« auf, zum Beispiel bei den Kombinationen »Rauchverbot«, »Nichtrauchergesetz« und »Nichtraucherschutzgesetz« in Verbindung mit verschiedenen Bundesländern. Dass die WAZ-Werber auch fehlerhaft geschriebene Suchbegriffe wie »Narichten«, »Suduku«, »Tikets Bruce Springsteen« oder »Tatus« für Adwords buchten, zeigt, dass sie auch weniger gebildete Zielgruppen im Visier haben.

Zeit online dagegen setzt eher auf gebildetes Publikum, hier tauchten die Adwords nämlich eine Zeitlang bei Suchbegriffen wie »Wolfgang Amadeus Mozart«, »textes de chansons francaises« oder »Sauvignon Blanc« auf. Und es überrascht nicht, dass der Webauftritt Wiwo.de des Wirtschaftsmagazin *Wirtschaftswoche* zeitweilig bei Begriffen rund um Gehaltslisten, Gehaltstabellen und Gehaltsvergleichen sowie etwa bei »Rente ab 55« oder »Rente mit 58« mit Adwords warb.

Goldgrube »Data Mining«

Scheinbar unterscheidet sich Google nicht von herkömmlichen Medienunternehmen, die sich ihre Informationsleistung zu etwa 70 Prozent durch das Anzeigengeschäft finanzieren lassen und nur zu knapp einem Drittel durch den Verkauf an den Leser. Doch der Unterschied könnte kaum größer sein.

Denn anders als die traditionellen Medienunternehmen betreibt Google noch ganz andere Geschäfte, die verdeutlichen, dass die Informationsvermittlung an sich – als das verlegerische Kerngeschäft – nur Nebensache ist.

Durch zahlreiche Tochterunternehmen wie YouTube, DoubleClick, DART, AdSense, AdWords, Gmail, I'm Feeling Lucky, PageRank, Blogger, orkut, Picasa, SketchUp oder Postini unternimmt der Konzern alles, um seine marktbeherrschende Position bei den Nutzern des Internets zu festigen. Das war aber noch nicht alles, hinzu kommen Blog*Spot, Jaiku, Android, Open Handset Alliance, OpenSocial, Panoramio und Knol. Offensichtlich besteht die Geschäftspolitik von Google darin, für jede relevante Nutzung des Internets eine Firma zu kreieren oder alternativ jene zu erwerben, welche die größten Chancen für eine künftige Marktführerschaft in ihrem Bereich hat. Mit den Anzeigenprogrammen AdWords und AdSense etwa ist das bereits gelungen. Wer im Web wirbt oder auf seiner Homepage Inserate zulässt, um ein paar Euro zu verdienen, macht dies gewöhnlich mit diesen Programmen.

Und mehr noch – auch gegenüber den Nutzern gewinnt Google zunehmend Marktmacht über den Suchmaschinendienst hinaus, etwa durch Innovationen wie einen E-Mail-Dienst, eine zentrale Telefonnummer für jeden Nutzer oder einen Online-Lokalisierungsservice – alles augenscheinlich kostenfrei. Das tut das Unternehmen, dessen zentraler Grundsatz »Tue nichts Böses« (»Don't be evil«) lautet, keineswegs aus purem Altruismus. Denn natürlich zahlen wir Nutzer eben doch für die Leistung, die wir angeblich geschenkt bekommen: Wir zahlen mit Informationen!

Jede Anfrage liefert der Suchmaschine Material über unser

Verhalten, unseren Konsum, unsere Lesegewohnheiten, die Wohnverhältnisse, die Reisepläne (Google Maps), die Berufstätigkeit, unsere finanziellen Präferenzen – und über viele andere, durchaus sehr private Themen. Weder Google noch andere Portalanbieter wie Yahoo! oder MSN sind verpflichtet, die Daten, die sie durch die Suchanfragen erhalten, irgendwann zu löschen. Sie können all das, was wir durch unsere Eingaben und Klicks preisgeben, sammeln, aggregieren, auswerten und dafür nutzen, die gewonnenen Ergebnisse an Werbekunden zu verkaufen oder aus ihnen neue Produkte konzipieren. Selbst wenn die Rückverfolgung auf eine konkrete Person einschließlich Namen und Adresse derzeit nicht automatisch möglich und wohl auch nicht beabsichtigt ist, entsteht auf diese Weise ein riesiges Daten-Vermögen, das das Kapital von Google bildet.

Einen Vorgeschmack, wie solche Daten genutzt werden, kann man bereits heute beim marktführenden Online-Buchhändler Amazon bekommen: Wer sich einmal in der Datenbank nach einem bestimmten Titel umgesehen hat, bekommt bei seinem nächsten Besuch sofort ähnliche Angebote unterbreitet: »Das könnte Sie interessieren« heißt es höflich, und der naive Nutzer freut sich über die dezente Information. »Stimmt, was für ein Zufall, dass die gerade jetzt für dieses Buch Werbung machen«, denkt man, und schon ist man dem Unternehmen auf den Leim gegangen. Denn es ist eben kein Zufall. Alle Produkte sind in Kategorien eingeteilt – wer sich für ein Produkt der Kategorie A interessiert, wird sich vermutlich auch für alle anderen Produkte der Kategorie A interessieren. Wer einmal einen Liebesroman kauft, wird auch einen zweiten Liebesroman kaufen. Und das Beste daran: Auch diese Datenbank bestücken wir Nutzer selbst, indem wir fleißig wie die Bienen den Honig kleinteilige Informationen abliefern. Relativ unverbrämt eröffnet Amazon seine Empfehlungsliste deswegen auch mit dem Satz »Kunden, die dieses Buch kauften, kauften auch jene Titel ...«

Diese Erfahrungen machen sich inzwischen auch große Einzelhandelsketten zunutze. Per »Data Mining«, wie der Experte sagt, wird heutzutage ermittelt, welche Daten korrelieren, zu deutsch der Computer kann binnen kurzer Zeit gewaltigen Datenmengen abgleichen und herausfinden, welche Informationen immer wieder zusammentreffen – also auch Zusammenhänge herausfinden, die man mit gesundem Menschenverstand nie herstellen würde. Eine Beispiel: Dass jemand, der Grillkohle kauft, vermutlich auch Bratwürste in den Einkaufswagen legt, wird niemanden überraschen. Auch dass der Kauf von Babynahrung und Windeln korreliert, ist wenig spektakulär. Aber per Data Mining lässt sich eben auch herausfinden, dass mit hoher Wahrscheinlichkeit Dinge zusammengekauft werden, von denen man nicht ahnt, dass sie zusammenhängen. Etwa – rein fiktiv – Papiertaschentücher und Dosengemüse, oder Schuhcreme und Frischkäse. Nun könnte man lange darüber nachdenken, warum solche Dinge zusammen gekauft werden, aber im Grunde spielt das keine Rolle. Entscheidend ist, dass sich per Computer die Wahrscheinlichkeit ausrechnen lässt, mit der jemand, der ein Produkt kauft, auch ein anderes kauft. Und diese Information wiederum ist für vielerlei entscheidend: etwa für die Ausgestaltung von Werbung. Jemand, der gerade Papiertaschentücher gekauft hat, ist – so sagt es der Computer – sehr wahrscheinlich auch für Dosengemüse empfänglich. Und jemandem, der gerade Schuhcreme gekauft hat, kann man mit gewisser Wahrscheinlichkeit Frischkäse verkaufen.

Derlei Wissen spielt übrigens auch bei der Ausgestaltung von Sonderangeboten eine Rolle. Kein kluger Manager auf der Welt wird in seinem Supermarkt sowohl Grillkohle als auch Würstchen zu besonders günstigen Preisen anbieten. Im Gegenteil: Wer Grillkohle zum Schnäppchenpreis anbietet, kann getrost die Steaks und Bratwürste teuer verkaufen – und umgekehrt. Da derlei noch auffällt, ist es viel spannender, wenn man Produkte, die nach menschlichem Ermessen NICHT im Zusammenhang stehen, es aber laut Data Mining doch tun, in Relation setzt – also Frischkäse zum Supersonderpreis und Schuhcreme doppelt so teuer!

Informationen dieser Art sind also Gold wert. Je mehr Daten man sammelt, desto aussagekräftiger werden sie. Und genau solche Informationen sammelt Google en masse! Kein Wunder, dass Google sich so sehr dagegen sperrt, Daten nach einer gewissen Zeit automatisch zu löschen. Bislang regen sich darüber vor allem die Menschenrechtsorganisationen auf, die fürchten, dass die personenbezogenen Daten eines Tages politisch genutzt werden könnten. Die finanziellen Dimensionen hat bislang noch niemand durchschaut – der gläserne Bürger mag unfrei sein, aber der gläserne Kunde ist im Höchstmaß manipulier- und ausbeutbar. Derlei ist für Konzerne, die vielleicht nichts Böses, aber eben sehr viel Profit im Sinn haben, ungleich interessanter!

Googles raffinierte Taschendieb-Methoden

Indem Google uns scheinbar kostenlos den Service bietet, Informationen aus dem unübersichtlichen Datenmeer des Internets zu suchen, beraubt es uns zugleich wertvoller Informationen. Wo andere Hersteller von Waren oder Dienstleistungen sich ihre Rohstoffe auf einem freien Markt suchen und ihre Lieferanten ordentlich bezahlen müssen, erschleicht sich Google die Ware heimlich und ohne dafür zu bezahlen. Mit dieser Taschendieb-Methode hat sich der Konzern inzwischen eine marktbeherrschende Stellung erarbeitet.

Google ist weltweit die größte Suchmaschine im Internet und stellt eine Macht dar, an der niemand vorbeikommt. 8,6 Milliarden Suchanfragen wurden laut »Nielsen Online« im April 2009 in den USA gestellt, 5,5 Milliarden liefen davon über Google, der nächste Konkurrent, Yahoo!, liegt mit 1,4 Milliarden Suchanfragen weit abgeschlagen dahinter.

Übrigens: Wie lange Google seine Dienste noch »kostenlos« anbietet, ist unklar. Möglicherweise müssen wir bald für die »Suchdienste« nicht nur mit Informationen, sondern auch mit echtem Geld bezahlen. Denn das Patent auf das wichtigste Suchwerkzeug von Google, den Algorithmus PageRank, gehört nicht den Google-Gründern Larry Page und Sergey Brin, sondern der Stanford University, an der die beiden Unternehmensgründer studierten. Google verfügt lediglich über eine Alleinnutzungslizenz. Doch diese wird 2011 beendet sein. Das Patent läuft 2017 aus, danach kann es jeder nutzen. Wenn Google in seiner Führungsposition nicht mehr einzuholen ist – und die geschäftliche Entwicklung spricht durchaus dafür –, kann der Konzern Gebühren für die Nutzung seiner Dienste erheben.

Der Boden dafür ist schon bereitet: »Google ist zur Erbringung der kostenlosen Dienste nicht verpflichtet«, so steht es in den Nutzungsbedingungen des Unternehmens. »Im Gegenzug sind Sie berechtigt, jederzeit die Nutzung der Dienste einzustellen.« Und weiter heißt es: »Google kann diese Bedingungen von Zeit zu Zeit anpassen, beispielsweise um rechtliche oder regulatorische Anforderungen umzusetzen oder Funktionsänderungen der Dienste zu berücksichtigen. Sie sollten daher regelmäßig einen Blick auf diese Nutzungsbedingungen werfen.«

Ob wir neben unserer Telefon-, Strom- und Wasserrechnung bald auch eine Google-Rechnung bekommen, ist nicht mit letzter Sicherheit zu sagen. Der Verweis auf eine historische Evidenz kann die Google-Rechnung durchaus wahrscheinlich machen. Ein Blick in die Geschichte des bargeldlosen Zahlungsverkehrs hilft. Einige Leser werden sich noch an die Zeit der Lohntüte erinnern, eine oftmals wöchentliche, später monatliche Barauszahlung des Verdienstes. Erst ab den Sechzigerjahren führten die Banken das Girokonto für ein größeres Publikum ein: Die Lohntüte starb aus, das Bankkonto gehörte fortan zur Grundausstattung jedes Bürgers. In der Einführungsphase war das Girokonto über viele Jahre vollständig kostenlos. Den Banken reichte es, dass sie daran verdienten, wenn die Kunden Guthaben auf ihren Girokonten unverzinst stehen ließen – und die Geldhäuser mit diesen Beständen gewinnbringend arbeiten konnten. Das währte aber nicht ewig. Als der bargeldlose Zahlungsverkehr zum unverzichtbaren Bestandteil des Alltags geworden, das Publikum also umerzogen und der neue Standard etabliert war, begannen die Banken, Kontoführungsgebühren einzuführen. Sie verdienten also fortan doppelt an den Girokonten: einmal durch die ihnen zinslos überlassenen Guthaben der Kunden, zum anderen durch die Gebühren.[67] Es ist nicht auszuschließen, dass sich diese Entwicklung bei Google wiederholt. Ob, wann und in welcher Form das Gebühren-Google kommt, wird aber erst die Zukunft zeigen.

Google und andere Internet-Anwendungen zeigen uns in besonderer Weise den Januskopf der digitalen Welt. Eine neue Großtechnologie wurde in die Welt gesetzt, die harmlos, ja, in den Jahren der New Economy sogar jugendlich-sympathisch daherkam. Wir konnten uns mit vielen neuen digitalen Möglichkeiten das Leben bequemer machen und neue Formen privater und unternehmerischer Nutzung erschließen. Wer möchte den Komfort des Internet-Buchhändlers Amazon heute noch missen? Er erlaubt es uns sogar, alle Schallplatten aus dem digitalen Regal zu ziehen und sie vor dem Kauf zur Probe zu hören. Wenn wir, etwa durch einen Fehler bei einem Provider, mal eine Stunde offline sind, kommt es uns vor, als würde unser Leben stillstehen, so, als hätte man uns an einem Winterabend den Strom abgeschaltet und die Kerzen weggenommen.

Aber wir zahlen für diesen Fortschritt einen hohen Preis. Das Internet erweist sich, wie wir gesehen haben, nicht nur als Komforterzeuger in einer unübersichtlichen Welt, sondern eben auch als Verwirrmaschine einer Desinformationswirtschaft, in der per Taschenspielertrick raffinierte Unternehmen wertvolle Informationen und damit bares Geld ertricksen können.

Kapitel 4

Nichtinformation in einer religiösen Marktwirtschaft

Das Schweigen der Discounter

Als Anwohner im universitätsnahen Stadtteil Köln-Sülz genieße ich den Luxus, vom Fahrradshop über das Schreibwaren- und das Obstgeschäft bis hin zum kleinen Spielzeugladen für meine fünf und sechs Jahre alten Kinder die gesamte Infrastruktur in Fußgänger- oder Fahrradentfernung zu haben. Trotzdem erwische ich mich dabei, dass ich gelegentlich zum Lidl gehe, obwohl der andere Lebensmittelsupermarkt nur 300 Meter weiter liegt. Jedes Mal ärgere ich mich erneut: Kunden quetschen sich an viel zu engen Gängen aneinander vorbei, ohne einander anzusehen. An der Kasse werden die Produkte ohne Rücksicht auf die Geschwindigkeit der Kunden durchgeschleust. Doch die günstigen Preise – Supersonderschnäppchen – und die Bequemlichkeit – nur mal schnell reinhuschen, aus dem Sortiment das greifen, was man braucht, und gleich wieder raus – siegen gelegentlich über die Vernunft. Denn eigentlich weiß ich es besser: Die Billigangebote der Discounter sind eine Lüge!

Die Discounter leben von ihrem Image der niedrigen Preise. Das liegt daran, dass sie verschweigen, welche Kosten sie in Wahrheit verursachen, und stattdessen lauthals ihre angeblich günstigen Preise propagieren. Sie versprechen, die billigsten Angebote zu haben, ganz gleich, ob es sich um die Küchenrolle, die Tiefkühlpizza oder eine Packung Nudeln handelt. Im Discounter einzukaufen ist Teil unseres Konsumverhaltens geworden, die Jagd nach dem günstigsten Preis ist gerade in Deutschland ein Volkssport, der von der Werbung gern unterstützt und geschürt wird. »Geiz ist geil«, dieser Werbeslogan der Elektronikkette Saturn ist längst zu einem Synonym für das über fast alle Schichten akzeptierte Suchen nach dem »noch günstiger« geworden. »Der Deutsche Konsument kauft nicht das Produkt, sondern den Rabatt«, eröffnete mir vor einiger Zeit der Inhaber eines mittelständischen Handelsbetriebs am Rande einer Unternehmerkonferenz. Die Discount-Mentalität ist als neuer Standard in das Verhalten der Menschen eingezogen, geschürt durch immer neue Billigangebote.

Aber das billige Angebot ist nicht mehr als eine Illusion. Nehmen wir den Satz von zwölf Schraubenschlüsseln, den Lidl in einem Aktionsprospekt für 5,99 Euro anbietet,[68] als Beispiel – wobei hinzugefügt sei: Lidl ist überall, Namen sind für unsere Argumentation austauschbar, es kann sich ebenso gut um Aldi, Penny, KiK, Plus, Netto oder Norma handeln. »Ein sensationell günstiger Preis«, mag der interessierte Käufer auf den ersten Blick denken, weiß er doch: Im Fachhandel, etwa im mittelständischen Handwerkerbedarf, ist für 5,99 Euro gerade einmal ein einzelner Schraubenschlüssel zu haben, aber ganz gewiss nicht ein ganzer Schlüsselsatz.

»Also nichts wie hin, so billig ist dieser Artikel nie wieder zu bekommen«, lautet die naheliegende Reaktion. Doch der wahre Preis des Schraubenschlüssels oder jedes anderen scheinbar so billigen Artikels liegt wesentlich höher, was dem Kunden jedoch verschwiegen wird. Der Kunde muss ja nicht wissen, wer in Wahrheit für das Produkt bezahlt – und erst recht nicht, dass er die verschwiegenen Kosten auf die Dauer indirekt doch bezahlt. Tatsächlich ist nur einer klitzekleinen Minderheit klar, wie das Prinzip Discounter funktioniert.[69] Durchbrechen wir also die Schweigemauer der Discounter und rechnen es einmal offen durch.

Was der Kunde im Supermarkt auf den ersten Blick nicht sieht: Es gibt Schraubenschlüssel aus hochwertigem und weniger hochwertigem Material. Hier ergeben sich Sparpotentiale, die in den optisch niedrigen Preis einfließen. Den Preis für die schlechtere Qualität zahlt der Kunde. Ein Schraubenschlüssel schlechter Qualität wird sich schneller abnutzen, relativ bald nicht mehr die ursprüngliche Kraftübertragung erbringen und wahrscheinlich schon bei der erstbesten festgerosteten Mutter durchbrechen. Während der teure Schraubenzieher vom Vater noch an den Sohn weitervererbt werden kann, überlebt der billige vermutlich noch nicht mal den nächsten Winter. Die verringerte Nutzungsdauer eines Produkts ist aber ebenfalls ein Preis, der bezahlt werden muss. Ein Paar Schuhe, in denen ich 100 Kilometer gehen kann, sollte billiger sein als ein Paar, das mich 1000 Kilometer durch die Stadt trägt – und zwar deutlich billiger.

Ökonomen nennen diese Gesamtkosten des Besitzes »Total Cost of Ownership«. Sie sind bei Schnäppchenartikeln oft viel höher – und zwar nicht nur weil die Rohmaterialien von niedrigerer Qualität sind, sondern auch, weil im Zweifelsfall kein Service oder keine Ersatzteile vorhanden sind. Beim Billig-Computer vom Discounter bekomme ich eben keine Hilfe beim Verkäufer, wenn ich die Bedienungsanleitung nicht verstehe. Und das Discounter-Schnäppchen-Fahrrad ist so verarbeitet, dass man kleinere Reparaturen nicht selbst vornehmen kann. Um die teure Montage von Schrauben und Muttern zu sparen, wurden in der Produktion alle Teile mal eben schnell verschweißt. Geht jetzt etwas kaputt, muss man gleich ein ganz neues Fahrrad kaufen.

Im Moment des Kaufs weiß man natürlich nicht, wie lange das Gerät überleben wird. Oft genug fehlt die Kompetenz, um die Qualität einzuschätzen, und meist hat man sehr bald vergessen, wann und wo man das (dann defekte) Gerät eigentlich gekauft hat. Damit wird auch die gesetzlich vorgeschriebene Gewährleistung oftmals nicht in Anspruch genommen, zumal man einen durchgebrochenen Schraubenschlüssel nicht wirklich unter die Gewährleistungspflicht nehmen kann, oder doch? Auch darüber schweigen sich Discounter allzu gern aus. Das Fahrradfachgeschäft wird vielleicht von sich aus anbieten, im Interesse des Kunden eine kleine Reparatur kostenlos zu übernehmen, schon allein aus Gründen der Kundenbindung. Der Discounter hat keine Bindung, der hat nur billige Preise.

Und lügt. So bemängelt der Allgemeine Deutsche Fahrrad-Club (ADFC) im Sommer 2009 ein Fahrradschloss, das bei Lidl mit dem Qualitätsurteil »Gut« der Stiftung Warentest angeboten wurde. Doch das Schloss hatte dieses Siegel nie erhalten; es war ein anderes Schloss gewesen, das dieses Prüfsiegel der anerkannten Stiftung erhalten hatte, nämlich das Bügelschloss Sekura KB 302. Das bei Lidl angebotene Schloss sah dem zwar ähnlich, war aber ansonsten von minderer Produktqualität und war entsprechend leicht zu knacken.

Der ADFC forderte Lidl auf, das Schloss nicht weiter zu verkaufen. Lidl reagierte und bot an, auf der Internetseite die Produktinformation zu korrigieren: Statt aus 14 mm dickem Stahl bestand das Schloss nämlich nur aus 12 mm. Doch der ADFC gab sich damit nicht zufrieden. Für den Laien ist die Materialstärke kein erkennbarer Qualitätsunterschied, das Gütesiegel der Stiftung Warentest aber schon. Somit ging der ADFC an die Öffentlichkeit, publizierte eine Pressemitteilung und forderte die Kunden auf, das Schloss nicht zu kaufen.

Aufgrund des enormen Presseechos war Lidl nunmehr gezwungen einzulenken: In einer Stellungnahme bedauerte Lidl, seinen eigenen Qualitätsansprüchen nicht gerecht geworden zu sein. Schuld war natürlich der Lieferant: »Offensichtlich hat der Lieferant der Bügelschlösser, Inter-Union, Sekura KB 302-Schlösser unterschiedlicher Qualität an den Handel verkauft.« Dem ADFC wurde versichert, Lidl habe eine Umetikettierung der Bügelschlösser veranlasst, jedoch seien nicht alle Gütesiegel sorgsam von der Verpackung entfernt worden, so dass falsch ausgezeichnete Schlösser in den Handel gelangten, diese seien aber aus dem Verkauf genommen worden. Zudem sicherte Lidl zu: »Selbstverständlich können Kunden von ihrem Rückgaberecht Gebrauch machen, und wir erstatten den Kaufpreis.«

Details werden dem Kunden nicht verraten

Na klar. So einfach geht das. Erst wird Billigschund mit falschem Qualitätssiegel auf den Markt geworfen. Wenn dann jemand auf die Qualitätsmängel hinweist, wird großzügig ein Rückgaberecht eingeräumt und auf den bösenbösen Lieferanten verwiesen.

Die Großzügigkeit ist reine Augenwischerei. Das Rückgaberecht hätten die Kunden nämlich in jedem Fall, und zwar bis zu zwei Jahre nach dem Kauf, auch ohne Kassenbon oder Originalverpackung, da das Bügelschloss nach geltendem Recht einen Sachmangel aufwies. Ein Sicherheitsschloss, das nicht sichert, ist eben genauso mangelhaft wie ein Schraubenschlüssel, mit dem man nicht schrauben kann. Und allzu oft sind Discounter-Schnäppchenwaren letztlich Wegwerfartikel, die schon nach erstmaligem Gebrauch kaputtgehen. Trotzdem werden nur geringe Produktzahlen reklamiert; schon allein weil es in den Discountern gar kein Personal gibt, bei dem man irgendetwas reklamieren könnte. Wendet man sich mit solchem Anliegen an die gestresste Kassiererin, bringt man die ganze lange Schlange hinter sich in Aufruhr: Wegen so 'nem Billigteil halte man hier den ganzen Laden auf ...!

Die Lieferanten sind in diesem System Sündenbock der Discount-Riesen. Natürlich liefern sie minderwertige Ware, nichts anderes wird von ihnen verlangt. Der angebliche Qualitätsanspruch ist nämlich in Wahrheit fast nur ein Preisanspruch. Wie ein Lieferant den niedrigen Preis möglich macht, ist sein Problem.

Die Discounter kaufen ihre Ware in der Regel beim billigsten Anbieter ein. Der Schraubenschlüssel stammt aus einer Fabrik, die wahrscheinlich irgendwo in einer ärmeren Region Chinas liegt, wo man es mit den Umweltstandards, den Arbeitsbedingungen und -zeiten nicht so genau nimmt wie bei einem westfälischen Werkzeughersteller, der die deutschen und europäischen Gesetze einhalten muss. Solche Details werden dem Kunden natürlich auch nicht verraten.

Also wird für den niedrigen Preis an anderer Stelle bezahlt: Die Chinesen verdienen zwar auch an dem Produkt, aber sie tragen zum Beispiel die Last der Umweltverschmutzung oder der unzureichenden Arbeitsbedingungen.[70] In der Ökonomie spricht man dabei von externen Effekten. Gemeint sind damit all jene Kosten, die nicht diejenigen bezahlen, die die eigentliche Transaktion durchführen – also etwa die Zerstörung des tropischen Regenwaldes aufgrund von großflächiger Rinderzüchtung für den enormen Burger-Hunger der westlichen Welt. Es gibt auch positive externe Effekte, etwa wenn ein Kleinbauer durch seine

Viehhaltung ein gesundes Maß an Landschafts- und Umweltpflege betreibt. Diese »Mehrleistung« kann er nur in Ausnahmefällen auf den Milchpreis aufschlagen. Der Verbraucher bezieht solche externen Effekte in der Regel in sein Kaufkalkül nicht ein, wenngleich in den letzten Jahren auch unter bewussten Konsumenten eine gewisse Sensibilität für externe Effekte entstanden ist. Vor allem die Bioläden profitieren von diesem wachsenden Kostenbewusstsein der Verbraucher, die sich in ihrer Kaufentscheidung eben nicht daran orientieren, was für sie als Einzelperson der günstigste Preis ist, sondern welchen Gesamtpreis die Gesellschaft am Ende bezahlen muss.

Zu den externen Effekten gehören auch die Arbeitsbedingungen bei den Discountern selbst: Der niedrige Preis wird nämlich nur dadurch ermöglicht, dass die Mitarbeiter miserabel oder nur teilweise bezahlte Überstunden leisten, dass viele sozial schlecht abgesicherte Teilzeitkräfte tätig sind, durch eine künstlich erhöhte Fluktuation Kündigungsschutzgesetze unterwandert werden und zudem wenige ältere Mitarbeiter mit hohen Stundenlöhnen beschäftigt sind. All das drückt die Personalkosten eines Discounters, ein Posten, der im Handel oftmals den Preis entscheidend beeinflusst. Damit zahlen auch die Mitarbeiter einen Teil des nicht ausgewiesenen Preises vieler Discountprodukte.

An dieser Stelle sei ebenso nicht verschwiegen: Einen Teil der Preisvorteile erzeugen die Discounter aus ihrem Geschäftssystem heraus. Das zeigt die Praxis bei Aldi: Die Beschränkung des Sortiments auf sechshundert bis achthundert ständig angebotene Artikel (statt 14 000 in einem normalen Supermarkt), die vereinfachte Logistik durch Verzicht auf Einzelbestückung von Regalen im Laden sowie die rigoros auf schlank getrimmten internen Prozesse[71] tragen auch dazu bei, dass dieser Typ Händler zu niedrigeren Kosten kalkulieren kann als ein Nicht-Discounter. Das wird in der Regel relativ offen kommuniziert – lässt sich dadurch doch der Eindruck von Geschäftstüchtigkeit und Konzentration auf das Wesentliche erwecken.

Ein Insider aus der Branche sagte mir: »Bei Lidl kann man nur liefern, wenn man nach kurzer Zeit die Qualität reduziert. Lidl weiß, dass die gezahlten Preise nicht kostendeckend sind.«. Nein, wir brauchen die Fachhändler mit fairen Preisen, Spezialprodukten, Wissen und Service.

Das Verschweigen der wahren Preise gehört zum System

Das Vortäuschen des billigen Einkaufs, das Verschweigen der wahren Preise gehört zum Geschäftssystem der Discounter. Die Kosten, die der Preis nicht ausweist, sind nicht weg, sie entstehen nur an einem anderen Ort (nicht beim Kunden, sondern beim Mitarbeiter oder in China), zu einer anderen Zeit (weit nach dem Kauf, wenn man sich schon wieder neue Schraubenschlüssel kaufen muss) oder dort, wo der Kunde es nicht merken will, weil er nicht mit Geld, sondern mit anderen Ressourcen bezahlt, etwa mit dem Verlust an Lebensqualität, weil ihm das Arbeiten mit dem minderwertigen Werkzeug den letzten Nerv raubt. So verdrängen die Discounter erfahrungsgemäß den mittelständischen, inhabergeführten Nachbarschaftsladen, der zu Fuß statt mit dem Auto zu erreichen war und dessen Inhaber die Kunden noch persönlich mit Namen begrüßt hat.

Die ständige Jagd nach Sonderaktionen und Schnäppchen ist Teil der Desinformationswirtschaft. Durch solche Aktionen wird das Preisgefüge des Handels permanent durcheinandergewirbelt, so dass am Ende niemand mehr eine Vorstellung davon hat, was realistische Preise sind.

Natürlich muss Preiswettbewerb möglich sein, aber Sonderaktionen sind ja gerade das Gegenteil eines nachhaltigen Wettbewerbs um den besten Preis. Im Discounter gibt es immer nur ein Produkt aus jeder Warengruppe, nämlich das angeblich günstigste (was es ja in Wahrheit gar nicht ist). Im großen Supermarkt oder im Fachgeschäft gibt es durch die Warenvielfalt die Möglichkeit, Preis und Leistung im direkten Gegenüber zu vergleichen. Wer als Homo oeconomicus also nicht Geiz »geil«, sondern Wettbewerb und Preisvergleich »vernünftig« findet, darf definitiv nicht beim Discounter kaufen!

Mangelnde Transparenz gibt es nicht nur im Discountgeschäft, sondern neuerdings vor allem im boomenden Online-Handel. Als im Sommer 2009 europaweit insgesamt 369 Internetshops unter die Lupe genommen wurden, gab es bei 55 Prozent der Seiten Beanstandungen. Von den 29 Elektronikanbietern, die allein in Deutschland einer Prüfung unterzogen wurden, gab es bei 21 den Verdacht auf Rechtsverstöße. Oder anders gesagt: Nur acht von 29, also nur jedes vierte Online-Geschäft, hielten sich an die geltenden Gesetze![72]

Bei den Seiten handelte es sich nach Angaben des Bundesamts für Verbraucherschutz und Lebensmittelsicherheit um Anbieter im Internet, die über Suchmaschinen leicht gefunden und von Verbrauchern oft genutzt werden. 14 Anbieter, also jeder zweite, hatten die gesetzlich geforderte Belehrung über einen Widerruf des Kaufs und Rückgaberechte nicht ausreichend ausgeführt. Im Versandhandel haben Kunden das Recht, die bestellte Ware innerhalb einer bestimmten Frist ohne Angabe von Gründen zurückzugeben. In Deutschland beträgt diese Frist 14 Tage, die EU-weite Untergrenze liegt bei sieben Tagen.

Bei neun Anbietern in Deutschland gab es offenbar Ungereimtheiten, was die Preisinformationen angeht. Das Bundesamt machte keine Detailangaben, aber Verbraucherschützer weisen immer wieder darauf hin, dass Kunden über die wahren Kosten des Onlinegeschäftes lange im Unklaren gelassen würden. So werden zum Beispiel Versand- und Verpackungskosten erst im allerletzten Moment der Bestellung kommuniziert – also zu einem Zeitpunkt, wo man bereits sämtliche Hürden des Bezahlvorgangs (Lieferadresse, Kreditkartennummer u. Ä.) mühselig überwunden hat. Hätte man beispielsweise gewusst, dass die Werbungsbotschaft »versandkostenfrei« erst ab einem Bestellwert von 30 Euro gilt, hätte man den Kauf vielleicht doch lieber gleich nicht getätigt. Nach all den Mühen der Dateneingabe will man nun aber wegen drei Euro nicht das ganze Geschäft abbrechen. In ganz krassen Fällen werden diese Zusatzkosten sogar einfach komplett verschwiegen und hinterher trotzdem in Rechnung gestellt – da man sich das Geld ja per Lastschrift direkt vom Kundenkonto holt, müsste der wegen der »Peanuts« selbst aktiv werden und bei seiner Bank eine Rückbuchung beantragen … – beeindruckend, wie sich hier die verschiedenen Methoden der Desinformation wechselseitig in die Hände spielen, nicht wahr?

Europaweit waren die Ergebnisse dieser Prüfung übrigens nicht sehr viel besser: Zwar gab es nur bei 55 Prozent der Seiten Beanstandungen, aber die Verstöße waren dieselben: verschwiegene Rechte der Kunden und verheimlichte Kosten.

Namen wurden – warum auch immer – nicht genannt, offenbar scheut sich der Gesetzgeber, offensichtliche Rechtsbrecher an den Pranger der Öffentlichkeit zu stellen. Vielleicht weil man die Rechtsverletzungen insgeheim für Bagatellen hielt? Oder hatte man Angst vor den großen Anwaltskanzleien, die von den Konzernen beschäftigt wurden? Warum wird der Staat hier in so geringem Maße aktiv? Ist es Lethargie oder Laisser-faire? Oder schlichtweg Unvermögen?

»Wes Brot ich ess' …«

Das Schweigen hat System. Denn eigentlich gibt es eine Reihe von Kontrollinstanzen in der Wirtschaft, die Regelwidrigkeiten, Rechtsverletzungen oder auch nur gefährliche Verschiebungen rechtzeitig erkennen sollten – auch im Sinne der Wirtschaft, aber vor allem um das Gemeinwohl vor Niederschlägen zu schützen. Doch die jüngste und zugleich schwerste Finanzkrise seit 1929 haben die dafür eingesetzten Experten nicht erkannt.

Schließlich darf nicht vergessen werden, dass alle Banken ihre Bilanzen von Wirtschaftsprüfungsgesellschaften gegenchecken lassen müssen. Der Beruf des Wirtschaftsprüfers ist nicht ein Job wie jeder andere; er ist zugleich – wie der Notar oder der Schöffe, der Bürgermeister oder der Richter – ein öffentliches Amt. Die Amtsinhaber sind in besonderer Weise ans öffentliche Recht gebunden, sie legen einen Amtseid ab oder ein Gelöbnis, sie tragen eine besondere Tracht, und ganz sicher geht es bei diesem Amt nicht darum, möglichst viel Geld zu verdienen, manche üben ihr Amt sogar ehrenamtlich aus. Das gilt theoretisch auch für die Wirtschaftsprüfer. Trotzdem verdienen die großen Wirtschaftsprüfungs- (WP-)Gesellschaften bekanntlich Milliardensummen mit ihrer Arbeit.

Das liegt daran, dass sie neben der eigentlichen Prüfungsarbeit auch noch andere Dienstleistungen anbieten, etwa Steuer-, Unternehmens- oder Rechtsberatung oder auch Gutachtertätigkeit bei der Bewertung von Unternehmen etwa beim Börsengang. Und damit lässt sich sehr gut Geld verdienen. Das Problem: Der Wirtschaftsprüfer unterliegt von Amts wegen besonderen Pflichten: Er muss unabhängig sein, unbefangen, gewissenhaft und verschwiegen. Letzteres fällt leicht, die anderen Pflichten sind sehr schwer zu erfüllen, wenn man nämlich mit den sonstigen Tätigkeiten bei demselben Unternehmen, das man hinterher prüfen soll, viel Geld für Beratungsleistungen bekommt.

Wie schwer es den Wirtschaftsprüfern fällt, ihren gut zahlenden Kunden wirklich kritisch auf die Bilanzfinger zu schauen, konnten wir zuletzt 2002 sehr eindrücklich erleben. Damals flog auf, dass der amerikanische Energiekonzern Enron, der etwa 22 000 Mitarbeiter beschäftigte und einen Börsenwert von etwa 60 Milliarden Dollar hatte, in großem Stil seine Bilanzen gefälscht hatte. Über Jahre hinweg hatte das Unternehmen mit Zweckgesellschaften fiktive Gewinne vorgegaukelt. Allein 2001 hatte Enron in seiner Bilanz die Gewinne um 1,2 Milliarden Dollar zu hoch ausgewiesen und 30 Milliarden Schulden unterschlagen. Als Bilanzprüfer waren permanent mehrere Dutzend Wirtschaftsprüfer von Arthur Andersen, einer der fünf größten Wirtschaftsprüfungsgesellschaften der Welt, in der Hauptverwaltung präsent. Immerhin: Die Enron-Pleite führte auch zum Untergang von Arthur Andersen.

Das Problem bei den Prüfungen ist, dass nur sehr bedingt materiell geprüft wird. Es werden allein die Buchwerte auf Plausibilität geprüft, aber niemand schaut tatsächlich nach, ob alle in der Bilanz aufgeführten Maschinen auch tatsächlich in der Fabrikhalle stehen oder was sich hinter den verbrieften Forderungen wirklich versteckt. Trotzdem testieren die Gesellschaften, dass die Bilanzen ein korrektes Bild der wirtschaftlichen Lage des Unternehmens wiedergeben. Seit dem Finanzcrash ist offensichtlich, welche Art von windigen Geschäften die Finanzbranche in den vergangenen Jahren gemacht hat. Umso erstaunlicher ist, dass keine einzige Wirtschaftsprüfungsgesellschaft in den Jahren vor 2007 einer großen Bank das Testat verweigert, also die Bilanzen nicht anerkannt hat. Oder eben auch nicht erstaunlich. »Wes Brot ich ess', des Lied ich sing!« sagt schon der Volksmund.

Das Schweigen der Ökonomen

In Deutschland gibt es neben den zahlreichen Wirtschaftsprüfungsgesellschaften außerdem noch knapp zwanzig unabhängige Wirtschaftsforschungsinstitute, die überwiegend staatlich finanziert sind und deren Aufgabe es ist, das aktuelle Wirtschaftsgeschehen kritisch zu begleiten. Fünf von ihnen (das DIW Berlin, das ifo-Institut in München, das IfW in Kiel, das IWH in Halle und das RWI in Essen) publizieren im staatlichen Auftrag seit Jahren Konjunkturprognosen, die in komplizierten mathematischen Verfahren bis auf die zweite Stelle hinterm Komma errechnen, wie sich die Wirtschaft in den nächsten Monaten entwickeln wird.

Um es kurz zu machen: Kein einziges Wirtschaftsforschungsinstitut hat die Finanzkrise etwa vorhergesehen oder auch nur andeutungsweise vor einer solchen gewarnt – weder in den USA noch in Deutschland oder anderswo. Das hatte ich bereits 2006 erwartet und mich im Vorwort zum meinem Buch »Der Crash kommt« schon damals dementsprechend geäußert.[73] Im Jahr 2007 haben Wirtschaftsforschungsinstitute noch nicht einmal eine milde Rezession vorhergesehen. Rezessionen werden von diesen Instituten eben erst dann »prognostiziert«, wenn sie bereits eingetreten sind. Dann ist es allerdings keine Kunst mehr.

Letztlich ist das Schweigen der Wirtschaftsforscher nicht verwunderlich. Sie sind Teil des Systems und werden von Staatsgeldern bezahlt. Als Ökonomen dienen sie den Interessen derjenigen, die sie bezahlen; ist es nicht der Staat, dann ist es irgendein Wirtschaftsverband oder ein Unternehmen. In beiden Fällen macht es sich nicht besonders gut, die Kassandra zu spielen. Schließlich gehorcht die Wirtschaft häufiger den Gesetzen der Psychologie als denen der Mathematik – und da werden Konjunkturprognosen gern mal zu »Self-fulfilling Prophecies«. Jedenfalls glauben das die Auftraggeber, die schlechte Prognosen deswegen lieber nicht hören wollen.

Auch die unabhängigen Ökonomen – zumindest die etablierten – haben mit wenigen Ausnahmen nicht vor der Krise gewarnt. Zu den Ausnahmen gehörten zum Beispiel die amerikanischen Nobelpreisträger Joseph Stiglitz und Paul Krugman, die immer wieder die Gefahren des globalen Hyperkapitalismus benannten, ohne allerdings die Subprime-Krise oder die extreme Verschuldung der US-Privathaushalte zu benennen. Denn beide verstehen sich als »links«. Und wenn man »links« ist, macht es sich nicht gut, schärfere Regeln für die Verschuldung von Privateigentum und einen sparsamen Lebensstil zu fordern, wie ich es tue. Man will dem armen Volk schließlich nicht seinen kleinen Luxus versauen. Ein Eigenheim ist in den USA quasi ein Grundrecht, weit vor gesundheitlicher Versorgung oder Bildung.

In Deutschland hat der bereits zitierte Heiner Flassbeck, Chefökonom der Handelsorganisation der Vereinten Nationen, diese Rolle übernommen, wurde aber mit seinen Warnungen vor 2007 ignoriert. Flassbeck wies einerseits eindringlich auf die Risiken eines Kasino-Kapitalismus und internationaler Finanzakteure hin, andererseits ermahnte er private Haushalte kaum, zu solidem Wirtschaftsgebaren zurückzukehren. Auch hier offenbart sich das linke Dilemma – die Verschuldung von Hedgefonds ist schlecht, Privatakteure sollen sich aber massiv verschulden dürfen, um zu konsumieren.[74]

Völlig gescheitert mit ihren Prognosen und Berechnungen ist auch die Creme de la Creme der internationalen Wirtschaftswissenschaft. Interessanterweise hat sich nämlich in den letzten Jahrzehnten eine Wissenschaftsrichtung durchgesetzt, die sich weniger an den realen Wirtschaftszahlen (den empirisch belegbaren Fakten), sondern mehr an theoretisch, a priori formulierten (mathematischen) Modellen orientiert. Die theoretisch orientierten Ökonomen haben gegenüber den Empirikern längst die Meinungsmacht errungen. Der amerikanische Notenbankchef Ben Bernanke, der sich auch empirisch mit den Finanzmärkten befasst hat und Professor an der Princeton University war, wurde (und wird) von vielen bestenfalls als Ökonom zweiten Ranges eingestuft. Schließlich gilt die Grundregel: Je mathematischer, desto besser. Auf dem dritten und letzten Rang in der internationalen Ökonomenliga kämen – zumindest nach dem Selbstbild der Ökonomen-Kaste – die Wirtschaftspolitiker, politische Ökonomen und Wirtschaftshistoriker, zu denen ich mich zähle. Dass jemand wie ich bereits 2004 auf den drohenden Crash hinwies, wurde also damals von der wissenschaftlichen Meinungselite entweder nicht wahr- oder nicht ernst genommen. Im Jahr 2009 wandten sich 83 bekannte Ökonomen – unter anderem Herbert Giersch, Rudolf Hickel, Olaf Sievert, Christian Watrin und Artur Woll –, mit einem Aufruf an die Öffentlichkeit, die Wirtschaftspolitik an den Universitäten zu retten. Zu sehr werde auf mathematische Modelle gesetzt, so dass das Denken über wirtschaftspolitische Fragestellungen mehr und mehr in den Hintergrund gerate.[75] Ich habe größte Sorge, dass ihr (Not)ruf ungehallt verhallen wird.

»Der neue Leviathan« – Drachenkampf zwischen Staat und Wirtschaft

Noch Anfang der 1980er Jahre galt unter Ökonomen der Staat als der größte Feind einer freien Marktwirtschaft. Der deutsche Ökonom Christian Watrin hielt am 24. Juni 1981 einen Vortrag[76] mit dem dramatischen Titel »Der neue Leviathan – über Gefahren einer Selbstzerstörung der freien Gesellschaft«. Watrin ist in Fachkreisen kein Unbekannter, er war langjähriger Inhaber des Lehrstuhles für Wirtschaftspolitik an der Universität Köln und Herausgeber der *Zeitschrift für Wirtschaftspolitik*. Im fortgerückten Alter von siebzig Jahren wurde er Präsident der Mont Pelerin Society, eben jenem ehrbaren Zusammenschluss von Anhängern des Liberalismus, der 1947 auf Einladung von Friedrich August von Hajek erstmals am Mont Pelerin am Genfer See zusammenkam, darunter Milton Friedman, Karl Popper, Walter Eucken und viele andere große Namen der Ökonomiegeschichte. Ihr Ziel: die Welt von allen »kollektivistischen« Ideen zu befreien und das Gedankengut des Liberalismus zu verbreiten.[77]

Christian Watrin hatte den neuen Leviathan, also die Neuauflage des mythischen Fabelwesens, das im Buch Hiob (40, 6–41,26) als ein für Menschen unbesiegbares Geschöpf dargestellt wird, ausfindig gemacht. Der Leviathan, der sich die Welt unterwirft, war – es ist kaum noch überraschend – natürlich der Staat. Ihm sei offensichtlich jedes Mittel recht, seinen Einflussbereich weiter auszudehnen.

Man staunt. Keine dreißig Jahre später ist der Staat – mit Ausnahme des Sozialstaates – eher eine Witzfigur als ein bedrohlicher Leviathan. Würde heute ein Vortrag gleichen Titels gehalten, würde man den Leviathan ganz woanders orten: bei den Unternehmen nämlich, die immer mehr Einfluss gewinnen, die alte Standards außer Kraft setzen und neue, zu ihren Gunsten wirkende Gesetze prägen.

Die Top-Manager haben sich zu einer neuen, anscheinend allmächtigen Klasse entwickelt. Der Markt ist nicht mehr eine ausgleichende Veranstaltung zwischen den Interessen von Unternehmen auf der einen und Verbrauchern auf der anderen Seite. Die Mitte ist bei all den Entwicklungen, die wir in den letzten Jahren beobachten konnten, längst verschoben zugunsten der Seite der Unternehmen. Unternehmen als Gebilde haben oft ein größeres Gewicht als Nationalstaaten.

Insofern weist Noreena Hertz, die sich mit ihrem Buch »Wir lassen uns nicht kaufen!« in die weltweite Diskussion um die Zukunft des Kapitalismus einmischte, zu Recht darauf hin, dass wir in einer Zeit der schleichenden Machtübernahme leben: »Die Wirtschaft steht heute in höherem Ansehen als die Politik, die Idee des Staatsbürgers ist in Vergessenheit geraten, und Konsum ist das Einzige, was zählt.«[78]

Unter den hundert produktivsten Wirtschaftseinheiten sind weltweit gesehen nur noch 49 Volkswirtschaften, aber 51 Konzerne. Der amerikanische Supermarktkonzern Wal-Mart erwirtschaftet mehr Umsatz (405,6 Mrd. US-Dollar im Geschäftsjahr

2008/2009) als das Bruttoinlandsprodukt mancher mittelgroßer Staaten. Und es ist eine Frage der Zeit, wann dieser eine Konzern das Bruttoinlandsprodukt von ganz Afrika (793, Mrd. US-Dollar) in die Tasche steckt. »Business became the dominant force in society« (»Unternehmen wurden die dominierende Kraft in der Gesellschaft«),[79] fasst Noreena Hertz die Lage zusammen.

Die Professorin an der Erasmus University in Rotterdam[80] ist seit der Jahrtausendwende eine leidenschaftliche Kämpferin gegen die vielfältigen Exzesse, die uns der Kapitalismus beschert. Sie spricht davon, dass sich das Kräfteverhältnis zwischen Politik und Wirtschaft in den letzten zwanzig Jahren radikal zugunsten der Unternehmen verschoben habe.

Hertz vertritt beileibe keinen antikapitalistischen Standpunkt. Der Kapitalismus sei, so betont sie immer wieder, eindeutig das beste System für die Schaffung von Wohlstand – und Freihandel und offene Kapitalmärkte hätten den meisten, wenn nicht allen Ländern ein Wirtschaftswachstum ohnegleichen beschert. Unternehmen seien nicht per se amoralisch, aber sie sind, wie Hertz sagt, ambivalent. Auf der einen Seite sind sie Motoren von Wohlstand und Fortschritt, auf der anderen Seite aber Promotoren radikal egoistischer Marktinteressen.

Damit der Egoismus nicht ungezügelt in Exzessen endet, braucht es eine starke Gegenkraft. Doch der Staat, erkennt Hertz, habe sich unter der Herrschaft der neoliberalen Doktrin auf eine Position der Nichteinmischung in die Angelegenheiten der Wirtschaft zurückgezogen – mit den bekannten Folgen.

Das Problem der heutigen Wirtschaftswelt ist die extreme Schwäche der Politik, die sich von der Wirtschaftslobby Gesetze schreiben lässt. Es galt als Skandal, als im August 2009 herauskam, dass sich ausgerechnet der als Querdenker auftretende Wirtschaftsminister zu Guttenberg ein neues Gesetz zum Insolvenzrecht von einer Anwaltskanzlei schreiben ließ. Die in London ansässige Großkanzlei Linklaters, die hier für den Wirtschaftsminister tätig wurde, war schon seit längerem an der 2004 gegründeten True Sale International GmbH (TSI) beteiligt. Die war als Verbriefungsplattform von etlichen deutschen

Banken ins Leben gerufen worden. Nur zur Verdeutlichung: »Verbriefungen« waren jene Desinformationsmasche, mit der durch Bündeln, Tranchieren und Umetikettieren minderwertige Kredite zu Höchstpreisen verkauft werden konnten – einer der zentralen Auslöser der weltweiten Finanzkrise, also eben jener Krise, die Anlass für zu Guttenbergs Gesetzentwurf war. Hier war also der berühmte Bock zum Gärtner gemacht worden.

Doch wie sich nach und nach herausstellte, handelte es sich bei dieser Kooperation keineswegs um einen Ausnahmefall. Auch andernorts ließen sich die Brandstifter der Vergangenheit gern als Berater der Feuerwehr engagieren.

So erarbeitete die ebenfalls in London ansässige Großkanzlei Freshfields-Bruckhaus-Deringer für das deutsche Finanzministerium das »Finanzmarktstabilisierungsgesetz«, also jenes Bankenrettungspaket nach der Lehman-Pleite, und wirkte bei der Verstaatlichung der Hypo Real Estate mit. Allein in der Legislaturperiode 2005–2009 waren, laut *Spiegel*, die »Gesetzesflüsterer aus der Privatwirtschaft bei 17 Gesetzes- und Verordnungsentwürfen beteiligt«.[81]

Ein Staat, der sich derart zentrale Gestaltungsmöglichkeiten aus der Hand nehmen lässt – sei es weil er personell nicht ausreichend ausgestattet ist, sei es weil die Mitarbeiter nicht die ausreichenden Kompetenzen haben, egal – ein solcher Staat hat längst eine Bankrotterklärung abgegeben.

»Dreihundert Männer, von denen jeder jeden kennt, leiten die wirtschaftlichen Geschicke des Kontinents«, sagte der AEG-Erbe und spätere Aufsichtsratsvorsitzende des Unternehmens Walther Rathenau im Jahr 1909. Dasselbe ließe sich auch heute über die Interessenverknüpfungen des Top-Managements der größten Konzerne der Welt sagen. Ihnen steht eine Fülle von Gestaltungsmitteln zur Verfügung, die es ihnen erlaubt, tiefer und tiefer in die Welt der Markt-Gegenseite einzudringen. Und der Staat hat kaum noch Mittel und Wege, sich dem im Interesse seiner Bürger entgegenzustellen.

Der Mythos von der Rückkehr der Politik

Nach dem Krach von 1929 zog man in den USA bestimmte Konsequenzen und nahm massive Eingriffe in den Bankensektor vor: die Trennung von Geschäfts- und Investmentbanking, die Beschränkung von Banken auf einen Bundesstaat, um keine Kolosse entstehen zu lassen, die Regulierung von Zinsen und die starke Einschränkung des Gebrauchs von Derivaten. In Deutschland zielte die Wirtschaftspolitik des Reichsbank-Präsidenten Hjalmar Schacht in dieselbe Richtung. Die Lehren, die aus dem Crash von 1929 gezogen wurden, waren also international ähnlich.[82]

Das Investmentbanking, also das Börsen- und Kapitalmarktgeschäft, war vom normalen Geschäfts- und Privatkundengeschäft (dem klassischen Kreditgeschäft) getrennt; Geldinstitute durften nur in einem der beiden Bereiche aktiv werden. Sogar die Zinssätze waren in den USA bis in die 1970er Jahre hinein in vielen Fällen staatlich reguliert – woran sich heute kaum jemand erinnern mag.

Nach dem Ausbruch der letzten Finanzkrise ging eine Welle der öffentlichen Empörung durch die Welt. Bankmanager hatten sich dafür, dass sie die Weltmärkte zu einem Kasino gestaltet hatten, fürstlich entlohnt. Besonders in den USA und in Europa begriff die Bevölkerung, dass sie über viele Jahre systematisch ausgenommen worden war. Der deutsche Bundesfinanzminister forderte, »dass die Brandstifter gehindert werden, so was wieder zu machen«. Steinbrück fordert, die Brandbeschleuniger zu verbieten und für einen besseren Brandschutz zu sorgen.[83] Von diesen kämpferischen Tönen war bereits wenige Monate später nur noch wenig zu hören – weder von Peer Steinbrück noch vom SPD-Parteivorsitzenden Franz Müntefering, der 2005 für die überaus aggressiv vorgehenden Hedgefonds, die florierende Unternehmen aufkauften und als gebeutelte, mit Schulden beladene Ruinen wieder verließen, immerhin den Begriff der »Heuschrecken« erfand.[84]

Man sollte meinen, dass das Systemversagen auf breiter Front zu einer Rückkehr der Politik und der regulatorischen Vernunft geführt hätte, ähnlich wie nach 1929. Doch das ist kaum der Fall. Zwar wurde aus Anlass der Finanzkrise ein außerordentliches Gipfeltreffen der G20-Staaten im November 2008 in Washington veranstaltet. Die Erwartungen waren hoch. In Anlehnung an das legendäre Treffen in Bretton Woods 1944, auf dem die Weltbank und der Internationale Währungsfond IWF geschaffen worden waren, war bereits die Rede von »Bretton Woods II«. Immerhin handelte es sich um das erste Treffen der G20-Staaten auf Ebene der Staats- und Regierungschefs; zuvor hatten sich stets nur die jeweiligen Finanzminister dieser Staaten versammelt. Doch das Ergebnis war enttäuschend. Außer Absichtserklärungen und verschiedenen Ideen und Vorschlägen kam nicht viel heraus. Im Gegenteil: Man vereinbarte das Prinzip der nationalen Umsetzung, jedes Land musste also eigene Lösungen finden. Auch wenn es klang, als wäre das der erste Schritt in die richtige Richtung, war damit klar, dass eine Vielzahl von Regulierungen den global agierenden Unternehmen genügend Nischen und Spielräume ließ, um ungestört ihre Geschäftpraktiken fortzuführen.

Damit hatten automatisch wieder diejenigen Länder die Trümpfe in der Hand, die die Regeln am großzügigsten interpretieren. Denn hier würden sich die besonders dreisten Geschäftemacher niederlassen. Auch der Beschluss, Hedgefonds erst ab einem Volumen von 100 Millionen Euro zu regulieren, war eigentlich nur ein Türöffner für alle die, die weitermachen wollten wie bisher. Nichts ist einfacher, als aus einem großen Fonds mehrere kleine zu machen und diese Regel zu umgehen.

Zwar wagte der französische Regierungschef Nicolas Sarkozy im Tandem mit Bundeskanzlerin Angela Merkel auf dem Folgegipfel von London im April 2009 zumindest einen Vorstoß, die Finanzmärkte global zu ordnen. Gut ein Jahr nach der spektakulären Lehman-Pleite können die G20-Staaten außer einigen halbherzigen Versuchen, die Finanzmärkte zu regulieren, jedoch wenig vorweisen.

Die wenigen Beschlüsse, die es gab, dienten allein dazu, den Schein zu wahren; tatsächlich sind sie halbwegs bedeutungslos. So wurde mit viel Brimborium über das Thema Steueroasen gestritten und verhandelt. Als Steueroasen gelten jene Länder, die mit niedrigen Steuern Unternehmen aus Hochsteuerländern abziehen, selbst aber wenig bis nichts dazu beitragen, um die Infrastruktur für einen globalen Handel aufrechtzuerhalten. So sind etwa die Cayman Islands in der Karibik, ein Inselstaat mit etwa 45 000 Einwohnern, der bis vor kurzem vom Export von Schildkröten und Muscheln lebte, der fünftgrößte Finanzplatz der Erde – und das, obwohl es dort weder eine ausgeprägte moderne Infrastruktur oder gut ausgebildete Arbeitskräfte, noch eine starke inländische Wirtschaft oder ein Hinterland mit Wachstumspotential gibt. Der »Finanzplatz« besteht aus Briefkastenfirmen, die vor Ort weder Mitarbeiter beschäftigen noch überhaupt irgendein Geschäft betreiben. Es sind reine Scheinfirmensitze, die einzig und allein der Vermeidung von Steuern in anderen Ländern dienen. Diese Länder aber, in denen man keine oder jedenfalls nur verhältnismäßig wenig Steuern zahlt, werden genutzt, um Mitarbeiter zu finden, die eine staatlich (also steuer-) finanzierte Schul- und Universitätsbildung genossen haben, um in ein stabiles Gesundheits- und Sozialnetz eingebettet zu sein und für den Fall der Fälle von einem modernen, gut gerüsteten Heer verteidigt zu werden. Und bei allem keinen Pfennig zugezahlt zu haben. Natürlich müsste es eigentlich im Interesse aller G20-Staaten sein, solche Steueroasen möglichst schnell auszutrocknen.

1998 startete die Organisation für wirtschaftliche Zusammenarbeit und Entwicklung OECD, die sich bekanntlich sowohl der Demokratie wie der Marktwirtschaft verpflichtet fühlt, eine Initiative zur Beseitigung dieses unfairen Wettkampfes, die sogenannte »Harmful Tax Competition«-Initiative. Es wurden OECD-Grundsätze formuliert, an die sich alle unterzeichnenden Staaten zu halten hätten, andernfalls landete das Land auf der »OECD-List of Uncooperative Tax Havens«. Zunächst waren es 41 Länder, die als Steueroasen identifiziert wurden, aber dann weichte man die Grundsätze so lange auf, bis alle Länder problemlos unterschreiben konnten. Eine Farce also.

Im Rahmen des G20-Gipfeltreffens in London einigten sich die Regierungschefs auf die Veröffentlichung einer neuen OECD-

Liste. Im Vorfeld hatten sich Deutschland und Frankreich dafür stark gemacht, die Übersicht der Steueroasen auf dem Gipfel verbindlich zu verabschieden und Steuersündern mit Sanktionen zu drohen. Unter anderem nahm man auch Österreich, Liechtenstein und die Schweiz ins Visier, die ihr Bankgeheimnis und damit die Basis ihrer Finanzmacht gefährdet sahen.

Die neue, in London verabschiedete Liste wurde darum als Erfolg gefeiert. Sie teilte die Steuer-Welt in eine weiße, eine graue und eine schwarze Liste. Weiß sind die Staaten, die sich dem Internationalen Steuerstandard verpflichtet und ihn auch schon weitestgehend umgesetzt haben, grau die, die noch bei der Umsetzung sind, und schwarz diejenigen, die den Steuerstandard ablehnen.

Nur: Die Liste ist Makulatur. Die Kanalinseln Jersey und Guernsey haben die OECD-Regeln anerkannt und angeblich umgesetzt – und stehen damit auf der weißen Liste. Doch in der Umsetzung hapert es. Sie zählen zu den bekanntesten Plätzen der internationalen Geldwäscherei. Wenn es beispielsweise um die Verfolgung von Steuersündern geht, kommen die Behörden anderer Staaten auf den Kanalinseln meist nicht weit: Die Inselregierungen kooperieren bei der Aufdeckung der Straftaten wenig bis gar nicht. Hier gibt es einen massiven Interessenkonflikt zwischen den kontinentaleuropäischen Ländern wie Deutschland und Frankreich, aber auch Österreich und der Schweiz auf der einen und England auf der anderen Seite. Wenn man in Deutschland, aber auch in der Schweiz oder Österreich die Kriterien einmal anerkannt hat, setzt man sie mit »deutscher« Gründlichkeit um. Anders in England und den von England abhängigen Kanal- oder Karibikinseln. Dort geht die Trickserei weiter. Die eine Seite spielt Fußball, die andere Rugby. Die Zugeständnisse der englischen Regierung zum Thema Regulierung der Finanzmärkte sind rein taktischer Natur. Kein Wunder, denn Gordon Brown verdankt sein Amt als Premierminister auch der Tatsache, dass er die Kapitelertragssteuern auf Hedgefonds und alle anderen Kapitaleinkünfte in England auf 15 Prozent gesenkt hat – ein gigantisches Umverteilungsprogramm nach oben.

Offenbar reicht angesichts der englischen und amerikanischen Opposition der politische Wille einer Vielzahl anderer Staaten nicht, den unerwünschten Machenschaften in den Steueroasen das Handwerk zu legen. Stattdessen tut man so, als wäre alles sauber und ordentlich. Die OECD-Liste hat etwa dieselbe Aussagekraft wie der Putzplan in einer Studenten-WG. Man hat kaum eine Möglichkeit zu Sanktionen, wenn sich einer nicht an die Abmachung hält.

Manager-Gehälter – politisches Säbelrasseln

Im Punkt Manager-Gehälter hat die Staatsgewalt so richtig die Säbel rasseln lassen. Hier hat die regierende Große Koalition in Deutschland konsequent durchgegriffen und die Macht der Manager durch einen Gesetzentwurf beschränkt, oder jedenfalls beschränken wollen. Denn »natürlich« wollte sich der Staat dann eben doch nicht wirklich in die Autonomie der Privatwirtschaft einmischen. Dort kann jedes Unternehmen seinen Managern weiterhin Gehälter zahlen, wie es ihm beliebt. Aber bei den Unternehmen, die auf öffentliche Hilfen angewiesen waren, um zu überleben, da verband der rettende Staat die geleisteten Zahlungen mit der Bedingung, die Gehälter der Manager zu deckeln. Doch schon im Sommer 2009 kam heraus, dass die Spitzenkräfte der Wirtschaft Wege zu finden verstehen, wie sie die Deckelung umgehen können. Der Chef der staatlich gestützten Hypo Real Estate hatte eine Sonderzahlung von 500 000 Euro durchgesetzt, weil er andernfalls den schlechter dotierten Vertrag einfach nicht akzeptiert hätte. Und der Staat hatte nicht die Courage, den Gierhals einfach ziehen zu lassen und sich einen anderen »Retter« zu suchen.

Überhaupt schienen die Manager wenig beeindruckt von der Krise. Im September 2009 meldete der britische *Guardian*, dass die Gehälter der Top-Manager in Großbritannien ungeachtet der schweren Krise in 2008 gestiegen wären, und zwar um satte zehn Prozent.

Der deutsche Gesetzentwurf verpflichtete zudem Manager dazu, bei der Berufshaftpflichtversicherung einen Selbstbehalt einzugehen, also im Versicherungsfall für einen Teil des Schadens zu haften. Was für jeden selbständigen Unternehmer der Normalfall ist, löste bei den Managern einen Sturm der Entrüstung aus. Hier zeigt sich, wie weit sich die Managerkaste vom normalen Wirtschaftsleben abgehoben hat und wie sehr sie die Gesetze der Marktwirtschaft mit den Füßen tritt: Natürlich sollte ein Manager, von dem man besondere Sorgfalt erwartet, zumindest mit einem kleinen Teil seines Einkommens für eventuelles Fehlverhalten im Job aufkommen müssen oder entsprechende Versicherungen zumindest teilweise selber bezahlen. Ein Ende der Selbstbedienungsmentalität und der Verantwortungslosigkeit auf den Chefetagen ist allerdings auch nach der Finanzkrise nicht abzusehen.

Außerdem sollten Manager laut Gesetzentwurf erst nach einer gewissen Karenzzeit vom Vorstand in den Aufsichtsrat wechseln dürfen, damit sie als oberster Unternehmenskontrolleur eine ausreichende Distanz zum Unternehmen haben und nicht etwa über Praktiken ihrer eigenen Vorstandszeit urteilen müssen. Als ob es die Finanzkrise und damit ganz offensichtlich ein Versagen der Kontrollgremien nicht gegeben hätte, wandten sich Vorstände von zwanzig DAX-Unternehmen gegen das Gesetz, darunter auch Klaus-Peter Müller, ehemaliger Vorstandsvorsitzender der Commerzbank und seit 2008 ausgerechnet Vorsitzender der Regierungskommission für gute Unternehmensführung, offizieller Titel »Regierungskommission Deutscher Corporate Governance Kodex«.[85]

Müller gab dagegen zu verstehen: Wenn ein Manager erst zwei Jahre nach seinem Ausscheiden aus dem Vorstand in den Aufsichtsrat wechseln dürfe, hätte das massive Nachteile für das Unternehmen zur Folge. Ach ja? Zumindest für Müller hätte diese Regelung massive Nachteile gehabt – denn er nahm unmittelbar nach Abgabe seines Vorstandsvorsitzes bei der Commerzbank die Position des Aufsichtsratsvorsitzenden ein. Gerhard Cromme, sein Vorgänger im Amt des Kommissionschefs für gute Unternehmensführung, machte es ebenso. Und ausgerechnet von dieser Kommission sollen Regeln für gutes Verhalten kommen? Was für ein Possenspiel!

Die *Zeit* zog bereits am 6. November 2008 ein bitteres Resümee: »Wenn die Krise vorbei ist, regiert wieder das Kapital ... Politische Unternehmer nutzen die Gunst der Krise für staatliche Heilsversprechen ... Die Renaissance des starken Staates ist jedoch eine optische Täuschung.«[86] Und tatsächlich erfolgte schnell die Rückkehr zur Normalität. Anfang Mai 2009, als sich erstmals seit Beginn der Finanzkrise ein seit vier Wochen stabiler Aufwärtstrend gebildet hatte, hörte ich von einem Insider, dass sich hochriskante Hebelzertifikate (auch »Knock-Out-Zertifikate« genannt) wieder »wie verrückt verkaufen«. Das Kasino war schon wieder eröffnet!

Im Sommer 2009 zahlten viele US-Banken bereits die Staatshilfen zurück, um nicht länger unter staatlicher Aufsicht stehen zu müssen. Dabei würden sie ohne diese Staatshilfen nicht mehr existieren. Und eigentlich wären sie immer noch insolvent, wenn nicht ausgerechnet im Sommer 2008 – also wenige Monate vor dem ganz großen Knall an der Wall Street, aber schon mitten in der sich aufbauenden Subprime-Krise – der internationale Bankenverband IIF die bis dahin geltenden Bilanzregeln aufgeweicht hätte. So wollte man den Banken künftig den Ausweis allzu hoher Verluste ersparen (Details siehe nächstes Kapitel). Ohne diesen legalisierten Bilanzbetrug wären viele Banken heute noch insolvent.

Die Religion des Neoliberalismus

Das alles hätte so nicht eintreten müssen. Weder die Krise noch die wundersame Wiederauferstehung unseriösen Finanzgebarens nach dem Crash. Das zeigt der Blick auf die Verhältnisse bei den nicht an der Börse notierten Inhaber-Unternehmen, die größtenteils nachhhaltig und seriös agieren, sowie auf die Volks- und Raiffeisenbanken, die Sparda-Banken und die Sparkassen, für die Ähnliches gilt.

Die Zügel in der Finanzwelt werden nicht fester gezogen, die gewissenlosen Akteure einer hemmungslosen Geldwirtschaft werden nicht an die Kandare genommen. Nein, der Trend geht genau in die andere Richtung. Allgemein anerkannte Informationsstandards werden aufgelöst; bislang gut funktionierende Regelungen werden aufgegeben, um den Markt zu öffnen und Fehlverhalten besser verstecken zu können.

Die Politik kann vieles, wenn sie will, und wirkliche Regulierungen könnten die allzu chaotische Entwicklung der Märkte wieder in etwas ruhigere Bahnen lenken. Doch dazu braucht es eine andere Wirtschaftskultur, dazu braucht es eine Rebellion gegen die Religion des Neoliberalismus und die Entschlossenheit, sich des eigenen Verstandes zu bedienen.

Die aktuelle Entwicklung macht deutlich, dass sich unsere marktwirtschaftliche Ordnung keineswegs an einem Idealpunkt befindet, im Gegenteil. Der Ökonom Wilhelm Röpke hatte schon früh, nämlich in der Zeit nach dem Zweiten Weltkrieg, erkannt, dass es nicht allein um die Frage Entweder-oder geht; nämlich entweder Kommunismus mit staatlich gelenkter Planwirtschaft oder Kapitalismus mit gänzlich unreguliertem Profitkampf aller gegen alle, sondern um einen »Dritten Weg«. Der Staat darf sich – bei allen Vorzügen eines freien Marktes – nicht aus der Verantwortung ziehen.

Damit das Wirtschaftssystem dem Ideal einer Wirtschaftsordnung näherkommt, so Röpke, »bedarf es nicht bloß der Befreiung von systemfremden, nichtkonformen Eingriffen des Staates. Mit einem solchen rein negativen Unterlassen – einer bloßen Politik des ›Laisser-faire‹ – ist es nicht getan.«[87]

Ungebremster Shareholder-Kapitalismus bei völligem Rückzug des Staates kann es – das zeigt die Erfahrung der letzten Jahrzehnte – nicht sein. Röpke weist darauf hin, dass die Struktur einer funktionierenden Marktwirtschaft bei weitem nicht so einfach ist, wie das ihre Freunde und auch ihre Gegner behauptet haben. Die Politik müsse jenseits des Marktes die Schwachen schützen, Interessen ausgleichen und Machtkonzentrationen verhindern. Für diese Wirtschaftsordnung gebrauchte der Ökonom den schon oben vorgestellten Begriff des »Dritten Weges«, wir sprechen heute meist von der »Sozialen Marktwirtschaft«.

Laut Röpke brauchen wir die richtigen rechtlichen, sittlichen, psychologischen und politischen Voraussetzungen, damit eine soziale, faire und funktionsfähige Marktwirtschaft überhaupt erreicht wird. Das Leistungs- oder Geschäftsprinzip beinhaltet eben nicht nur das Streben nach dem maximal erreichbaren Gewinn, es ist ein sehr empfindliches Kunstprodukt der Zivilisation, das ohne Einbettung in ein Fundament sittlicher Normen nicht zum Vorteil aller Beteiligten funktionieren kann. Dazu gehören so altbacken klingende Tugenden wie geschäftliche Anständigkeit und Loyalität sowie die Einhaltung fairer Spielregeln, einer Werksehre und eines Standes- bzw. Berufsstolzes, der es verbietet, zu bestechen oder die Staatsgewalt für die eigenen egoistischen Zwecke zu missbrauchen.[88]

Diese Wahrheiten gelten auch sechzig Jahre, nachdem Röpke sie ausgesprochen hat, obwohl sie mittlerweile oft in Vergessenheit geraten sind!

Kapitel 5

Pseudoinformation, mathematisch ausgezirkelt

Das Versagen der mathematischen Ökonomie

Es war nicht allein falsch verstandene Loyalität gegenüber den Auftraggebern oder Ignoranz gegenüber vermeintlich minderwertigen Kollegen, warum die Ökonomen in so großer Zahl die drohenden Risiken eines Finanzcrashs verschwiegen. Es war auch schlichtweg Unvermögen.

Die allermeisten Ökonomen, selbst wenn sie empirisch arbeiten, denken und argumentieren mittlerweile in Quantitäten, nicht in Qualitäten. Die Vertreter der historisch und soziologisch argumentierenden Ökonomie – wie etwa Friedrich List, Werner Sombart, Karl Marx – sind heute in der absoluten Minderheit. Zahlen lügen nicht, denkt man, stimmt auch, aber nur weil Zahlen erst mal gar nichts sagen, ergo auch nicht lügen können. Zahlen sind Zahlen und nur in der Hinsicht aussagekräftig, wie der Wissenschaftler sie interpretiert. Mehr dazu im nächsten Kapitel!

Die rein quantitative Ökonomie muss in ihren Aussagen deswegen regelmäßig irren und in ihren Prognosen scheitern, weil es in den Wirtschaftswissenschaften eigentlich um gesellschaftliche und institutionelle Strukturen geht. Märkte sind die Folgen dieser Strukturen, nicht die Ursachen. Zuerst kommen Gesellschaft, Politik, Staat, aber auch die Unternehmen als Organisationen, danach die »reine« Ökonomie des Marktes. Bis heute hat zum Beispiel die Ökonomie noch keine wirklich haltbare Theorie des Unternehmens – das ja nun unsere Marktrealität prägt –, sondern geht weiter vom »Marktplatz« – dem Zusammentreffen vieler kleiner Händler – aus. Insofern kann man also nicht aufgrund von Zahlen der Vergangenheit die Zukunft errechnen, wie das in der Regel geschieht, sondern muss – jenseits der linearen Entwicklungen – auch menschliche und gesellschaftliche Phänomene berücksichtigen.

Dazu gehört etwa auch die Fähigkeit des Menschen zur »Selbstnegation«; wir können nicht nur denken, dass wir existieren, sondern eben auch denken, dass wir nicht existieren. Die Fähigkeit, unseren Tod in unser Denken und Handeln einzubeziehen, unterscheidet uns von Tieren und Pflanzen – insofern lässt sich menschliches Verhalten, wie etwa das Spekulieren an der Börse, nicht in gleicher Weise wie physikalische oder chemische Naturgesetze errechnen.

Der amerikanische Investmentbanker George Soros, der aufgrund seiner spektakulären Transaktionen sehr reich und noch viel berühmter geworden ist, hat sich bei einer Tagung in Washington 1994 sehr kritisch gegenüber der vorherrschenden Theorie geäußert, alles strebe zu einem Gleichgewicht und dieses Streben lasse sich mathematisch berechnen. Soros argumentiert folgendermaßen: Die klassische Ökonomie tue so, als ob Finanzmärkte berechenbar seien, wobei der Beobachter eine ausgesprochen passive Rolle spiele. Doch in Wahrheit sei der Beobachter eben Teilnehmer des Marktes, und das impliziere eben, dass der Teilnehmer das Ergebnis aktiv beeinflusse: »There is an active relationship between thinking and reality.«[89]

Soros erklärt, dass er genau deswegen nach einer anderen Theorie vorgehe, nach der Finanzmärkte die Zukunft nicht korrekt abbilden können, weil sie die Zukunft eben nicht bloß abbilden, sondern sie mitgestalten. Dieses wechselseitige Verhältnis von passiver Beobachtung und aktiver Teilnahme nennt Soros »Reflexivität«. (Auch in der Physik gibt es übrigens im Begriff der Heisenberg'schen Unschärferelation einen ähnlichen Zusammenhang zwischen beobachtetem Objekt und beobachtendem Subjekt.)

Um es an einem Beispiel zu verdeutlichen: Wenn die Produktivität in der Region »Kleckersdorf« lange und kontinuierlich gestiegen ist, darf man keinesfalls annehmen, dass sie auch in der Zukunft automatisch weiter steigen wird. Im Gegenteil: Das steigende Wohlstandsniveau kann dazu führen, dass in Kleckersdorf weniger gearbeitet wird und dass am Ende Aspekte der

Verteilung über die Produktion dominieren.[90] Und irgendwann werden die Zusammenhänge der Vergangenheit zusammenbrechen und nicht mehr gelten. Niemand kann jedoch mit mathematischen Verfahren vorhersagen, ob und wann dieser Zeitpunkt eintreten wird. Schließlich ist ja auch denkbar, dass die Bürger in Kleckersdorf erkennen, dass ein Nachlassen bei der Arbeit und ein Streit über die Verteilung der Fürchte der Arbeit am Ende zu einer sinkenden Produktivität und damit zu einem sinkenden Wohlstand führen – weswegen sie vielleicht weiterhin fleißig und beständig ihre Arbeit erledigen oder womöglich ihre Leistung sogar noch steigern. Auch das ist nicht mathematisch vorhersagbar. Ökonomen behelfen sich in solchen Fällen damit, dass sie einfach beides berechnen und als Ergebnis ihrer Prognosen eine Spanne von-bis präsentieren: Kleckersdorf wird entweder noch reicher oder Kleckersdorf wird ärmer. Das ist ein mathematisch korrektes Ergebnis, aber hat eben überhaupt keine Aussagekraft.

Besonders deutlich ist das Versagen der mathematischen Ökonomie bei den Modellberechnungen zu Hedgefonds, mit denen Hunderte von Milliarden Dollar bewegt werden und die oft von Ökonomen mit Hilfe massiver Datentests erstellt werden. Wenn eine Strategie funktioniert, zum Beispiel der Kauf von Wertpapieren mit einer bestimmten Charakteristik, findet sie irgendwann Nachahmer. Aber auf die Dauer wird auch eine erfolgreiche Strategie nicht mehr funktionieren – das Modell schafft sich die Voraussetzungen für seine eigene Unwirksamkeit selber und bricht zusammen. In seinem faszinierenden Buch »Teufelskreis der Finanzmärkte«[91] vergleicht der MIT-Ökonom und Hedgefondsmanager Richard Bookstaber die Finanzmärkte, die auf mathematischen Modellen aufbauen, mit hochkomplexen, eng gekoppelten Systemen wie etwa einem Kernreaktor. Bookstaber stand seit den frühen 1980er Jahren im Zentrum der Finanzinnovationen und war unter anderem der Chefrisikomanager von Salomon Brothers und Travellers Group beziehungsweise der Citibank – er weiß also, worüber er schreibt. Wenn in dem komplexen System der Hedgefonds etwas schiefgeht, kann es schnell zum großen Knall kommen. Dagegen ist die Post ein locker gekoppeltes System, an vielen Stellen kann es versagen, aber keines dieser Versagen hätte einen Ausfall des gesamten Systems zur Folge.

So lügt man mit Statistik

Obgleich die Zahlen und mathematischen Modelle also ohnehin nur wenig Aussagekraft haben, werden die meisten Zahlen auch noch geschönt. Wie das zum Beispiel bei volkswirtschaftlicher Statistik vor sich geht, lässt sich an einigen Beispielen verdeutlichen.[92]

• *Wie man die Inflation verringert*

Grundsätzlich ist Inflation eine lästige Angelegenheit. Wenn sie auftritt, müsste die Notenbank unter Umständen die Geldmenge reduzieren, was eine Rezession zur Folge haben könnte. Regierungen sind von solchen Zuständen nicht gerade begeistert, und es könnte auch für den jeweiligen Notenbankchef ein Problem werden.

Als der amerikanische Präsident Richard Nixon 1970 den Wirtschaftswissenschaftler Arthur F. Burns zum Vorsitzenden der US-Notenbank »Federal Reserve System« ernannte, sagte der Präsident mahnend: »Ich respektiere seine (Burns', M. O.) Unabhängigkeit. Ich hoffe jedoch, dass er völlig frei zu der Schlussfolgerung kommen wird, dass meine Ansichten diejenigen sind, denen man folgen sollte.« Das Publikum applaudierte. Nixon fuhr fort: »Sie sehen, Dr. Burns, das ist ein stehendes Votum für niedrigere Zinsen und mehr Geld.«

Notenbankchef Arthur F. Burns nahm die Mahnung offenbar ernst und erfand in den frühen siebziger Jahren das Konzept der »Kerninflation« (»Core Inflation«): Normalerweise wird die Inflation mit Hilfe eines Warenkorbs errechnet, der zum Beispiel repräsentativ für einen durchschnittlichen deutschen Haushalt mit 2,3 Personen gefüllt wird. In dem Warenkorb sind durchschnittliche Mengen Nahrungsmittel wie Milch, Käse und Kartoffeln enthalten, aber auch technische Geräte, Tabakwaren und Alkoholika, Bekleidung, Möbel, Pflegeartikel, Freizeit, Bildung, Miete und Energiekosten. Insgesamt enthält er etwa 750 Güter. Daran lässt sich die allgemeine Preisentwicklung sehr gut ablesen. Doch in den 1970ern erlebte die Welt ihren ersten Ölschock. Plötzlich erfuhren einzelne Teile des Warenkorbes – nämlich die Energiekosten – eine Preisexplosion. Auch Lebensmittel haben saisonbedingt stark schwankende Preise. Deswegen werden beim Konzept der Kerninflation die besonders stark schwankenden Komponenten einfach aus dem Index der Konsumentenpreise herausgerechnet. Und schon ist die »Kerninflation« deutlich niedriger. Vordergründig wird argumentiert, dass temporäre externe Preisschocks keinen Einfluss auf die Politik der Notenbanken haben sollten. Betrachtet man die Entwicklung der Energiepreise aber auf die Dauer, wird deutlich, dass es sich hier keineswegs um temporäre Preissteigerungen handelt, sondern dass hier lediglich das wahre Ausmaß der Inflation verschwiegen werden soll.

- *Wie man das Produktivitätswachstum vergrößert*

»Arbeitsproduktivität« ist in den Wirtschaftswissenschaften die Kenngröße, anhand der sich die Leistungsfähigkeit einer Volkswirtschaft feststellen lässt. Je größer die Arbeitsproduktivität, desto leistungsfähiger das Volk. Um sie zu berechnen, wird die erbrachte mit Geldpreisen bewertete Leistung durch die Summe der Arbeitsstunden geteilt – ganz simpel also. Doch die erste Verzerrung findet statt, weil bei der Berechnung der Arbeitsproduktivität nicht berücksichtigt wird, wie und mit welchen Hilfsmitteln eine Leistung erbracht wird. Ein Bäcker, der beispielsweise pro Stunde zehn Brötchen mühsam von Hand knetet und backt, hat demnach eine geringere Arbeitsproduktivität als ein Bäcker, der lässig die Hände in die Hosentaschen steckt und stündlich hundert Brötchen aus der Backmaschine fallen lässt.

Eine weitere Verzerrung ist bei der Bemessung der Leistung möglich. Dafür wird in der volkswirtschaftlichen Gesamtrechnung üblicherweise das Bruttoinlandsprodukt BIP herangezogen; und schon gibt es Spielräume zur Manipulation: 1999 beispielsweise wurde plötzlich ein sprunghafter Anstieg der Arbeitsproduktivität in den USA verzeichnet, im dritten Quartal um fünf Prozent und im vierten sogar um 6,4 Prozent. Die Welt befand sich gerade im Bann der New Economy, und so sahen viele diese Zahlen als Beweis, dass die alten Gesetze der Wirtschaft tatsächlich außer Kraft gesetzt seien. Wenn sich das Produktivitätswachstum dermaßen beschleunigte, dann wären auch die hohen Bewertungen vieler Aktien gerechtfertigt. Auch hohe Lohnabschlüsse schienen plausibel. Die Zahlen sprachen eine klare Sprache.

Denkste! Die für die Berechnung der Arbeitsproduktivität zuständige Abteilung im amerikanischen Arbeitsministerium, das Bureau of Labor Statistics, hatte im Sommer 1999 gerade ihre Berechnungsmethode geändert. Es wurde bei der Berechnung des Bruttoinlandsproduktes nicht einfach der Preis aller produzierten Gütern zugrunde gelegt, sondern ein »hedonischer« Preisindex, der auch qualitative Veränderungen zu messen vorgab. Man wollte dadurch verhindern, dass Preissteigerungen in sich rasant entwickelnden Märkten – etwa der Computertechnik – allzu sehr auf das BIP niederschlugen. Ein Computer etwa, der vor zehn Jahren produziert wurde, würde heute gar nicht mehr gehandelt; und die modernen Geräte waren in Ausstattung und Leistungskraft nicht mit den alten Geräten zu vergleichen. Der hedonische Preisindex stellt nunmehr den Nutzwert eines Geräts ins Verhältnis zu seinem Preis und macht dadurch die beiden Geräte vergleichbar. Wenn sich zum Beispiel der Preis eines Computers verdoppelte, gleichzeitig aber auch die Rechnerleistung, schlug sich dies an als Preissteigerung von null Prozent nieder.

Letztlich ist das Schwindel: Als Verbraucher kaufe ich keinen halben Computer, weil mir die halbe Rechnerleistung genügt. Zudem ist eine Verdoppelung der Rechnerleistung noch lange keine Verdoppelung des Wirtschaftswachstums. Damit war auch die gestiegene Arbeitsproduktivität in den USA eventuell nichts als die radikal gesteigerte Rechnerkapazität bei gleichbleibenden Preisen.

• *Wie man das Bruttoinlandsprodukt steigert*

Auch beim amerikanischen BIP wird kräftig geschummelt.[93] Neben den tatsächlich verdienten Einkommen werden auch »angenommene Einkommen« (imputed income) hinzugerechnet. Zu den größten Komponenten zählen hierbei angenommene Mieten bei Hausbesitzern (also bei mehr als der Hälfte der amerikanischen Bevölkerung). Dabei wird einfach geschätzt, wie viel Miete die Personen zahlen müssten, wenn sie nicht im eigenen Haus wohnen würden. Weiter wird vorausgesetzt, dass sie diese Summe an sich selbst auszahlen würden. Damit ergibt sich ein »angenommenes« Einkommen, das aber niemand wirklich hat. Besonders pikant wird diese Art der Berechnung, wenn man sich bewusst macht, wie groß der Anteil an Hausbesitzern ist, die den Kauf vollständig kreditbasiert, also »auf Pump« vorgenommen haben. Hier beißt sich die Katze in den Schwanz: Das angenommene Einkommen der Haus»eigentümer« geht ja gleichzeitig für Kreditzahlungen drauf – das amerikanische Bruttoinlandsprodukt bestünde demnach zu einem Großteil aus Schulden.

• *Wie man die Risiken einer Inflation unsichtbar macht*

Wie man eine Inflation einfach »wegrechnen« kann, und zwar mit Hilfe der volkswirtschaftlichen Geldmengendefinition, führt erneut die US-Fed vor.

Zum besseren Verständnis sei vorab die Geldmengendefinition exemplarisch erklärt: Wenn der Laie sein Geld zählt, schüttet er das Portemonnaie auf den Küchentisch aus und zählt die Münzen zusammen. Das etwa entspricht der Geldmenge M1, wie sie die Europäische Zentralbank definiert. Als M1 bezeichnet man alles Bargeld, das im Umlauf ist, plus alle Gelder, die auf Kontokorrent- oder Girokonten gelagert sind, sogenannte Sichteinlagen. Bei der Geldmenge M2 werden zu der Menge M1 noch die Spareinlagen, Geldmarktfonds der Privaten und Termineinlagen bis zu 100 000 Dollar hinzugerechnet. Die Geldmenge M3 schließlich umfasst zusätzlich noch Geldmarktfonds der institutionellen Anleger, größere Termineinlagen und andere liquide Vermögensgegenstände. Alles, was längerfristig angelegt ist, wird nicht als »Geldmenge« mitgerechnet, weil das Geld ja nicht tatsächlich in Umlauf ist und auch nicht kurzfristig in Umlauf gebracht werden kann.

Die Geldmenge spielt eine wesentliche Rolle für die Notenbanken – je nach Geldmenge entscheiden sie über Erhöhung oder Senkung des Leitzinssatzes und versuchen darüber die Wirtschaft zu beeinflussen. Niedrige Zinsen bringen leichte Kredite, ermöglichen dadurch Investitionen und kurbeln somit das Wirtschaftswachstum an. Andererseits erhöhen sich dadurch die Geldmenge und die Gefahr einer Inflation, was wiederum zu einer Rezession führen kann.

Am 10. November 2005 verkündete die Fed, das US-Zentralbankensystem, dass man ab dem 23. März 2006 keine Maßzahl für die Geldmenge M3 mehr publizieren werde. Ein anerkanntes ökonomisches Maß wurde einfach ausgemustert. Gleich mit aussondiert wurden die Statistiken für größere Termingeldeinlagen, Repurchase Agreements und Eurodollars. Großzügigerweise werden institutionelle Geldmarktfonds weiterhin als Fußnote geführt.

Damit wurde es externen Beobachtern sehr viel schwerer gemacht, zu verfolgen, wie gefährlich sich der Geldumlauf mittlerweile aufgebläht hat und wie groß die inflationären Gefahren sind.

- *Wie man Arbeitslosenzahlen schönt*

Geschönte Statistiken gibt es nicht nur in den USA. Die offizielle Arbeitsmarktberichterstattung nannte im Februar 2008 die Zahl von 3,6 Millionen Arbeitslosen. Zählt man aber, wie es Autor Dirk Müller in seinem Buch »Crashkurs«[94] tut, alle Empfänger von Arbeitslosengeld I und II zusammen, dann kommt man auf eine Zahl von 6,2 Millionen, also 72 Prozent mehr!

Die Partei Die Linke entlarvte im Sommer 2009 die von Arbeitsminister Olaf Scholz betriebenen Statistikmanipulationen: »Arbeitslose, die krank sind, einen Ein-Euro-Job haben oder an Weiterbildungen teilnehmen, werden bereits seit längerem nicht als arbeitslos gezählt. Fast alle Arbeitslosen, die älter als 58 sind, erscheinen nicht in der offiziellen Statistik. (...) Wenn private

Arbeitsvermittler tätig werden, zählt der von ihnen betreute Arbeitslose nicht mehr als arbeitslos, obwohl er keine Arbeit hat.«[95]

Noch dreister ist es in der amerikanischen Arbeitslosenstatistik: Wer es aufgegeben hat, nach Arbeit zu suchen, wird einfach nicht mehr als Arbeitsloser gezählt.

• *Wie man vollkommen nichtssagende Zahlen produziert*

Monat für Monat publiziert das Münchner ifo-Insitut für Wirtschaftsforschung den sogenannten ifo-Geschäftsklimaindex. Dafür werden in der ersten Woche jedes Monats rund 7000 Unternehmen zu ihrer gegenwärtigen Geschäftslage, ihren Erwartungen für das kommende Halbjahr, der Nachfragesituation und der Zahl ihrer Beschäftigten befragt. Jeweils stehen nur simple Antworten wie »gut«, »befriedigend«, »schlecht« oder »verbessert«, »nicht verändert«, »verschlechtert« zur Auswahl. Eine differenzierte Antwort ist nicht möglich. Die Antworten werden nach einem unbekannten Verfahren ausgewertet und gewichtet. Am Ende steht dann ein Index-Wert, der mit viel Geheimhaltungsbrimborium veröffentlicht wird – selbst der Institutsdirektor erfährt die Zahlen erst am Tag der Publikation, als wenn das irgendein Qualitätsmerkmal wäre.

Bei Licht betrachtet ist der ifo-Index ein reiner Stimmungsindikator, der für eine Beurteilung der wirtschaftlichen Lage null Aussagekraft hat. Genauso gut könnte man die Fans eines Fußballvereins fragen, ob sie glauben, dass ihr Club in dieser Saison Deutscher Meister würde. Je nach aktuellem Tabellenrang, der Zahl der zuletzt gewonnenen oder verlorenen Spiele und dem Gesundheitszustand der wichtigen Spieler wird sich daraus sicherlich irgendein Fan-Klima-Index errechnen lassen. Aber der sagt nichts darüber aus, ob die betreffende Mannschaft das nächste Spiel gewinnt oder verliert, und noch viel weniger darüber, ob der Verein jemals Deutscher Meister wird.

Dasselbe gilt für den ifo-Geschäftsklimaindex: Vermutlich fühlen die Unternehmer nichts anderes, als was sie aus den Medien erfahren, nämlich Sorge bei nachlassender Wirtschaft und Hoffnung bei boomender Wirtschaft. Insofern erstaunt es nicht, dass der ifo-Index seinen bislang höchsten Stand im Februar 2007 hatte. Kurze Zeit später platzte die US-Immobilienblase.

Natürlich kann es theoretisch vernünftig sein, verschiedene Indikatoren zu ermitteln, also welche, die der Entwicklung vorauslaufen, und andere, die hinterherlaufen. Im Zusammenspiel könne man sich eine angemessene und richtige Meinung bilden. Damit wird aber auch die Konjunkturforschung Auslegungssache, was die Wirtschaftsforscher immer weit von sich weisen. Sie stellen sich immer dar, als würden sie Wahrheiten verkünden; in Wahrheit verkünden sie Meinungen. Konjunktur- und Wirtschaftsforscher sind die neuen Schriftgelehrten und Pharisäer. Aber solange das niemand merkt, sichern sie ihren Job, machen sich durch statistische Zahlenspielereien unangreifbar, aber sie tragen zu Klarheit letztlich nicht bei – im Gegenteil: Sie sind stabiler Teil der Desinformationswirtschaft.

So ist es tatsächlich fast unmöglich, in der täglichen Berichts- und Zahlenflut etwas Sinnvolles herauszufinden. Dirk Müllers Fazit auf die Frage, warum sich die hochdotierten Finanzmenschen überhaupt um die Zahlen kümmern, wenn sie ohnehin nicht stimmen:

»Die große Masse der ›Finanzcommunity‹ ist sich vollkommen darüber im Klaren, dass die Zahlen mehr oder weniger Kappes sind. Die Spanne reicht von ›möglicherweise etwas ungenau‹ bis ›Volksverarsche‹. Dennoch hat auch der geplagte Finanzmensch ein Problem: An irgendetwas muss er sich ja orientieren. Also hat man sich irgendwann stillschweigend dazu durchgerungen, dass es am einfachsten ist, so zu tun, als würden die offiziellen Daten, so wie sie sind, stimmen.«[96]

Bilanztricks – »Ich schwöre, dass ich die Wahrheit sage, …«

Zahlen sind das Herzstück des Kapitalismus. Erst mit der doppelten Buchführung, die von venezianischen und deutschen Kaufleuten Ende des 15. Jahrhunderts entwickelt wurde, konnte sich der moderne Kapitalismus zu der heutigen Komplexität und Leistungsfähigkeit entwickeln. Buchführung und Bilanzierung sind die Basis für Geschäftsplanung und -controlling, aber auch für externe Kapitalgeber (Gesellschafter, Aktionäre und Kreditgeber) sowie für den Staat, der auf dieser Basis seine Steuern erhebt.

Die ordnungsgemäße Buchhaltung beruht auf drei Grundsätzen:

- Grundsatz der Klarheit:
  Die Buchführung muss klar, übersichtlich und nachvollziehbar sein.
- Grundsatz der Richtigkeit:
  Alle Geschäftsfälle sind fortlaufend und richtig zu erfassen.
- Grundsatz der Vollständigkeit:
  Es dürfen keine Geschäftsfälle fortgelassen werden.[97]

Damit entsprechen die Grundsätze der ordnungsgemäßen Buchführung etwa dem klassischen Schwur: »Ich schwöre, dass ich die Wahrheit sage, die ganze Wahrheit und nichts als die Wahrheit.«

Mittlerweile darf aber daran gezweifelt werden, ob Buchhaltung und Bilanzierung bei Banken und Konzernen noch diesen Grundsätzen entsprechen. Stattdessen werden Buchhaltungsregeln bewusst komplex und intransparent gestaltet. Die Kontrolle geht zunehmend verloren. Die spektakuläre Pleite des amerikanischen Energieunternehmens Enron und die Verwicklung des traditionsreichen Wirtschaftsprüfungsunternehmens Arthur Anderson hatte ich bereits erwähnt. Doch diese Skandale waren nur die Spitze eines Eisberges und besonders dreiste Fälle, bei denen es schlichtweg um Betrug und Bilanzfälschung ging. Die Bilanzmanipulationen der übrigen Verdächtigen sind weniger auffällig und bewegen sich – egal, wie grenzwertig sie sein mögen – überwiegend im Rahmen der Legalität. Und wenn nicht – wo kein Kläger, da kein Richter! Ein Vergehen kann eben nur dann bestraft werden, wenn jemand existiert, der diese Tat auch verfolgt. Aber alle, die die Kompetenz hätten, Bilanzmanipulationen zu erkennen, und die dann auch noch Zugriff auf die konkreten Informationen haben, um derlei zu beweisen, sind selbst tief in die Desinformationsmaschinerie verstrickt.

Dabei ist theoretisch klar, wie die Bilanztricks funktionieren; manche von ihnen werden sogar an der Uni gelehrt. Ein Beispiel sind die in Deutschland neuerdings vorgeschriebenen Bilanzregeln, die aus dem angelsächsischen Raum übernommen wurden: Über das ganze 20. Jahrhundert wurde die Bilanzierung in Deutschland durch die Vorschriften des Handelsgesetzbuches geregelt. Doch um die Jahrtausendwende meinten übereilige Politiker, von der Lobby getrieben, im Zuge der Globalisierung und zunehmenden Verflechtung der Kapitalmärkte die Bilanzregeln international angleichen zu müssen. Pikant, dass das ausgerechnet unter Rot-Grün passierte, so wie in England das gigantische Umverteilungsprogramm zugunsten der Londoner City und der Hedgefondsbranche unter »New Labour« noch einmal besonders an Fahrt gewann. Nun hätte man ja versuchen können, die oben genannten, durchaus anständigen Grundsätze ordnungsgemäßer Buchhaltung auch weltweit festzuschreiben. Aber das wäre nicht im Interesse derjenigen Akteure gewesen, die ein Interesse an möglichst viel Komplexität haben.

Am Ende siegte eine Bilanzregel, die es in sich hat. Während die alten Bilanzierungsregeln vergangenheitsorientiert arbeiten, also nur auflisteten und aufrechneten, was eingenommen und ausgegeben worden war, sieht das neue Rechnungslegungssystem eine gegenwarts- und prognosegerechte Berichterstattung und Analyse vor. Damit soll die Darstellung der wirtschaftlichen Lage eines Unternehmens an die Bedürfnisse des Kapitalmarkts angepasst werden. Anleger wollen eben nicht wissen, wie viel irgendjemand in der Vergangenheit mit einem Unternehmen verdient hat, sondern was man damit jetzt und in der Zukunft verdienen kann. Der Haken an der Sache: Die Zukunft kennt niemand, auch nicht die Finanzabteilungen der Konzerne und auch nicht die Wirtschaftsprüfer.

Also wurde das Prinzip des »Fair Value Accounting« erfunden, die Bilanzierung zu einem fairen Wert nach festgelegten Standards, den IAS (International Accounting Standards) und IFRS (International Financial Reporting Standards). Kapitalmarktorientierte Unternehmen mit Sitz in der EU müssen diese neuen Standards spätestens seit 2007 verbindlich anwenden.

Der Unterschied: Bilanzen nach dem HGB müssen sehr vorsichtig und nach dem sogenannten »Niederstwertprinzip« erstellt werden. Demnach müssen alle Vermögensgegenstände zum jeweils niedrigsten Wert aus einem Börsen- oder Marktpreis bewertet werden. Wenn also jemand Anfang des Jahres eine Aktie kauft, die bis Ende des Jahres ihren Wert verdoppelt hat, muss laut HGB in der Bilanz der niedrige Kaufpreis angesetzt werden. Hat die Aktie an Wert verloren, wird dagegen der niedrigere Börsenwert bilanziert. Damit will man sicherstellen, dass die Unternehmensbilanz immer solide ist – also immer den Mindestwert des Unternehmens abbildet. Die Bilanzierung nach dem Handelsgesetzbuch (HGB) war vor allem am Gläubigerschutz orientiert. Jeder Gläubiger sollte wissen, welche Sicherheiten sein Schuldner im Zweifelsfall vorweisen könnte.

Dieses Bilanzverfahren bedeutete jedoch auch, dass das Vermögen des Unternehmens unter Umständen zu niedrig ausgewiesen wird und so heimlich stille Reserven gebildet werden können, die man zum Beispiel für überraschende feindliche Übernahmen unvermittelt aus der Tasche zieht.

Per Gesetz verordnete Desinformation

Eine Bewertung der Vermögensgegenstände »zum fairen Wert« klingt deswegen zunächst einmal nicht schlecht. Vor allem die amerikanische Börsenaufsicht SEC warb seit Ende der 1980er Jahre weltweit für eine Rechnungslegung nach dem Vorbild ihrer eigenen Bilanzierungsvorschift US-GAAP (United States Generally Accepted Accounting Principles). Steigende Werte mussten sofort als Gewinne verbucht werden.

Doch genau das führte zu der Spekulationsblase, wie wir sie in den letzten Jahren erlebt haben. Denn wenn ein Unternehmen Gewinne ausweisen kann, kaufen mehr Anleger Aktien dieses Unternehmens; weswegen der Kurs weiter steigt und die Bilanz erneut Gewinne verbucht, was die Anleger zu weiteren Käufen anstachelt. Dann entsteht eine endlose Aufwärtsspirale, ohne dass das Unternehmen irgendetwas tun muss.

Dasselbe gilt aber auch im umgekehrten Fall. In der Finanzkrise sind viele Unternehmen zur Ausweisung von Verlusten gezwungen, obwohl sich nur der Aktienwert verändert hat. Das führt zu weiteren Verkäufen, weswegen sich die Bilanz weiter verschlechtert. Besonders fatal ist derlei bei Banken, die ja gezwungen sind, je nach Geschäftslage eine bestimmte Menge an Eigenkapital vorzuhalten. Sie sind bei schwacher Kurslage gezwungen, Aktien (zu denkbar schlechten Preisen) zu verkaufen, um die Bilanz zu bereinigen.

Je nach Bilanzregel steht ein Unternehmen unterschiedlich gut da: So stieg die Bilanzsumme der Deutschen Bank im Geschäftsjahr 2008/09 auf den enormen Betrag von 2,2 Billionen Euro an. Allerdings nur in der IFRS-Bilanz. In der US-GAAP-Rechnung käme Deutschlands größte Bank auf eine Bilanzsumme von 1 Billion Euro. Der Unterschied beträgt kaum vorstellbare 1,2 Billionen Euro. Die beiden Bilanzierungssprachen behandeln Derivate, die zur Sicherung genutzt werden, extrem unterschiedlich. Es würde zu weit führen, das hier im Detail darzustellen.

Im selben Geschäftsjahr hat die Deutsche Bank einen Verlust vor Steuern von 5,7 Milliarden Euro verzeichnet, den sie nicht gehabt hätte, wenn sie eigene Schuldtitel zum Marktwert angesetzt hätte, wie es die amerikanischen Banken tun. Merrill Lynch, Morgan Stanley oder Citigroup haben aufgrund dieser Bewertungsoption Erträge zwischen 3,6 und 4,2 Milliarden Euro verbucht. Der Ertrag der Deutschen Bank lag bei 400 Millionen Euro, möglich gewesen wären bei anderer Bilanzierung 5,5 Milliarden Euro. Es war eine freiwillige Entscheidung der Deutschen Bank, diese zurückhaltende Form der Bilanzierung anzuwenden. Doch das tat sie nicht etwa aus ethischen Motiven oder aus Gründen der Transparenz, sondern allein um künftige Korrekturen zu vermeiden, wenn der Marktwert ihrer Schuldtitel wieder steigt. So oder so dienen die Zahlen lediglich der Selbstdarstellung; die Banken haben nur unterschiedliche Arten, wie sie sich ins Licht rücken. Der Desinformation dient beides.

Die grundsätzliche Möglichkeit, Schuldtitel zum Marktwert in der Bilanz anzusetzen, ist prinzipiell ein Skandal: Wenn die eigene Bonität am Markt niedriger bewertet wird, steigt das Ergebnis. Denn dann sinkt der Rückkaufswert der eigenen Verbindlichkeiten – am Markt würden die Käufer von, sagen wir, Anleihen der Hypo Real Estate weniger für diese Anleihen bezahlen, weil das Insolvenzrisiko der Bank gestiegen ist. Werden diese Anleihen dann allerdings in der Bilanz der Hypo Real Estate zum niedrigeren Marktwert bewertet, entsteht ein positiver Ergebniseffekt. Die *FAZ* rechnet vor: »In letzter Konsequenz wäre der Ertrag am höchsten, wenn das Unternehmen insolvent wäre, weil die eigenen Verbindlichkeiten dann wertlos wären.«[98]

Doch damit nicht genug. Viele Banken besitzen natürlich auch Schuldtitel – Ansprüche gegen andere Schuldner – und verbuchen diese als Aktivposten (Vermögen) in der Bilanz. So weit, so gut. 2008 und 2009 wären viele Banken in den USA, aber auch weltweit nach einem Fair Value Accounting eigentlich insolvent gewesen und hätten ihre Türen dauerhaft schließen müssen. Der Grund: Sie hatten zu viele Schrottpapiere in ihren Bilanzen. Die Vermögenswerte hätten drastisch nach unten korrigiert werden müssen. Damit das nicht eintrat, weichte man kurzerhand die Regeln auf. Die Banken dürfen seitdem etliche Papiere zum Kaufpreis in den Bilanzen stehen lassen, obwohl deren Wert mittlerweile deutlich gesunken ist. Somit wird auf beiden Seiten der Bilanz mit zweierlei Maß gemessen. Das habe ich in einer Diskussion mit dem Vizepräsidenten der Österreichischen Nationalbank als institutionalisierten Betrug bezeichnet. Ich sehe es dem Mann nach, dass er sich meiner Meinung nicht anschließen wollte.

Das mysteriös schrumpfende Eigenkapital

Und noch ein Beispiel verdeutlicht die willkürlichen und Nebelkerzen-gleichen Zahlenspielereien der Wirtschaft. Für das Jahr 2008 errechneten die DAX-Unternehmen insgesamt einen Gewinn. Das klingt erfreulich. Merkwürdig daran ist jedoch: Gleichzeitig schrumpfte das Eigenkapital der DAX-Unternehmen. Dem Ignoranten ist das egal, ein Experte kennt den Trick, aber der aufgeklärte Bürger wundert sich:

Der Jahresabschluss eines Unternehmens besteht normalerweise aus einer Bilanz, mit der Vermögen, Schulden und Eigenkapital zum Bilanzstichtag gemessen werden, einer Gewinn- und Verlustrechnung, mit der Erträge und Aufwendungen in einem bestimmten Zeitraum dokumentiert werden, und einer Kapitalflussrechnung, die die Einzahlungen und Auszahlungen dokumentiert. Wenn ein Konzern Gewinn erzielt und diesen nicht an die Gesellschafter – zum Beispiel in Form von Dividenden – auszahlt, wird er einbehalten. Ergebnis: Das Eigenkapital steigt dann genau um die Höhe des einbehaltenen Gewinns. Anders formuliert: »Gewinn« minus »Dividendenauszahlung« = »Zuwachs des Eigenkapitals«.

Nach dem traditionellen Verständnis der Rechnungslegung passt es also überhaupt nicht zusammen, wenn die Unternehmen Gewinne machen und sich gleichzeitig das Eigenkapital reduziert. Wie kann das sein?

Des Rätsels Lösung liegt in den Internationalen Rechnungslegungsvorschriften IFRS, nach denen Bilanzpositionen zum »fairen Wert« bemessen werden. Demnach muss jedes Mal eine Neubewertung erfolgen, wenn sich dieser faire Wert verändert hat – also auch wenn bestimmte Papiere in der Bilanz aufgrund der Marktbedingungen deutlich an Wert verloren haben, wie es nach 2007 bei vielen verbrieften Produkten der Fall war. Bei etlichen DAX-Unternehmen wurden diese Veränderungen jedoch nicht als Verlust verbucht, sondern nur »erfolgsunwirksam« als Minderung des Eigenkapitals ausgewiesen. Theoretisch kann es passieren, dass dieselben Papiere im nächsten Jahr wieder höher bewertet werden müssen und dann als Erhöhung des Eigenkapitals zu Buche schlagen.

Bei einer Bilanzierung nach dem deutschen Handelsgesetzbuch könnte dies nicht passieren, da Bilanzpositionen immer zu Anschaffungskosten oder zum Marktwert – je nachdem, welches der niedrigere Wert ist – verbucht werden. Ist der Wert einer Bilanzposition gemindert, erfolgt eine Abschreibung. Damit verringert sich der Gewinn in dem entsprechenden Jahr. Es kann aber keine »Zuschreibung«, also keine lediglich errechneten Gewinne geben. Denn der höhere Wert wird erst verbucht, wenn der Vermögensgegenstand zu diesem höheren Wert tatsächlich verkauft ist (Realisationsprinzip).

Das traditionelle deutsche Bilanzverfahren mag ja seine Schwächen gehabt haben, aber es sorgte für Transparenz und Sicherheit. Das Prinzip des Fair Value Accounting dagegen sorgt für Intransparenz und schafft Unsicherheit, denn: Geht es der Wirtschaft gut, steigt der Wert vieler Papiere. Unternehmen und Banken, die solche Papiere in ihren Bilanzen haben, können diesen Anstieg als zusätzliche Gewinne verbuchen. Doch in Zeiten einer schlecht funktionierenden Wirtschaft produziert Fair Value Accounting zusätzliche Verluste. Folge: Die Schwankungen des Börsenzyklus werden erhöht und die Wirtschaft weiter destabilisiert.

Es gab mal ein Bilanzierungsgesetz, das Klarheit, Richtigkeit und Vollständigkeit verordnete – das deutsche Handelsgesetzbuch (HGB). Jetzt gibt es bloß per Gesetz verordnete Desinformation!

Mittlerweile fordern etliche Wissenschaftler, Unternehmer und Politiker, diesen Bilanzwahnsinn zu beenden und zur konservativen Bilanzierung nach dem Niederstwertprinzip zurückzukehren. Dieses Prinzip, das in Deutschland, Österreich und in der Schweiz bis 2002 angewendet wurde, ist wesentlich einfacher, eindeutiger und stabiler als das angelsächsische Fair Value. Wolfgang Bieg, Professor für Bilanzierung an der Universität Saarbrücken, schätzt, dass sich für 95 Prozent aller Vermögenswerte kein zuverlässiger fairer Wert ermitteln lässt. Konsequenterweise startete er eine Initiative zur Wiedereinführung des Niederstwertprinzips.[99]

Auch außerhalb der Bilanzierung ergeben sich vielfältige Möglichkeiten, Geschäftsdaten im Sinn des Unternehmens und nicht in dem der Klarheit und Wahrheit zu präsentieren. Fusionen und Übernahmen erlauben es etwa, Gewinne herauf- oder herunterzusetzen, gerade wie es die Lage erfordert. Um das Jahr 2000 führte der Mischkonzern General Motors jedes Jahr mehrere Dutzend Unternehmenskäufe und -verkäufe durch. Es verwundert nicht, dass der Konzern die Planzahlen und Analystenerwartungen fast immer genau traf, denn bei solchen Transaktionen gibt es immer Spielräume, Zahlen hin und her zu schieben. Aber es war nicht alles Gold, was glänzte: Nach dem Abtritt des Supermanagers Jack Welch im Jahr 2001 stürzte die Aktie des Börsenstars der 1980er und 1990er Jahre von 60 Dollar im Herbst 2000 auf zeitweilig 7,50 Dollar im März 2009. In den Geschäftsberichten ist oft auch das »Ergebnis der fortgeführten Geschäftsbereiche ausgewiesen«, aber eine kontinuierliche Berichterstattung wird durch die zunehmende Zahl von Fusionen und Übernahmen deutlich erschwert.

Eine andere Methode, Bilanzen schönzurechnen, sind die sogenannten Pro-Forma-Zahlen. Hier rechnen die Betriebe und Konzerne - völlig legal - alles heraus, was aus ihrer Sicht das Ergebnis nicht richtig wiedergibt. Diese Daten werden dann auch in den Finanzportalen kommuniziert. Wer wissen will, wie es wirklich um das Unternehmen steht, muss sich die bei der amerikanischen Börsenaufsicht eingereichten Geschäftsberichte ansehen, zum Beispiel den wichtigen Jahresbericht »10-K« oder den Quartalsbericht »10-Q«. Diese sind unter www.sec.gov öffentlich zugänglich, aber sie erfordern bereits wesentlich mehr Sachwissen und Geduld als die Hochglanzberichte, die von den Unternehmen breit gestreut werden.

Analysten – wichtige Nebendarsteller der Desinformationswirtschaft

Wer nun glaubt, er könne sich bei den Finanzanalysten objektive Beurteilungen der Unternehmen abholen, der irrt gewaltig. Auch die Analysten sind nur Teil der Desinformationswirtschaft, wenn auch nur in kleiner Nebenrolle. Das gilt gleichermaßen, ob es um die Bewertung von börsennotierten Unternehmen oder von Wertpapieren jeglicher Art geht.

Aktienanalysten werden von Banken angestellt, um das Interesse an Wertpapieren wach zu halten. Mein Kommilitone aus Princeton, Michael Lewis, erkannte schon 1991: »Analysten sind für alle möglichen Dinge da, aber nicht dafür, Wertpapiere zu analysieren.«[100] In Deutschland dauerte es noch fünfzehn

Analystenprognosen und Realität: Gewinnwachstum

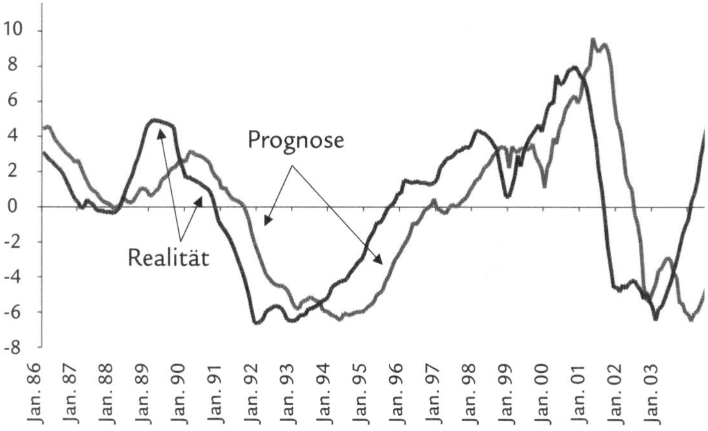

Jahre, bis es eine erste wissenschaftliche Studie zu dem Thema gab. 2006 legte Matthias Hotz an der Universität Jena seine Dissertation mit dem Titel »Information und Desinformation des Kapitalanlegers durch Finanzanalysten« vor.[101] Sein Fazit: Kapitalanleger werden durch Finanzanalysten eher desinformiert als informiert. Besonders kritisch ging er mit den gesetzlichen Bilanzierungsregeln ins Gericht und bezweifelte, dass sich für die Kapitalanleger durch die – nach dem Platzen der Technologieblase 2001 – neu erlassenen Gesetze, wie etwa das Sarbanes-Oxley-Gesetz,[102] etwas verbessert hat. Seit dem Platzen der Immobilien-Blase 2007 wissen wir, dass die Anstrengungen nutzlos waren. Die Möglichkeiten der Finanzbranche, durch legale und weniger legale Buchhaltungstricks den Zustand von Unternehmen und Wirtschaft zu verschleiern, sind so groß wie nie.

In seinem Bestseller »Behavioural Finance«[103] weist James Montier, Global Strategist für die internationalen Finanzmärkte bei dem französischen Institut Société Générale und zuvor dasselbe bei der Investmentbank Dresdner Kleinwort, nach, dass die Analystenempfehlungen fast immer der tatsächlichen Entwicklung hinterherlaufen. Wenn die Gewinne stiegen, hoben die Analysten etwas später die Gewinnschätzungen an. Als sie dann wieder zu fallen anfingen, gaben die Analysten ihre minimierten Gewinnschätzungen auch erst wieder mit einiger Verzögerung heraus.

Dieses Verhalten ist völlig logisch. Wenn ein Analyst eine Prognose macht, könnte er recht haben; aber wenn er sich dabei sehr weit von den Prognosen seiner Kollegen entfernt, bringt ihm das nicht viel: vielleicht ein paar anerkennende Worte, möglicherweise eine kleine Gehaltserhöhung (eher unwahrscheinlich), am ehesten noch den Neid der Kollegen. Sollte er mit seiner Außenseiter-Einschätzung allerdings falsch liegen, wird sich das garantiert sehr negativ für ihn auswirken: Er wird als unpräzise oder gar unzuverlässig dargestellt. Konformität zahlt sich also aus. Oder um es mit Warren Buffett zu sagen: Lemminge haben zwar einen schlechten Ruf, aber niemals ist auch nur ein Lemming zur Rechenschaft gezogen worden.[104]

Es gibt noch einen anderen Grund, warum man Analysten nicht trauen sollte: Wertpapieranalysen sind teuer. Deswegen werden nur diejenigen Unternehmen von den Analysten beobachtet, die sowieso im Zentrum des Interesses stehen (wo es also peinlich wäre, sie nicht wahrzunehmen), oder aber solche, mit denen man als Bank Geschäfte machen kann. Irgendeine Form von Kompensationsgeschäft – offen oder versteckt – gibt es meistens, denn Analysen sind teuer.

Alternativ können Unternehmen eine Studie bei einem »unabhängigen« Analystenhaus in Auftrag geben, etwa Independent Research, Vara Research, German Business Concepts oder Performaxx. In diesem Fall wird das Analystenhaus vom Unternehmen direkt für seine Studie bezahlt. Schwacher Trost: Solche »unabhängigen« Researches von Analysten sind keinen Deut schlechter als ein Banken-Research, denn auch die Banken lassen sich direkt oder indirekt für derlei Dienste von ihren Klienten bezahlen.

Es gibt Ausnahmen, keine Frage. Etwa Pierre Drach, Gründer und Chef von Independent Research, wie auch Michael Vara, der Vara Research ins Leben gerufen hat. Beide kenne ich persönlich, beide schätze ich. Sie machen ihren Job gut. Dennoch wäre es mir lieber, wenn es in dieser Republik mehr Analysten gäbe, die wirklich unabhängig sind, also nicht vom Auftraggeber direkt oder indirekt bezahlt werden.

Zudem sind Analysten meist jung, meist Berufseinsteiger. Sie haben den Analystenjob, um zu »üben«. Wenn sie sich bewähren, werden sie Fondsmanager oder machen anderweitig Karriere. Jana Henze hat in ihrer Dissertation »Was leisten Finanzanalysten?«[105] anhand einer empirischen Untersuchung von mehreren Zehntausend Fällen drei Faktoren für die Qualität von Analysten herausgefunden:

1. Analysten sind umso besser, je länger sie ihren Beruf ausüben (in großen Banken ist dies meist unüblich, da die Analysten ihre Position verbessern wollen).
2. Analysten sind umso besser, je mehr Unternehmen und Branchen sie beobachten (solche Generalisten sind in großen Banken selten).
3. Analysten sind umso besser, je kleiner das Unternehmen ist, für das sie arbeiten (weswegen man die Analysen der Deutschen Bank, der Commerzbank oder von UBS besser ignorieren sollte).

Neben den Aktienanalysten spielten auch die Ratingagenturen eine wesentliche Rolle bei der Entstehung der Finanzkrise. Dass sie komplett versagt haben, versteht sich fast von allein. Andernfalls hätte es den Crash ja gar nicht gegeben. Schließlich sind es die Ratingagenturen, die Urteile darüber abgeben, wie sicher ein Unternehmen ist. Diese Einschätzung wiederum wird von den Teilnehmern an den Kapitalmärkten genutzt, um ihr Investitions-Risiko einzuschätzen und dementsprechend die Zinsen für Anleihen und Kredite festzusetzen.

Die Ratingagenturen wie Moody's, Standard & Poor's oder Fitch umweht ein Hauch von Geheimnis. Ihre Analysten unterliegen strengsten Regeln. Doch wie genau die Ratings zustande kommen, wird nie verraten. Aber sie haben weit über die USA bekannte Systeme entwickelt, die jeder kennt, der sich nur ein bisschen für das Börsengeschäft interessiert. Dabei wird bei Moody's ein achtstufiges, bei Standard & Poor's ein siebenstufiges Beurteilungssystem angewandt, das grob zu zwei Urteilen führt:

»Investment Grade« und »Non-Investment Grade« – »kaufen« oder »nicht kaufen«.

Ratings nach Moody's und Standard & Poor's

Moody's		Standard & Poor's	
Investment Grade	Non-Investment Grade	Investment Grade	Non-Investment Grade
Aaa	Ba1	AAA	BB+
Aa1	Ba2	AA+	BB
Aa2	Ba3	AA	BB-
Aa3	B1	AA-	B+
A1	B2	A+	B
A2	B3	A	B-
A3	Caa1	A-	CCC+
Baa1	Caa2	BBB+	CCC
Baa2	Caa3	BBB	CCC-
Baa3	Ca	BBB-	CC
	C		C
	WR		D

Politische Marktmacht Ratingagenturen

Die Ratingagenturen haben sich durch ihre Analysen inzwischen eine Marktmacht geschaffen, die bedenklich ist: Denn im Prinzip ersetzen – oder zumindest flankieren – die Ratings die Kreditwürdigkeitsprüfung durch einzelne Institute oder Investoren. Je mehr sich andere kompetente Marktteilnehmer aus dieser Risikoprüfung zurückziehen, desto mehr gewinnen die Ratingagenturen an Macht. Banken verzichten aus Kostengründen zunehmend auf eigene Analysen und geben damit einen zentralen Teil ihrer Kompetenzen und ihrer Daseinsberechtigung ab. Als Konsequenz entsteht gleichgerichtetes Verhalten in der Finanzbranche – eine Art zentralistische und kapitalistische Planwirtschaft.

In den angelsächsischen Ländern hatte das System eine gewisse Berechtigung, denn dort hatten Banken diese Kompetenzen oft traditionell ohnehin nicht. Im zentraleuropäischen und japanischen Bankensystem war das Rating eigentlich ein Fremdkörper, die Banken kannten die von ihnen betreuten Unternehmen aus dem Effeff. Man kannte die Risiken der kreditnehmenden Unternehmen, man brauchte keine externen Analysen. Das hinderte auch Banken in Deutschland oder Japan nicht daran, Fehler zu begehen (manchmal sogar grobe), aber die eigene Kompetenz durch zentrale Ratinagenturen zu ersetzen hieß, den Teufel mit dem Beelzebub austreiben. So machte man auch hierzulande seit den 1980ern sukzessive Gebrauch von den Ratings der Agenturen, vielleicht um sich abzusichern oder auch um sich die Arbeit zu erleichtern. Bis in die 1990er Jahre hinein funktionierte dieses kombinierte System relativ gut.

Doch bei dem rasch wachsenden Sektor der ausgedachten und konstruierten Finanzderivate, wie im ersten Exkurs dargestellt, geriet das System schließlich aus den Fugen. Bis zu 60 Prozent der hochriskanten strukturierten Finanzprodukte erhielten die Topnote AAA bzw. Aaa.[106] Angesichts der Verluste in Billionen-Dollar-Höhe muss man von einem Totalversagen der Ratingagenturen sprechen. Das wird erst so richtig verständlich, wenn man weiß, dass die Agenturen in der heißen Phase der Immobilienblase bis zu einem Drittel ihres Gewinns aus dem »Abstempeln« von strukturierten Produkten generierten. Der Interessenkonflikt zwischen objektivem Urteil und subjektiven (Honorar-)Interessen war eklatant.

Trotzdem: Die Ratings der großen Agenturen, dieses äußerst intransparenten und exklusiv angelsächsischen Kartells, entscheiden noch immer über das Wohlergehen von Großkonzernen rund um den Globus. Und noch viel schlimmer: Sie bestimmen auch die Wirtschaftspolitik von ganzen Staaten. Denn auch Länder sind durch die Ausgabe von Wertpapieren bei Staatsverschuldungen Teilnehmer am Kapitalmarkt mit vergleichbaren Risiken und Chancen wie Privatunternehmen. Im Winter 2008/09 warnte die Ratingagentur Moody's plötzlich, dass sich die Finanzkrise in Osteuropa auf Banken im Westen auswirken könnte. Von dieser Warnung war Österreich besonders betroffen, weil die Aktien von Unternehmen mit starkem Engagement in Osteuropa danach deutlich verloren und in Folge die Risikoaufschläge auf österreichische Anleihen stiegen und die Kreditderivate zur Sicherung von Kreditausfällen (sogenannte Credit Default Swaps) auf Rekordhöhe gehandelt wurden. Die österreichische Regierung lehnte daraufhin Staatsgarantien für Anleihen von Industrieunternehmen ab – und zwar mit der Begründung, dass die bereits kritischen Bewertungen der Finanzkraft Österreichs weiter gefährdet werden könnten. Der Chef des österreichischen Wirtschaftsforschungsinstituts (WIFO) Karl Aiginger übte daraufhin heftige Kritik an den Ratingagenturen und ihrem »beschränkenden Faktor« auf die Politik: Dass Österreich auf den Finanzmärkten derzeit mehr zahlen müsse als Spanien und Italien, sei »ein Witz«.[107]

Es ist höchst verwunderlich, wenn eine letztlich solide und mittelständisch geprägte Wirtschaft wie die Österreichs in Gefahr gerät, ihr AAA-Rating zu verlieren, eine marode Wirtschaft wie die Irlands zum selben Zeitpunkt nur auf AA+, also eine Stufe tiefer, herabgestuft wird und die völlig hinfällige Wirtschaft Englands sogar ihr AAA-Rating behalten darf.

Wenn überhaupt Ratings sinnvoll sein können, dann erstellt von einer staatlich finanzierten kontinentaleuropäischen Agentur! Als Alternative zu einem System, das total versagt hat, kann es nur besser werden. Leider hat die europäische Politik bis heute nicht den Mut gefunden, so etwas durchzusetzen.

Ranking – der Trend zur organisierten Desinformation

Zur wachsenden Macht der Ratingagenturen trägt der allgemeine Trend bei, dass sich der Mensch in der desinformierten Gesellschaft nicht mehr auf sein eigenes Urteil verlassen mag. Das Grundrauschen, das Werbung, Medien und Internet produzieren, ist so hoch, dass es permanent schwerer wird, die für eine richtige Einschätzung relevanten Informationen herauszufiltern. Der persönliche Augenschein und die anschließende Abwägung werden durch die Überinformation der Konsumenten ausgeschaltet, eine Orientierung ist mithin immer schwerer möglich.

Die durch den Info-Crash hervorgerufene Nichtinformation gibt Raum für spezialisierte Instanzen, die die Bewertung im Vorfeld einer Kauf- oder Wahlentscheidung im Dienste der Kunden übernehmen – ob im komplizierten Finanzmarkt oder bei der Schulentscheidung für die eigenen Kinder.

Die implizite Fähigkeit, sich selbst Übersicht zu verschaffen und Sachverhalte nach eigenem Urteil zu verifizieren, ist uns offenbar abhanden gekommen. Nur allzu gern vertrauen sich viele Menschen deshalb scheinbar neutralen, auf jeden Fall aber namhaften Institutionen an, die das geistige Outsourcing übernommen haben:

Die Stiftung Warentest untersucht zwanzig Sonnencremes mit dem Lichtschutzfaktor 30 und sagt dem Interessierten anschließend, welche er kaufen soll. Die Bonner Agentur FIBAA prüft Studiengänge an Hochschulen und erteilt bei Erfüllung bestimmter Kriterien eine Akkreditierung. Das Verbraucher-Magazin *Ökotest* nimmt Planschbecken, Riester-Sparpläne und Brühwürstchen unter die Lupe und verkündet dem Kunden danach, welche Produkte empfehlenswert sind und welche nicht. Das Magazin *Focus* hat geradezu eine Hitlisten-Manie nach Deutschland gebracht: Ganz gleich, ob es sich um Anwälte, Augenärzte, Chirurgen oder Krankenhäuser handelt, alles wird in das Muster »Die 50 besten ...« oder »Die 100 besten ...« gepackt.

Mittels Ranglisten soll beispielsweise auch die Qualität von Hochschulen ermittelt werden. In Deutschland veröffentlichen *Die Zeit*, *Der Spiegel*, das *Handelsblatt* und die *Wirtschaftswoche* Hochschul-Hitlisten, auch der *Focus* beteiligt sich daran. Offensichtlich gibt es einen großen Markt für Informationen dieser Art, befassen sich doch jedes Jahr einige Hunderttausend Menschen mit der Frage: Welche Hochschule soll es denn sein? Sowohl Abiturienten, die auf der Suche nach einem Studienplatz sind, gehören zur Zielgruppe der Rankings, als auch Personalchefs, die regelmäßig mit der Rekrutierung von Mitarbeitern befasst sind. Sie alle überantworten die Beurteilung einer Hochschule nur allzu gern den Veranstaltern der Rankings, und zwar nach dem Motto: Mannheim muss gut sein, die Universität Frankfurt auch, die ehemalige Gesamthochschule Duisburg nicht unbedingt.

All diese Informationen liefern die Rankings nach dem Grundprinzip der mcdonaldisierten Gesellschaft: Der Blick in eine Hochschul-Hitliste vor der Auswahl eines Studienorts erfüllt die gleiche Funktion wie der Kauf eines Hamburgers, um den Hunger zu stillen: Beide Mittel sind kostengünstig, schnell und effizient.

Der heutige Boom bei den Hochschul-Rankings ging von den USA aus. Dort tauchten die ersten Rankings schon in den siebziger Jahren auf, bezeichnenderweise für Business Schools, die in einem meist zweijährigen Intensivstudium den Führungsnachwuchs per MBA-Programm ausbilden. Dieser Master of Business Administration gilt heute als Karrierebeschleuniger für Berufstätige im Management, weshalb es für Interessierte von besonderem Belang ist, an welcher der siebenhundert Business-Schulen in den Vereinigten Staaten dieser Kurs zu einem besonders nachhaltigen Karriereerfolg führt. Diese Nachfrage wird mittlerweile von zahlreichen Publikationen bedient, etwa vom *Economist*, der *Financial Times*, *Business Week*, *Wall Street Journal* und *Fortune*.

Die Vorgehensweise folgt stets einem identischen Muster. Die Ranking-Veranstalter bedienen sich eines Bündels von Merkmalen, die bei jeder Business School erhoben werden. Dazu gehören etwa die Einschätzung durch Studenten, Professoren und Rekrutierer, der Vergleich der Gehälter vor und nach dem MBA-Studium sowie die quantitativ erhebbaren Kennzeichen wie Klassengröße, Publikationshäufigkeit der Lehrenden oder das Verhältnis von abgelehnten zu akzeptierten Bewerbern. Jedes Merkmal wird in einem Zahlenwert abgebildet, alle gewonnenen Werte einer Schule werden zu einem gewichteten Gesamtindikator zusammengefasst.

Die Rankings der *Financial Times* und der *Business Week* haben für die Branche erhebliche Bedeutung erlangt. Sie entscheiden darüber, ob eine Hochschule in der Lage ist, genügend gute Bewerber anzuziehen, wie spendenbereit die Unternehmen als

Förderer sind und wie attraktiv die Arbeitsplätze in der Fakultät selbst für den akademischen Nachwuchs sind. Steigt eine Hochschule aus der ersten Liga ab, wackelt meist der Stuhl des Dekans – insofern sind die Bedingungen in der MBA-Branche nicht anders als bei Fußballvereinen, die sich nach dem Abstieg in die Zweite Bundesliga von ihrem Trainer trennen.

Wobei es einen entscheidenden Unterschied gibt, der Fußball von MBA-Schulen trennt: Im Fußball gibt es einen allgemein verständlichen, transparenten und objektivierbaren Maßstab für den Erfolg einer Mannschaft, nämlich die Zahl der geschossenen Tore. Viele Tore zu schießen ist das Kennzeichen einer guten Mannschaft, weniger Tore zu schießen als der Gegner das Kennzeichen eines schlechten Teams. Eine Liga nach der Zahl der Tore oder nach der der gewonnenen Spiele in eine Rangliste zu bringen führt zu eindeutigen Ergebnissen. Je nach Saison sind Bayern München, Schalke oder Bremen die besten Mannschaften, ein Tatbestand, der in der Regel unstrittig ist und von jedermann so akzeptiert wird.

Bei den MBA-Schmieden wie auch bei fast allen anderen Hitlisten, etwa jener der besten Ärzte, ist das nicht so. Hier sind die Ranglisten immer das Resultat einer starken Reduktion: Komplexe Informationen und Eigenschaften, die sich eher qualitativ als quantitativ abbilden lassen, werden eingedampft auf eine Handvoll Maßzahlen. Diese geben den Ausschlag für den Rangplatz.

Was die Initiatoren der Rankings verschweigen, sind die Mängel bei der Vorgehensweise. Ob eine Business School etwa auf Platz 2, 17 oder 40 steht, ist durch die Auswahl und die Gewichtung der Bewertungskriterien letzten Endes kein Hinweis auf ihre Qualität. Fragt man nach dem Verdienstzuwachs der Absolventen, gelangt eine andere Schule auf Platz eins, als wenn man nach der Durchschnittsnote, die die Professoren jeweils anderer Schulen dieser Einrichtung geben, eine Liste erstellt. Damit sind die Rankings offen für jede Art von bewusster Beeinflussung der Ergebnisse.

Der Schein von Objektivität

Rankings gaukeln Objektivität vor, sind aber, was stets verheimlicht wird, zutiefst subjektiv. Für die meisten Aufstellungen, die nicht wie die Bundesligatabelle oder die *Fortune*-Liste der fünfhundert umsatzstärksten Unternehmen der Welt auf *einem* objektivierbaren Kriterium beruhen, gilt deshalb das, was in der Informatik als GIGO-Prinzip bezeichnet wird: »Garbage in, Garbage out«,[108] zu deutsch etwa: »Wo man Müll reintut, kommt auch Müll raus.« Die Ergebnisse einer Studie oder einer Rangliste können eben nicht besser sein als die Fragen, die man untersucht, und die Experten, die man befragt.

Wer etwa Manager den Ruf von MBA-Anbietern bepunkten lässt, unterstellt, dass diese alles über die Qualität der einzelnen Schulen wissen. Genau diese Annahme jedoch erweist sich als falsch, denn die meisten Manager haben außer anekdotischer Evidenz keine Möglichkeit, die Qualität *aller* zu bewertenden Schulen zu prüfen. Die einzige Quelle, aus der die Befragten bei ihrer Urteilsbildung regelmäßig neben den persönlichen Berichten schöpfen können, sind in der Regel die Medienberichte über die Schulen.

Auch weitere Mängel des Verfahrens liegen auf der Hand. Colin Diver, Präsident des Reed College in Portland, Oregon, schrieb 2005 in seinem vielbeachteten Aufsatz in *The Atlantic*: »Hitlisten produzieren einen unwiderstehlichen Druck, immer ähnlicher zu werden.«[109] Diversität werde aus den Wettbewerben der Schulen verdrängt, die Konkurrenzsituationen seien nicht viel anders aufgebaut als Miss-Wahlen, die immer denselben Typus von Frau auf das Siegerpodest befördern. »Wer anders ist als die Masse, wird sofort bestraft«, wetterte Diver weiter, der seine Kritik als einer der wenigen Hochschulmanager offen aussprechen kann, weil seine Institution die Teilnahme an Rankings verweigert, um die eigene Qualität nicht zu untergraben. Er ist davon überzeugt, dass Ranglisten Bildung auf eine Ware reduzieren, »um Zugang zu Einkommen und Prestige zu bekommen.« Zudem unterstellt er manchem Ranking-Teilnehmer auch bewusste Manipulation. Die Hitlisten böten starke Anreize, genau auf jene Zahlen hinzuarbeiten, die in den Listen besonders viele Punkte bringen. Mit guter wissenschaftlicher Leistung einer Hochschule habe das nichts mehr zu tun.

In der Tat betreibt manche MBA-Schule regelrechtes Ranking-»Engineering«. Statt noch zwei Dozenten zusätzlich für Forschung und Lehre einzustellen, beschäftigen die großen Schulen mittlerweile eher Mitarbeiter, die damit befasst sind, genau jene Merkmale zu produzieren, die für günstige Plazierungen in den Hitlisten sorgen:[110]

- Der Trick mit den Anstellungsverträgen
  Unter den Absolventen von Law Schools kommt es immer wieder vor, dass nicht alle Abgänger sofort eine Anstellung erhalten. Da aber das Ranking das Kriterium »Anteil der Absolventen, die nach drei Monaten einen Job gefunden haben« als Indikator für die Karrierestärke des Abschlusses misst, helfen die Schulen in diesem Fall nach. So ist bekannt, dass arbeitslose Jura-Absolventen von ihrer Schule einen Forschervertrag ausgehändigt bekommen, der aber nur über drei Monate läuft, über genau jenen Zeitrahmen, in dem die Ranking-Zahlen erhoben werden.
- Der Trick mit der wählerischen Zulassung von Studenten
  Bei einer anderen Methode werden die Zulassungszahlen frisiert. Ranking-Initiatoren bewerten es positiv, wenn eine Schule viele Bewerbungen erhält, aber nur wenigen Bewerbern einen Studienplatz anbieten kann. Es wird dabei von folgender Annahme ausgegangen: je höher die Selektivität, desto besser die Schule. Also erzeugen die Schulen absichtlich jene Zahlen, die im Ranking eine hohe Punktzahl erreichen. So werden Bewerber, die auf jeden Fall einen Platz bekommen, so lange auf die Warteliste gesetzt, bis die Ranking-Erhebung vorbei ist. Überdies wird die Zahl der zum Studium zugelassenen Erstbewerber bewusst gedrückt, mancher aussichtsreiche Kandidat erlangt dann aber nach dem Ende der Ranking-Erhebung doch einen Platz, er wird als Studienortwechsler oder Teilzeitstudent verbucht, weil diese Zahlen nicht in die Ranking-Bewertung einfließen.

- Der Trick mit den gut verdienenden Absolventen
  Um einen besonders eindrucksvollen Vorher-Nachher-Gehaltsvergleich liefern zu können, konzentrieren sich einige Schulen bei ihrer Bewerbergewinnung auf solche Kandidaten, die zwar intelligent sind und die allgemeinen Anforderungen für einen Studienplatz erfüllen, aber zuvor in einem schlecht bezahlten Beruf gearbeitet haben. Nach Abschluss des Studiums sorgt das Karrierebüro der Schule dafür, dass die Absolventen mit Vertretern von Arbeitgebern in Kontakt kommen, die besonders hohe Gehälter bezahlen – in der Vergangenheit waren das vor allem Investmentbanken, Unternehmensberater, Pharma- und Energiekonzerne. Auf diese Weise werden die nötigen Daten für den großen Gehaltssprung, den natürlich erst das MBA-Studium ermöglicht hat, gezielt erzeugt. Verschwiegen wird dabei, dass jeder Stellenwechsler, der zum Beispiel aus der dritten Reihe einer PR-Agentur den Sprung zu einer der großen Unternehmensberatungen macht, einen ähnlich beeindruckenden Gehaltszuwachs erzielen kann – ganz ohne den Umweg über das teure MBA-Studium.

Die Beispiele zeigen, dass und wie bei den Ranking-Listen getäuscht, gelogen und manipuliert wird. Übrigens: Ohne jegliche aktive Teilnahme an den Rankings ist die Bewerberzahl am Reed College um 27 Prozent gestiegen. Das zeigt, dass auch jene Institutionen Erfolg haben, die sich dem Druck der Ranglisten entziehen. Allerdings braucht das Mut, Entschlossenheit und die Fähigkeit, die Öffentlichkeit über die eigenen (wirklich vorhandenen!) Qualitäten zu INFORMIEREN. Wer das nicht kann, verlässt sich lieber auf die Desinformation durch pseudo-objektive Rankings.

Exkurs
Das deutsch-angelsächsische Missverständnis oder: Wie sich Fehler in der globalen Wirtschaftspolitik vermeiden lassen

Seit der Großen Depression bis weit in die 70er und 80er Jahre hinein waren die Finanzmärkte dieser Welt geregelt. Der Internationale Währungsfonds wachte zum Beispiel bis in die frühen 70er Jahre über ein System fester, aber anpassungsfähiger Wechselkurse. Das alleine brachte der Weltwirtschaft einen massiven Stabilitätsgewinn. Mit den Ölkrisen von 1973/74 und 1979/80 schwand aber das Vertrauen in des westliche Wirtschaftssystem. Infolgedessen setzten Margaret Thatcher in Großbritannien und Ronald Reagan in den USA schnell einen radikalen Strategiewechsel in der Wirtschaftspolitik durch. Ungehemmte Märkte und Liberalisierung sollten für einen Wachstumsschub sorgen, eine Politik, die wir heute mit Neoliberalismus bezeichnen. (Noch einmal: Ich bin ein liberal und freiheitlich denkender Mensch. Dazu gehört aber für mich ein starker Staat als Schiedsrichter, der die Regeln setzt und sich nicht von den Konzernen qua Lobbys instrumentalisieren lässt. Das sahen Alexander Rüstow und Wilhelm Röpke, zwei Begründer der sozialen Marktwirtschaft, von denen Röpke sogar Mitbegründer der Mont Pelerin Society war, genauso.)

In Deutschland wurde von Bundeskanzler Helmut Kohl versucht, ebenfalls diese Art der wirtschaftlichen »Wende« einzuleiten. Mit der politischen Wende 1989 und dem Niedergang des real existierenden Sozialismus und der kommunistischen Planwirtschaft schien der Kapitalismus als einzig mögliche und einzig erfolgreiche Wirtschaftsform bestätigt. Der Höhenflug des globalen Hyperkapitalismus setzte ein. Die rot-grüne Koalition machte in vielen Punkten da weiter, wo Kohl aufgehört hatte: Der Spitzensteuersatz wurde gesenkt, die Finanzmärkte wurden weiter »entfesselt«.

Dabei wurden zahlreiche Ideen und Regeln mehr oder weniger unhinterfragt aus dem angelsächsischen Wirtschaftsraum übernommen. Doch die Dominanz des angelsächsischen Rechts- und Staatsverständnisses hat zum jetzigen Zustand unserer Wirtschaft geführt, weswegen es sich lohnt, die Unterschiede zu den kontinentaleuropäischen Grundprinzipien genauer zu beleuchten. Eventuell lassen sich einige kulturelle Missverständnisse aufklären und gewisse »Übersetzungsfehler« in der globalen Wirtschaftspolitik ausräumen, bevor wir den vollständigen Informations-Crash erleben.

Die Gesellschaftstheorie der Liberalen

Dass es im Kontinentaleuropa der Aufklärung eine Staatsidee, basierend auf der Rousseau'schen Vorstellung eines allgemeinen Willens (»Volonté générale«) beziehungsweise des Gemeinwohls gab, hatte ich bereits im letzten Kapitel erläutert. In England und den USA entwickelte sich eine andere philosophische Theorie zur staatstragenden Idee.

Ende des 17. Jahrhundert tobten in England die Konflikte zwischen Parlament und Krone; das Bürgertum verlangte mehr Rechte, der König pochte auf seinem absolutistischen Recht. In dieser Zeit entwickelte John Locke, Anhänger des Revolutionärs Oliver Cromwell, eine Philosophie, in der er begründete, warum die Macht des Königs keine absolute sein könne. Nach seiner Theorie verfügt jeder Mensch bereits im Naturzustand über Eigentum, nämlich an seiner eigenen Person und an den Früchten seiner Arbeit. Sobald der Mensch mehr produziert, als er selbst benötigt, und durch Tauschwirtschaft Besitz anhäuft, entstehen legitime soziale Unterschiede. Das entspricht etwa den Grundvorstellungen des Ökonomen Adam Smith, dem zufolge jeder

Mensch zunächst nur seinen eigenen Vorteil und nicht das Gesellschaftsinteresse verfolge; wobei dieser Eigennutz dem Interesse der Gesellschaft diene, denn Konsum schaffe Reichtum.

Lockes politische Philosophie beeinflusste die Unabhängigkeitserklärung der USA. In seiner politischen Philosophie argumentiert Locke, dass eine Regierung nur legitim ist, wenn sie die Zustimmung der Regierten besitzt. Sie müsse die Naturrechte Leben, Freiheit und Eigentum schützen. Wenn diese Bedingungen nicht erfüllt sind, haben die Untertanen ein Recht auf Widerstand gegen die Regierenden. Das allerersteRecht eines Menschen sei – »to subsist and enjoy the conveniences of life« –, die Annehmlichkeiten des Lebens zu genießen und zu erhalten.

In der Präambel zur amerikanischen Unabhängigkeitserklärung findet sich analog folgende Formulierung: »Wir halten diese Wahrheiten für ausgemacht, dass alle Menschen gleich erschaffen wurden, dass sie von ihrem Schöpfer mit gewissen unveräußerlichen Rechten begabt wurden, worunter Leben, Freiheit und das Streben nach Glückseligkeit sind.«[111]

Zu Lockes Lebzeiten hatte einzig der König legitime Eigentumsrechte, dagegen hatte der Philosoph argumentiert. Doch die zugespitzten Grundrechte, die er in diesem Zusammenhang formuliert hatte, waren nun die zentralen Werte, die sich in der amerikanischen Verfassung wiederfanden. Und dieser Geist ist bis heute zu spüren. Freiheit und Streben nach Glückseligkeit – darum geht es im American Way of Life. Gemeinsinn, Wohlfahrtsideen, Solidarität, staatliche Regulierung von Interessen Einzelner zugunsten des Interesses aller – das alles spielt, anders als in Kontinentaleuropa, erst sehr nachrangig eine Rolle.

Im nachrevolutionären Frankreich Napoleons und im reformierten Preußen entstanden im 19. Jahrhundert obrigkeitsgeprägte Gesellschaften, in denen individuelle Interessen hinter nationalen Interessen allemal zurückstanden. In Kontinentaleuropa entwickelten sich Standards als Sache des Staates, und bürokratische Vorgänge, Produktionsprozesse oder Handelsformen wurden vereinheitlicht, um Ordnung und Klarheit zu schaffen. In England dagegen überließ der Staat derlei den Bürgern im Kleinen, sollten sich die jeweiligen Akteure doch untereinander einigen, zu welchen Konditionen sie miteinander ins Geschäft kamen. So erklären sich die bis heute verwirrenden und unlogischen Mengen von Längen-, Flächen- und Gewichtsmaßen.

Wir erleben heute wieder, was passiert, wenn der Staat seine regulatorischen Aufgaben vernachlässigt: Solange die Unternehmen selbst entscheiden können, produzieren sie jeder nach eigenen Vorstellungen; deswegen haben wir heute beispielsweise über 100 Ladegerät-Varianten von Handys. Jetzt sollen durch eine EU-Entscheidung die Interessen der Einzelnen (jedes Unternehmen verdient mit eigenen Ladegeräten Geld) beschränkt werden und stattdessen im Sinne des Verbrauchers, aber vor allem im Sinne der Umwelt (Gemeinwohl) einheitliche oder zumindest durchweg kompatible Geräte entwickelt werden. Wenn es keinen Staat gibt, gibt es nur sehr selten Standards.

Sicher, man kann sich darüber mokieren, dass in irgendwelchen EU-Richtlinien sogar die Krümmung von Gurken festgelegt wird, aber grundsätzlich sind Standards im Sinne der Allgemeinheit. Die Deutsche Industrie-Norm war nicht zufällig knapp hundert Jahre lang DAS Gütesiegel für deutsche Qualitätsarbeit. Doch derlei wird nunmehr in einem schleichenden Prozess europaweit abgewickelt: Unter dem Deckmäntelchen des Bürokratieabbaus werden verbindliche Standards abgeschafft und der Willkür des Marktes Tür und Tor geöffnet.

Vor allem in der Finanzpolitik wird jeder Versuch der Normierung oder Standardisierung im Keim erstickt. So kommt es, dass in Deutschland jede Schraube, jeder Dübel genormt ist, Finanzprodukte aber willkürlich und ohne jeden Maßstab für Gebrauchstauglichkeit, Verständlichkeit oder gar Qualitätssicherung auf den Markt geworfen werden können. Man wird den Verdacht nicht los, dass derlei System hat, zumal vor allem bestimmte Wirtschaftskräfte sich daran beteiligen, eben jene staatlicherseits gewollte und von privater Hand entwickelte und privatwirtschaftlich organisierte Normierung zu untergraben. Es geht ja auch nicht um »Peanuts«: Wer wirklich Geld verdient und Macht ausübt, entscheidet sich heute zu einem großen Teil auf den Finanzmärkten.

An die Stelle absolutistischer Könige der Feudalzeit, die alleinige Eigentumsrechte beanspruchten, haben sich nunmehr die Manager von Großkonzernen gesetzt, die alleinige Definitions- und Kontrollrechte besitzen. Niemand kann mehr Standards einfordern, Mindeststandards an Qualität, Höchststandards an Preis, wenn es grundsätzlich keine Standards mehr gibt.

Anders gefragt: Wem nützt es, dass seit Aufhebung der deutschen Verpackungsordnung eine Tafel Schokolade nicht mehr 100 Gram schwer ist? Wem, dass eine Milchtüte nicht mehr einen Liter enthält? Wem, dass ein Kasten Bier nicht mehr zwanzig 0,5-Liter-Flaschen fassen muss? Die Verbraucherschützer monieren, dass sich die Hersteller seit dem Wegfall der verbindlichen Packungsgrößen immer neue Tricksereien zur Verbraucherverwirrung einfallen lassen: Wer eine Tafel Schokolade zum alten Preis, aber nur mit 95 Gramm auf den Markt wirft, reduziert seine Kosten erheblich. Bei einer Gewinnspanne von 5 Prozent würden die Gewinne durch diese Kostenreduktion theoretisch um bis zu 50 Prozent und mehr steigen können.

Desinformation ist das wichtigste Instrument von neofeudalistischen Kapitalkräften. Wer nicht mehr weiß, was er kauft und wie viel er dafür bezahlt, kann weder ein stabiles Preis-Leistungs-System entwickeln noch Preise verschiedener Anbieter miteinander vergleichen. So werden kritische

Konsumenten zu ahnungslosen abhängigen Bauern und Arbeitern in einer absolutistischen Lehnswirtschaft. Das Streben nach Glückseligkeit steht dann zwar noch jedem frei. Es ist dann jeder seines Glückes Schmied – nur eben unter ziemlich unfairen sozialen Bedingungen. Mit dem europäischen Verständnis von Glück und Gerechtigkeit hat derlei nur noch wenig zu tun.

Jedermannsrecht versus Privatbesitz

Vor demselben philosophischen Hintergrund lässt sich ein zweites Phänomen schnell erklären, das der zunehmenden Privatisierung vormals öffentlichen Eigentums, aber auch geistigen Eigentums oder auch von ganzen Pflanzen und Tierrassen der Natur.

In Deutschland hat jeder das Recht, selbst privaten Wald als Spaziergänger oder in anderer Form zu nutzen; der Waldeigentümer ist zwar alleiniger Besitzer der Forst- und Jagdrechte, aber er darf nicht den Wald für sich allein beanspruchen. In Skandinavien (ohne Dänemark), Schottland und der Schweiz gibt es die sogenannten »Allemansrätten« (Jedermannsrecht), ein Gewohnheitsrecht für Wald, Weide und unkultivierbares Land, nach dem jeder Bürger das Recht hat, die Natur zu genießen und ihre Früchte zu ernten. Wer also im Wald Pilze oder Brombeeren sammelt, begeht keinen Diebstahl, selbst wenn er sich dabei auf Privatbesitz befindet. Die Jagd ist jedoch in diesem Jedermannsrecht nicht eingeschlossen. Damit stehen Grund und Boden in Deutschland, Österreich und Nordeuropa einer vielfältigen Nutzung durch viele Menschen offen, und keiner fühlt sich dadurch eingeengt.

In den USA und England ist Grund und Boden strikt »privat«. Wenn man durch den amerikanischen Westen fährt, ist fast alles Gelände mit Ausnahme der Nationalparks eingezäunt. Wer privates Gelände betritt, gilt als »Trespasser« und kann mit der Waffe bedroht werden. Sollte ein Trespasser erschossen werden, würde in den USA die öffentliche Meinung wohl auf Seiten des Schützen stehen. Ich habe daher im amerikanischen Westen manchmal ein klaustrophobisches Gefühl, weil ich weiß, dass ich tendenziell auf privatem Grund und Boden unwillkommen bin - und sollte er noch so menschenarm sein.

Schon in der englischen Geschichte gab es das »Problem of the Commons«. Der Grund und Boden von Gemeinden wurde eingezäunt und den Feudalherren vorbehalten (enclosures). Damit wurden Ungleichheiten verschärft - es herrschte Beutewirtschaft.

Heute werden immer mehr öffentliche Bereiche - ob genetische Informationen oder Saatgut, ob Bücher, Sicherheit, Bildung oder Gesundheit - tendenziell »eingezäunt« und zu Privatgut gemacht. Ein besonders eindrucksvolles Beispiel liefert der Saatguthersteller Monsanto. Er hat sich die Samen von bestimmten Pflanzen, die unter seiner Regie weiterentwickelt wurden, patentieren lassen. Damit ist der amerikanische Konzern in der Lage, einen wichtigen Grundstandard bäuerlichen Wirtschaftens außer Kraft zu setzen: Schon seit es Landwirtschaft gibt, haben sich Bauern einen Teil des geernteten Saatguts beiseitegelegt, um daraus die Pflanzen der nächsten Saison zu züchten. Das ist eine jahrtausendealte und bewährte Praxis, die überall in der Welt zum Alltag gehört.

Monsanto erkannte das als kommerziellen Nachteil: Bauern müssen auf diese Weise nur selten zum Saatguthersteller gehen, nämlich nur dann, wenn sie neu ins Geschäft kommen, ihre Anbaufläche vergrößern wollen und deshalb mehr Saatgut einer bestimmten Sorte brauchen oder weil ein einmal geschaffener Samenbestand havariert ist. Im Wesentlichen sind das aber Einmalkäufe, weil der Bauer anschließend zur Selbstproduktion übergehen kann. Der

US-Konzern schickt sich nun an, diesen Standard des Einmalkaufs in ein Abonnementmodell zu überführen: Die von Monsanto entwickelten Varietäten darf der Bauer nicht selbst weiter vermehren. Er erwirbt mit dem Kauf des Saatguts nur ein einmaliges Nutzungsrecht. Lagerung und Wiederaussaat selbstgezüchteten Saatguts sind gemäß Vertrag, den die Bauern mit dem Saatgutproduzenten abschließen, nicht erlaubt. Das Saatgut für die nächste Saison muss er also abermals beim Hersteller einkaufen.

Damit versucht der Konzern bei seinen Kunden ein Bezugsmonopol durchzusetzen.[112] Der Käufer hat keine Möglichkeit mehr, aus dem Bezugsverhältnis auszubrechen. 230 000 Bauern beziehen in den USA bereits regelmäßig ihr Saatgut vom Großproduzenten.

Um diese Praxis abzusichern, setzt der Konzern Saatgutdetektive ein. Sie überprüfen bei den Bauern, ob diese die Regel eingehalten haben, die gesamte Ernte zu verkaufen, und nicht etwa auf die Idee gekommen sind, einen Teil der Ernte für die neue Aussaat im nächsten Jahr zurückzubehalten. Verstöße dieser Art verfolgt Monsanto als Patentverletzung. Werden Übertretungen der Verträge ruchbar, versucht der Hersteller, sein Recht durchzusetzen. Den betroffenen Bauern wird in der Regel außerhalb des Gerichts eine Zahlung von Lizenzgebühren für die Nutzung des Saatguts nahegelegt. In den Jahren 1997 bis 2009 wurden aber auch 138 Bauern in den Vereinigten Staaten verklagt, die auf eigene Faust ausgesät hatten. Monsanto begründet diese Praxis mit dem Argument, dass die Investitionen in die Weiterentwicklung des Saatguts über die Nutzungsgebühren an den patentierten Samen bezahlt werden müssten.[113]

So zeigen sich zwischen angelsächsischem und kontinentaleuropäischem Verständnis elementare Unterschiede im Umgang mit öffentlichen Gütern: »Who owns nature?« – »Wem gehört die Natur?« ist deswegen die zentrale Frage alle Kritiker solcher Privatisierungsversuche. Amerikaner würden sicher eine ganz andere Antwort geben als Deutsche oder Skandinavier.

Der Staat als ausgleichender Marktfaktor

Der dritte grundsätzliche Unterschied zwischen dem angelsächsischen und dem kontinentaleuropäischen Wirtschaftsraum betrifft die eigene wirtschaftliche Aktivität des Staates. Oberflächlich betrachtet könnte man meinen, dass im Kapitalismus der Staat gar keine andere Rolle hat, als Rahmenbedingungen für die Geschäftsbeziehungen frei agierender Individuen und Gruppen zu schaffen – im Unterschied zum Kommunismus, wo der Staat als einziger legitimer Eigentümer die gesamte (Plan-)Wirtschaft lenkt. Doch es gibt einen Bereich, in dem auch in der freien Marktwirtschaft bestimmte Güter nicht allein aufgrund des Spiels von Nachfrage und Angebot produziert werden, sondern weil sie aus einer übergeordneten politischen oder sozialen oder kulturellen Überlegung heraus für notwendig erachtet werden – obwohl sie ökonomisch keine rationale Berechtigung haben.

Ökonomen sprechen in solchen Fällen von »meritorischen Gütern«, nämlich Gütern, die einen Nutzen (für die Allgemeinheit) bieten, obgleich sich nicht ausreichend Einzelpersonen finden, um durch ihre Nachfrage das Angebot zu rechtfertigen. Bibliotheken oder Museen, Schulen oder Theater gehören zu dieser Art Güter. Ohne staatliche Subventionen wären sie nicht überlebensfähig. Es gibt demgegenüber auch sogenannte »demeritorische« Güter, nämlich beispielsweise Waffen, Glücksspiel oder Drogen, die durchaus eine für eine ökonomische Existenz ausreichende Nachfrage hätten, deren Nutzen aber als zweifelhaft betrachtet wird, weswegen die Nachfrage durch Gesetze oder Steuern behindert wird.

Solche staatlichen Eingriffe in den freien Markt werden von Anhängern der liberalen Wirtschaftswissenschaft meist gegeißelt. Die Nachfrage künstlich zu behindern schränke die Konsumentensouveränität ein; das Angebot künstlich aufrechtzuerhalten sei eine Vergeudung von Steuergeldern.

In dieser Auseinandersetzung gibt es zwischen den angelsächsischen und den kontinentaleuropäischen Ländern traditionell sehr unterschiedliche Betrachtungsweisen: Während wir beispielsweise in Europa ein sehr strenges und reglementierendes Waffengesetz haben, ist der Besitz von Waffen aller Art in den USA ein unumstößliches Grundrecht. Zugleich gibt es im Bildungs- und Gesundheitswesen in Deutschland wie in ganz Kontinentaleuropa in hohem Maße staatlich geförderte Einrichtungen und Regelungen, während im angelsächsischen Raum die Privatschulen und -Universitäten dominieren und in den USA auch die Absicherung für den Krankheitsfall dem privaten Ermessen obliegt. Deswegen gehen in Deutschland die Studierenden auf die Straße, um gegen jede Art von Studien-Gebühren zu protestieren und dabei auf ein Grundrecht auf kostenlose Bildung zu pochen. Und in den USA klopft man einem Harvard-Studenten auf die Schulter, weil es ihm gelungen ist, eine Zulassung für die Elite-Universität zu bekommen, die ihn etwa 60 000 Dollar im Jahr kostet. Weil der Markt aber auch in den USA für solche meritorischen Güter nicht größer ist als in Europa, werden hier nun anstelle des Staates Einzelpersonen aktiv, die sich als Stifter und Mäzene um einzelne Aufgaben des Gemeinwohls kümmern.

Nun könnte man meinen, beide Arten, mit meritorischen Gütern umzugehen, seien in etwa gleicher Weise erfolgreich, deswegen sei es egal, ob man diese oder jene Form wähle. Doch die Erfahrung zeigt, dass das nicht so ist. Man kann über das deutsche Gesundheitswesen sicher an vielen Ecken und Kanten diskutieren, aber das amerikanische Gesundheitswesen zeigt, wohin die Nichteinmischung des Staates dauerhaft führt: zur überteuerten Unterversorgung. Jeder Deutsche gibt etwa die Hälfte dessen für seine Gesundheit aus, was ein Amerikaner bezahlen muss. Dennoch sind etwa 15 Prozent der Amerikaner gar nicht krankenversichert, die Kosten des Gesundheitssystems sind in den USA in Prozenten der Wirtschaftsleistung gemessen höher als in Deutschland.[114] Die demokratischen Präsidenten, ob sie nun Carter, Clinton oder Obama heißen, beißen sich seit Jahrzehnten bei ihren Versuchen, das Gesundheitswesen nach europäischem Vorbild zu strukturieren, die Zähne aus. Clinton bekam für seine Vorschläge zu einer Gesundheitsreform, die allen Amerikanern Versicherungsschutz garantieren sollte, stehende Ovationen vor dem Kongress. Ein Jahr später hatte die übermächtige Gesundheitslobby den Vorschlag zerschossen. Wie unfair und hart die Konzerne dabei vorgehen und mit der Angst vor Freiheitsverlust spielen, ist aktuell im Fall der Reformvorschläge Obamas zu sehen: Der Spot einer Interessengruppe rückte Obama in die Nähe Hitlers, indem man seinem Porträt ein dementsprechendes Oberlippenbärtchen hinzufügte.

Ein anderes Beispiel sind öffentliche Schulen. In Europa können wir (noch) mit der Gewissheit leben, dass alle öffentlichen Schulen zumindest einen einigermaßen guten Standard haben. Hier muss der Staat investieren, weil privat zu wenig investiert würde. Wäre das System rein privat – und eine schleichende Privatisierung findet schon heute statt –, wäre die Mehrheit der Bevölkerung mit der Suche nach der richtigen Schule überfordert oder müsste massiv eigene Zeit und eigenes Geld in eine solche Suche investieren. Das sind gesamtgesellschaftliche Kosten, die noch überhaupt nicht bilanziert wurden. So wie im amerikanischen Gesundheitswesen die Pharmakonzerne, Medizintechniker, Krankenhäuser und Ärzte, könnten dann auch im Bildungswesen die Anbieter auf Kosten ihrer Kunden auf Beutezug gehen. Im nicht regulierten, privat organisierten Finanzsystem erleben wir aufs Deutlichste, wie so etwas aussehen kann.

Wer meint, man müsse auch bei meritorischen Gütern im Prinzip der Marktwirtschaft freie Hand lassen und könne den schlimmsten Auswüchsen des Kapitalismus durch Subventionen entgegensteuern, der irrt. Auch hier können wir am US-Gesundheitsmarkt erkennen, dass derlei nicht funktioniert. Der Schweizer Wirtschaftswissenschaftler Bruno Frey hat einen simplen psychologischen Fakt in seine ökonomischen Überlegungen einbezogen: Der Aufwand, den ein Mensch betreibt, um einen hohen Nutzen zu erlangen, ist hoch; für einen niedrigen Nutzen gering; dasselbe gilt auch für den anderen Fall: Der Aufwand, um einen hohen Schaden abzuwenden, ist hoch, um aber einen geringen Schaden abzuwenden, ist er nur gering. Ganz simpel.

Staatliche Subventionen bringen für eine bestimmte Zielgruppe einen hohen Nutzen. Die Kosten dieser Subventionen werden auf alle Bürger verteilt, sind also für den Einzelnen von geringem Schaden. In Folge werden die Lobby-Vertreter der subventionierten Zielgruppen tendenziell mit viel mehr Energie für ihre Vorteile kämpfen, als dass sich die Summe der vielen geschädigten Einzelnen dagegen wehrt.

Eine Gesellschaft, die durch Subventionen versucht, ihre meritorischen Güter zu erhalten, läuft Gefahr, zum Spielball von Lobbygruppen zu werden. Die Bevölkerung wird wie eine Schafherde durch medial verstärktes Gebell über die Weide gejagt, um auf die Regierenden Druck auszuüben. Im stark subventionierten Energiemarkt etwa erleben wir, zu welchen Auswüchsen solche Machtkämpfe zwischen den verschiedenen Interessengruppen führen können. Die jahrelang im Höchstmaß subventionierte Atomenergiebranche kämpft erbittert gegen die aktuell hochsubventionierte Branche der erneuerbaren Energien. Einen Markt, der so sehr auf langfristige Investitionen angewiesen ist wie der Energiemarkt (ein Kraftwerk zu bauen dauert Jahrzehnte), kann der Staat jedoch nicht sich selbst überlassen. Kein Unternehmer wird bereitwillig heute Milliardenbeträge investieren, die sich erst in mehr als zwanzig Jahren in ungewisser Weise auszahlen.

Die Lösung bringt allein ein starker, demokratisch kontrollierter Staat, der mit kompetenten und entscheidungswilligen Beamten arbeitet, die sich mit Verstand und Überzeugung einer lebenslangen Staatslaufbahn verschrieben haben – vergleichbar den preußischen Elitebeamten, die ihre Befriedigung daraus zogen, große Entscheidungen mitzugestalten. Das schafft Stabilität – Stabilität, die bei langfristigen Bildungs-, Gesundheits- und Infrastrukturaufgaben dringend nötig ist. Auch in solche Strukturen muss der Staat investieren. Aber es lohnt sich, weil daraus statt einer losen, aus Egoisten zusammengewürfelten Gesellschaft, die sich von Crash zu Crash hangelt, eine stabile Bürgergemeinschaft erwachsen kann.

Kapitel 6

Emotionale Manipulation der ökonomischen Vernunft

Der Homo oeconomicus und seine Probleme

Es ist sicher nicht ganz fair, die Ideen des Liberalismus auf einen rationalen Egoismus zu reduzieren. Bereits Adam Smith wies in seiner »Theorie der ethischen Gefühle« darauf hin, dass eine Marktwirtschaft nur bei den entsprechenden moralischen Voraussetzungen funktionieren kann.[115] Aber im Großen und Ganzen lebt die Theorie der unsichtbaren marktregulierenden Hand von dieser einen festen Überzeugung: Wenn sich nur alle Menschen rational egoistisch in ihren Handelsentscheidungen verhalten, wird das Ausbalancieren von Angebot und Nachfrage langfristig zu einem stabilen wirtschaftlichen Gleichgewicht führen. Bei der Abwägung seiner Entscheidungen sollte man demnach tunlichst an sich selbst und seinen persönlichen Vorteil denken, dann wird mit der Zeit schon jeder zu seinem Recht und seinem gerechten Lohn kommen – gesetzt den Fall, er verhält sich ebenso. Das mag nicht sympathisch sein, aber führt wenigstens direkt ins marktliberale Paradies.

Die Theorie eines Egoismus, der, wie von den Neoliberalen behauptet – wenn nur ausreichend konsequent betrieben –, zum Gemeinnutzen führt, hat der 1998 verstorbene amerikanische Wirtschaftswissenschaftler Mancur Olson in seiner wichtigsten Schrift »Die Logik der kollektiven Entscheidung«[116] auf die philosophische Nagelprobe gestellt. Zum Ärger vieler Ökonomen entdeckte Olson das Phänomen des Trittbrettfahrers. Dieser nutzt ein öffentliches Gut, ohne selbst etwas dafür zu tun – beispielsweise der Reeder, der nichts zur Unterhaltung eines Leuchtturms beiträgt, weil er sich darauf verlassen kann, dass sich genügend andere Reeder um einen funktionierenden Leuchtturm bemühen werden. Genau wie er vertrauen auch die meisten

Nichtwähler darauf, dass sie ihre demokratischen Grundrechte weiterhin nutzen können, egal ob sie zur Wahl gehen oder nicht. Und auch der Schwarzseher, der keine GEZ-Gebühren zahlt, freut sich über die Fußballübertragung im Ersten. Solches Verhalten ist durchaus rational, aber dem Gemeinwohl nicht gerade zuträglich. Denn wenn sich mehr als eine Minderheit in dieser Weise rational egoistisch verhielte, ginge das Gemeinwohl verloren. Überraschung: Eigennutz und Gemeinnutz sind eben doch nicht zwangsläufig deckungsgleich.

Zudem schließen sich in der modernen Welt einzelne Marktteilnehmer häufig zu Gruppen zusammen, um ihre Interessen durchzusetzen. Die Errichtung von Kartellen, Markteintrittsbeschränkungen durch Zünfte oder Zölle sind durchaus im Interesse einzelner Gruppen, aber sie führen zu einer Verzerrung der Preise und bringen das »natürliche« Gleichgewicht von Angebot und Nachfrage aus dem Lot. Die Interessen der Gesamtgesellschaft werden durch solche Lobbygruppen gestört. Ob Gewerkschaft oder Arbeitgeberverband, Aktionärsgruppen oder Verbraucherschützer – immer geht es um spezielle Gruppeninteressen, selten um das Allgemeinwohl. Olsen erkennt zudem, dass kleinere Gruppen eine höhere Schlagkraft besitzen als größere Gruppen, weil das Engagement der Einzelnen abnimmt, je größer die Gruppe wird.

Ob sich eine Interessengruppe gegen eine andere durchsetzt oder womöglich einige Gruppen die Vorherrschaft gewinnen, hängt nach Olson entscheidend von den politischen Spielregeln ab. Die Institutionen und Regeln eines politischen Systems entscheiden demnach über den Erfolg einer Gesellschaft, nicht die einzelnen Lobbygruppen und ganz sicher keine unsichtbare Hand.

Auch Olsons Theorie basiert auf der Idee eines Homo oeconomicus, der jedoch im Unterschied zu den neoklassischen Modellen mit dem Problem der realen Welt behaftet ist: Die Marktbedingungen sind keineswegs für alle Teilnehmer gleich. Je nach Zugehörigkeit zu einer Interessengruppe ist die Lage eine andere. Informationsselektion und Unsicherheit beeinflussen die Entscheidungen des Einzelnen; je nach Gruppenzugehörigkeit ist man unterschiedlich informiert. In seinen Entscheidungen muss der Mensch antizipieren, welche Folge sein Handeln wohl haben wird. Dafür braucht er eine gewisse Erwartungssicherheit. Simples Beispiel: Wenn ich im Restaurant ein Schnitzel bestelle, möchte ich in der Regel vorher wissen, was ich am Ende wofür bezahlen muss. Speisekarten, aber auch gesellschaftliche Konventionen geben dem Restaurantgast darüber Auskunft, wie hoch der Preis ist, wie groß das Schnitzel ist, ob es eine Beilage gibt und ob der Service im Preis inbegriffen ist. Informationen sind die Basis jeder Entscheidung. Dadurch gewinnen die gesellschaftlichen Institutionen, die für Information und Aufklärung sorgen und damit die Entscheidungsgrundlage der Bürger verbessern, eine zentrale Bedeutung.

In der modernen Desinformationswirtschaft kann auch der noch so rationale Homo oeconomicus oft gar nicht mehr abwägen, welches Verhalten für ihn welche Folgen hat. Im Überangebot der Informationen verliert er den Überblick, Fehlinformationen locken ihn auf falsche Fährten, Risiken und Nebenwirkungen werden ihm verschwiegen und statistische Pseudo-Informationen machen ihm einen Strich durch jede Rechnung. Und es kommt noch schlimmer: Die Desinformationsmaschinerie gibt sich nämlich alle Mühe, den Verstand des Homo oeconomicus zu betören, ihm völlig den Kopf zu verdrehen und rationale Überlegungen auf emotionalen Achterbahnfahrten durcheinanderzuwirbeln. Mein Lieblingsbeispiel dafür stammt aus dem Möbel-Einzelhandel.

Ausbeutung à la Ikea: Lebst du noch – oder zahlst du schon?

Wann haben Sie zuletzt ein Möbelhaus der Marke Ikea aufgesucht? Einrichtungsgegenstände, die auf Namen wie »Billy« und »Ivar« hören, begleiten uns seit nunmehr über dreißig Jahren. Was im Jahr 1974 noch undenkbar erschien, als das »unmögliche Möbelhaus« (Eigenwerbung) nach Deutschland kam, ist mittlerweile Alltag: Es gibt kaum noch eine Wohnung, die als Ikea-frei gelten darf. Ganz gleich, ob Küchenmöbel, Geschirr, das Sofa im Gästezimmer oder auch nur der neue Satz Blumenübertöpfe – die schwedische Marke ist überall. Der Unternehmer Ingvar Kamprad hat den Deutschen einen neuen Einrichtungsgeschmack beigebracht, sein Wirken mit nunmehr gut fünfzig Möbelhäusern in Deutschland gleicht einem gigantischen Umerziehungsprogramm. In Wohnzimmern, wo früher eichenschwere, dunkle Stimmung herrschte, stehen heute schön gestaltete, praktische und funktionale Möbel. Über dreißig Millionen deutsche Kunden zählt der Möbelhändler in einem Jahr. Während der mittelständische Einrichtungshandel darbt, wächst Ikea weiter. Der deutsche Kunde hat sich, so scheint es, mit den flachgelegten Möbelteilen in Wellpappekartons, den Inbusschlüsseln und der Zusammenbau-Anleitung, die daherkommt wie ein Comic, nicht nur angefreundet – Ikea gehört zur Familie!

Zu Ikeas Geschäftssystem gehört, dass »Billy« und alle anderen Produkte Teil eines globalen Angebotsportfolios sind. Der Regal-Klassiker steht in Moskau wie auch in den Kundenhallen in Peking, Los Angeles oder Berlin. Über dreihundert Möbelhäuser unterhält der Konzern weltweit, in allen entwickelten und Schwellenländern rund um den Globus: In Kamprads 1943 gegründetem Reich geht die Sonne nicht mehr unter. Das große Vertriebsnetz ermöglicht große Effizienzvorteile in Produktion und Logistik. Alle Artikel werden in hohen Stückzahlen hergestellt. Ikea profitiert so vom Gesetz der Massenproduktion: niedrige Kosten durch große Mengen. Zu Recht wird das aus Schweden kommende Unternehmen deshalb als »Möbel-Discounter« bezeichnet, denn ein wesentliches Argument für den Besuch beim schwedischen Möbelhaus sind die (scheinbar) günstigen Preise.

»Wer jung ist, hat mehr Geschmack als Geld«, diese Botschaft prangte auf dem Titel des ersten Ikea-Katalogs in Deutschland. In der Tat ist es möglich, mit ein paar hundert Euro eine Studentenwohnung aus dem Sortiment des Filialisten komplett zu möblieren. Doch wie schon im Fall der Lebensmittel-Discounter sollten wir uns auch hier genau ansehen, wer eigentlich wofür bezahlt. Die Diagnose wird lauten: Nicht die optisch günstigen Preise machen den Erfolg, sondern eine neue und sehr geschickte Mischung aus Psychologie und Mitwirkung des Kunden an der Leistungserstellung. Auch hier bezahlt der Kunde, ähnlich wie bei Lidl, Aldi und ihren Verwandten, erheblich mehr als den Euro-Betrag auf dem Kassenzettel.

Jeder Kunde wird bei Ikea auf einem mäandernden Rundgang durch die Möbelausstellung geführt, bei dem er spätestens nach der dritten oder vierten Abzweigung ganz der Navigation der Möbelverkäufer verfallen ist. Der Weg durch das Einrichtungshaus ist so organisiert, dass der Kunde in ein »Einkaufserlebnis« geführt wird, bei dem er auf dem längstmöglichen Weg an der größtmöglichen Zahl ausgestellter Möbel vorbeikommt.[117] Das eigentlich schnöde Geschäft ist als Aneinanderreihung von unterschiedlichen Wohnungen aufwendig gestaltet, um dem Kunden wie in einer Phantasiereise vorzuführen, wie schön man wohnen kann, wenn man will – und wenn man sich ganz auf Ikea einlässt. Dass dieselben Möbel hier im Ausstellungsraum, der von Innenarchitekten durch spezielle gefertigte Gipswände optimal auf die Möbel zugeschnitten wird, anders wirken als in der Wohnung des Kunden, der eben weder fünf Meter hohe Decken noch Billy-genormte Wände hat – das wird natürlich nicht verraten.

Am Ende des Rundgangs beginnt ein neues Kapitel des Einkaufserlebnisses: Der Kunde betritt nunmehr die Welt der Wohnaccessoires, auch hier gibt es einen vorformatierten Rundgang, der sich aber weniger an der Vortäuschung einer schönen Wohnillusion als am klassischen Prinzip des Trödelhändlers orientiert. Wo wenig Ware im Schaufenster liegt, ist es teuer; wo viel Ware im Schaufenster liegt, ist es billig. In der Accessoire-Abteilung von Ikea gibt es keinen Artikel weniger als zwanzigmal.

Der psychologische Effekt dieses ausgeklügelten Rundgangsystems ist simpel: Wer zu Ikea geht, muss Zeit mitbringen. Den schnellen Einkauf gibt es hier garantiert nicht. Allein die Anfahrt zu den am Rande von Ballungszentren gelegenen Filialen kostet Zeit, und der vorbestimmte Rundgang durch das Möbelhaus nimmt netto gern über zwei Stunden in Anspruch – auch ohne Beratung. Das ist gewollt – und wird dem Kunden dadurch schmackhaft gemacht, dass Familien ihre Zöglinge im »Kinderparadies«, dem Ikea-eigenen Spielplatz mit pädagogischer Betreuung, abgeben können. Zwei Stunden kostenloses Babysitting, dazu ein Gratis-Rundgang durch ein Wohnparadies – das ist fast so schön wie Kino, nur billiger! Genau dieses Gefühl soll bei Ikea entstehen.

Durch dieses System holt sich der Möbelhändler eine lange Aufmerksamkeitsspanne von seinen Kunden. Einflüsse wie Tageslicht werden ausgeschaltet, damit sich die Kunden ganz auf das Sortiment konzentrieren können und die Kaufimpulse wirken. Diese Psychologie funktioniert vor allem bei der Warengruppe, die gar nicht als Kernkompetenz von Ikea wahrgenommen wird: Jeder Kunde kommt wegen der Möbel – aber den meisten Umsatz erwirtschaftet Kamprad mit den Accessoires. Deren durchschnittliche Stückpreise liegen deutlich unter jenen der Einrichtungsgegenstände. »Die schöne, günstige Yuccapalme nehmen wir noch mit«, sagen sich viele Kunden, sobald sie auf dem letzten Stück des Rundgangs angekommen sind. Schließlich hat man jetzt schon so viel Zeit in dem Möbelhaus verbracht, da will man wenigstens auch eine entsprechende Menge Beute mit nach Hause bringen. Außerdem – die Ware liegt hochgestapelt auf Wühl- und Grabbeltischen – ist hier ja alles so schön billig. Der Preisvergleich, den man beim (nicht gekauften) Sofa noch angestellt und zugunsten des Möbelhauses bewertet hatte, wird bei den Teelichtern, den Kaffeetassen und Blumentöpfen nicht mehr betrieben. Der Kunde ist müde, das Kind will aus dem »Paradies« abgeholt werden, und deswegen werden jetzt nur noch schnell die paar Kleinigkeiten in den Warenkorb geworfen. Es soll sich ja gelohnt haben.

Das lohnt sich vor allem für Ikea. Mit diesem Geschäftsmodell ist der schwedische Gründer ein Pionier im Kampf um eine neue Leit-Währung in der Desinformationswirtschaft: Aufmerksamkeit.

Georg Franck, Wiener Professor für digitale Methoden in Architektur und Raumplanung, hat in seinem Buch »Ökonomie der Aufmerksamkeit«[118] sehr anschaulich dargelegt, dass die Aufmerksamkeit dem Geld allmählich den Rang abzulaufen beginnt. Franck fragt noch vorsichtig: »Aufmerksamkeit, die neue Währung?«[119] Doch die Antwort ist klar: In den Medien etwa bezahlen die Zuschauer mit ihrer aufgebrachten Zeit und Aufmerksamkeit für eine Leistung, die vor allem darin besteht, herauszufinden und zu produzieren, was dem Publikum gefällt. Die Maßeinheiten dieser Ökonomie heißen Einschaltquote und Auflage. Die Medien wiederum tauschen die von ihren Kunden bezahlte Währung – quasi wie in einem Devisengeschäft – bei ihren Werbepartnern in bare Münze, mit kalkulierbarem Aufwand und Ertrag: Cash for attention!

Vergleichbar funktioniert Ikea. Man behandelt seine Kunden wie Gäste eines Varieté-Theaters oder einer Bühnenshow, bietet ihnen bunte Unterhaltung, ein kleines Restaurant und ein paar vergnügliche Stunden – nur dass man am Ende die Aufmerksamkeit nicht an Werbepartner veräußert, sondern in der Accessoire-Abteilung gleich direkt und selbst in harte Währung umtauscht.

Aufmerksamkeitsreize statt Information

Aufmerksamkeit wird zur Schlüsselressource in der Desinformationswirtschaft. Wer als Anbieter Marktgeltung erlangen will, muss Aufmerksamkeitsreize schaffen, nicht Information.

Der Kunde wird gezwungen, dem Waren-Angebot seine Zuwendung zu geben, ohne dass er derlei als Kaufentscheidung erlebt. Denn statt nüchternem Abwägen von Vor- und Nachteilen der Ware, einer gründlichen Überprüfung von Qualitäten und Mängeln, einem kühl kalkulierten Preisvergleich verbringt der Kunde zwar Zeit mit dem Produkt, aber lediglich in emotionaler Beschäftigung. Der Kunde wird manipuliert. Wir teuer die Währung Aufmerksamkeit in unserer Medienwelt in Wahrheit schon ist, wird den wenigsten bewusst sein – die sonst so teuer erarbeitete Freizeit wird dem verführerischen Treiben bereitwillig geopfert. Und sie zahlen am Ende doppelt, wenn sie den überteuerten Nippes und Tand aus der Accessoire-Abteilung geblendet nach Hause tragen.

Kein Unternehmen hat die Mechanismen, Aufmerksamkeit zu erzeugen, so gut verstanden und wendet sie so gut an wie Ikea.

Mit seiner Botschaft »günstige Preise«, mit seiner starken Marke und dem Impuls des jährlich im August an alle Haushalte verteilten Warenkatalogs gelingt es dem Händler, immer wieder neu in die Köpfe seiner Zielgruppe zu gelangen. »Wir fahren zu Ikea« ist zu einer Art Hobby geworden, das die ungebrochene Expansion des Möbel-Multis befördert: Gab es früher in einer Region lediglich eine Ikea-Filiale, so sind dort heute drei. Die Verdichtung schreitet weiter fort. Mit großem Geschick setzen die Marketing-Strategen, die besser Aufmerksamkeits-Ingenieure zu nennen wären, alles daran, mindestens ein- bis zweimal im Jahr jene drei, vier oder fünf Stunden ungeteilter Aufmerksamkeit von den Kunden zu bekommen. Wer von Ihren Bekannten fährt nicht einmal pro Jahr zu Ikea? Es ist die Minderheit.

Das Möbelhaus ist kein Laden im althergebrachten Sinne, es ist eine Bühne, auf dem die Warenwelt immer wieder neu und begehrlich inszeniert wird – wie ein Theater mit einem Zuschauerraum, der nach dem Betreten von außen abgeschlossen und erst Stunden später wieder geöffnet wird. Wir müssen uns immer die ganze Vorstellung ansehen. Die Ikea-Show ist eine perfektionierte Busreise mit Teppichverkaufsveranstaltung, nur mit einem Unterschied: Der schwedische Anbieter spricht Menschen jeden Alters und aller Schichten an, und jeder kommt nach dem letzten Besuch mit fast garantierter Sicherheit wieder.

In derselben Weise versuchen inzwischen auch alle anderen Handelsbetriebe den herkömmlichen Einkauf zu einem »Erlebnis-Shopping« zu machen. Das heißt nichts anderes als: Du willst kaufen – aber ich als Anbieter, meist Händler, fessele mit einer perfekten Inszenierung alle deine Sinne, ich schaffe etwas schön Anzusehendes, einen angenehmen Klang, ein gutes Gefühl, und meine Angebotsshow ist so perfekt wie das Drehbuch eines A-Movies aus der Traumfabrik Hollywood. So binde ich deine Aufmerksamkeit über eine längere Zeitspanne, als du mir eigentlich zu gewähren bereit wärest. Und am Ende überrumpele ich dich mit einem vermeintlichen »Schnäppchen-Angebot«, dem du – als rationales Wesen völlig ausgeschaltet – nicht mehr widerstehen kannst.

Der Kampf um die Hinwendung des Kunden erzeugt laufend neue Sirenengesänge. Der moderne Konsument gerät in die Rolle des Odysseus, der sein Schiff zur Abfahrt rüstet. Die Zauberin Circe nimmt ihn beiseite, will ihn auf die Gefahren seines Weges aufmerksam machen und flüstert ihm ins Ohr: »Du wirst an der Sireneninsel vorbeikommen; höre nicht auf den Gesang der Vogelmädchen, sie locken alle, die vorüberfahren, mit bezaubernden Liedern, versprechen ihnen tiefe Geheimnisse und eine glückliche Heimkehr, wenn sie am Gestade der Insel mit ihrem Schiff festmachen. Tun sie es, so müssen sie sterben. An dem einsamen Strand modern ihre Gebeine.«[120] Die Ruderer müssen sich die Ohren mit Wachs verstopfen, damit sie den Verlockungen des Sirenengesangs nicht erliegen. Odysseus lässt sich an einen Mast fesseln, um jeder Versuchung zu widerstehen. So passiert das Schiff die Sirenengesänge unbeschadet – was dem neuzeitlichen Konsumenten angesichts der immerwährenden Verlockungen nur selten vollständig gelingt.

Vom Airport zum Shoppingparadies

Angesichts der Einkaufsparadiese, Erlebnis-Malls und Shopping-Center wird der Kunde nach der Methode Ikea immer wieder neu verführt, seine Zeit für Zwecke zu opfern, die er so nicht geplant hatte, und wird in dieser Zeit so sehr um den kritischen Verstand gebracht, dass er der emotionalen Manipulation ohne Widerstand auf den Leim geht. Wie in der Odyssee stirbt auch der Konsument, der den Sirenen folgt, seinen Tod.

Er wird in Aktivitäten hineingelockt, die immer mit Kauf und dem Ausgeben von Geld verknüpft sind; Freizeit im Sinne von Nicht-Arbeit und Nicht-Schlaf ist im Zeitalter der Aufmerksamkeitskonkurrenz nahezu immer mit Konsum verbunden. Nicht umsonst gibt es in den Shopping Malls Sitzgelegenheiten nur gegen Bezahlung, nämlich in den stets zahlreichen Kaffeebars, Fast-Food-Läden und anderen gastronomischen Einrichtungen. Hier wird teuer abkassiert, nachdem der Kunde durch Marmorböden und Glasfassaden, Glitzer und Glamour, Foto-Event und Gewinnspiel von seinen eigentlichen Interessen (gute Ware zu niedrigem Preis) abgelenkt wurde.

Besonders augenfällig ist der Erlebniseinkauf in den Bahnhöfen und Flughäfen. Unsere Erinnerung an die eigentliche Funktion dieser Verkehrsbauten ist fast ausgelöscht. Der klassische Bahnhof, einst eine Kathedrale des Reisens mit majestätischer Architektur, hat sich – ganz gleich in welcher Stadt – in einen schnöden Shopping-Tempel verwandelt. Hier und dort wurde die Fassade noch erhalten, aber im Innern tut sich das immer gleiche Bild von Ladenzeilen auf, Fast-Food-Buden, Coffee-Shops, Zeitschriftenläden, Drogeriemärkte, Schmuckgeschäfte und sonstigem Kommerz, der mit dem Reisen nichts zu tun hat. In seinem Abgesang auf die Reisekultur beschrieb der Journalist Patrick Bahners die Zustände drastisch: »In den herrlichen Bahnhofshallen werden Freiflächen als Verkaufsflächen genutzt. Vor allem stehen hier die Fressbuden, deren dampfende und zum Teil auch stinkende Produkte nach Abfahrt des Zuges und Einstöpseln der Laptops verzehrt werden.«[121]

Den klassischen Bahnhof, der die Reisenden mit großer Geste empfängt, gibt es nicht mehr. Jeder Neu- und vor allem Umbau der letzten zwanzig Jahre wurde unter dem Diktat der Ökonomie der Aufmerksamkeit durchgeführt. Die Grundhypothese, unter der alle Gestaltungen durchgeführt wurden, ist rasch erläutert. Der Reisende verbringt in den Verkehrsbauten (Bahnhof, Flughafen) viel Zeit, er wartet. Diese Zeit lässt sich einer ökonomischen Verwertung zuführen – die Betreiber der Verkehrsbauten stehlen den Reisenden die Zeit und verkaufen sie an die Ladenbetreiber, und zwar in Form hoher Mieten. Deshalb folgt die Gestaltung der Knotenpunkte diesem Imperativ: maximiere die Ausnutzung des Gebäudes durch Läden.

Die Maxime der Architektur von Neu- und Umbauten liegt auf der Hand: Lenke die Ströme der Reisenden so, dass sie an möglichst vielen Ladenlokalen vorbeigehen müssen, bevor sie das Verkehrsmittel erreichen. So wird die Zeit, die die Reisenden in den Verkehrsbauten verbringen, durch verlängerte Wege künstlich ausgedehnt. Längere Wege schaffen mehr vermietbare Fläche.

Erkennbar ist das zum Beispiel an den Umbauten, die am Konrad-Adenauer-Flughafen Köln/Bonn – meinem Heimatflughafen – in den Jahren 2007 bis 2009 vorgenommen wurden. Zuvor war das Gebäude ein Muster an Effizienz, es gab nur wenige Flughäfen, auf denen der Weg (und damit die verbrauchte Zeit) vom Taxi bis ins Flugzeug so kurz war wie hier. Inzwischen aber müssen die 30 000 Reisenden, die jeden Tag den Flughafen nutzen, mit Koffern, Kindern und Reisetaschen vom Parkhaus einen vier- bis fünfmal längeren Weg zurücklegen, obwohl die Flugzeugtür nicht weiter weggerückt ist. Die Umwege wurden bewusst geschaffen, um einer endlos erscheinenden Kette von Händlern, Dienstleistern, Kaffeebars und Fast-Food-Outlets die Kunden zuzuführen. In Flughäfen dieses Typs muss der Reisende dreimal bezahlen: mit Geld, das er als »Abfertigungsgebühr« oder »Flughafensteuer« entrichtet, mit Zeit, weil er durch die erzwungene Wegführung unnötig lange zu seinem Verkehrsmittel braucht, und mit Aufmerksamkeit, weil der Betreiber die Zeit der Reisenden an die Ladenbesitzer verkauft.

Die Entwicklung am Flughafen Köln/Bonn ist symptomatisch: Flächendeckend wurden die Airports hierzulande in Einkaufszentren mit Anschluss an das Luftverkehrsnetz umgewandelt: Die Flughäfen in Hamburg, Düsseldorf, Leipzig, Frankfurt/Main und München etwa liefern ein Abbild des neuen Konzepts. Der 2011 schließende Flugplatz Berlin-Tegel ist bislang noch eine Ausnahme, aber die Hauptstädter und Berlin-Touristen werden sich bald umstellen müssen. Das weit vor den Toren der Stadt (Zeitverbrauch!) liegende Drehkreuz Berlin-Brandenburg International (BBI), das 2011 eröffnet werden soll, wird sich der üblichen Konsumausrichtung anschließen. Welche Dimensionen die erzwungene Shopping-Zeit einnimmt, zeigen die Zahlen: 140 Millionen Menschen werden pro Jahr nur an den hier genannten Airports gegängelt, sich durch die Shopping-Zonen zu bewegen. Die Eigenwerbung des BBI-Immobilienvermarktes tönt: »Die gestalteten Freiflächen mit Begrünung sorgen für eine angenehme Atmosphäre und eine hohe Aufenthaltsqualität. Die BBI Airport City soll Geschäftsleuten, Besuchern der Stadt und den viereinhalb Millionen Menschen, die im

Großraum leben, eine einmalige Kongress-, Entertainment- und Erlebniswelt werden.« Es geht um einen Flughafen, wohlgemerkt.

Mathias Lüdecke, beim BBI zuständig für den Vertrieb der noch im Bau befindlichen Flächen, frohlockt: »Profitieren Sie von den Impulsen, die von der Entwicklung des neuen Hauptstadtflughafens ausgehen, und nutzen Sie diese für Ihren wirtschaftlichen Erfolg.«[122] Das kann er siegesgewiss verkünden, denn der BBI wird sich zwar in die Reihe der unpraktischen, zeitfressenden Flughäfen einreihen. Aber was zählt das, wenn hier ein Projekt entsteht, das mit den angestrebten 140 Millionen Besuchern sich in die Liga der meistfrequentierten Einzelhandelsstandorte Deutschlands an die Spitze drängelt? Zum Vergleich: Das Centro in Oberhausen, eine Shopping-Mall wie der zukünftige BBI, allerdings ohne angeschlossenen Flughafen, kommt lediglich auf 23 Millionen Besucher im Jahr.

Böse Vision: Prämien für jede Verspätung?

Die Flughafenbetreiber haben längst die Einnahmen aus dem Mietgeschäft in ihre Finanzplanung einkalkuliert, wobei sich der Mietpreis der Einzelhandelsgeschäfte in der Regel aus einem Sockelmietbetrag und einer Umsatzbeteiligung zusammensetzt. Je mehr die Kasse in den Geschäften klingelt, desto besser für die Flughafenbetreiber. Der Hamburger Flughafen Fuhlsbüttel wurde nun – übrigens mit staatlicher Förderung – über Jahre hinweg »modernisiert«, sprich in ein Shopping-Center mit Landebahn verwandelt. Rund vierzig Shops und Geschäfte sowie mehrere Restaurants und Bars wurden neu eingerichtet. Durch den Flughafen Fuhlsbüttel bewegen sich knapp 13 Millionen Passagiere jedes Jahr. Einige werden von Verwandten oder Freunden bis zum Sicherheitscheck begleitet. Der Flughafenbetreiber rechnet jährlich mit 20 Millionen Gästen. Sie sollen 120 Millionen Euro Umsatz einbringen. Flughafen-Chef Eggenschwiler gab bei der Eröffnung unumwunden zu: »Es ist heute kaum möglich, die gesamten Kosten eines Flugbetriebes auf die

Flugtickets umzulegen.«[123] Der Airport sei deshalb auf die Mieteinnahmen aus den Shops angewiesen.

Was die Luftfahrtunternehmen anders sehen. Auf dem Frankfurter Flughafen werden jährlich über 80 Millionen Passagiere »verladen« – im doppelten Wortsinne. Während sie auf ihren Flug warten, lauern in den Wartehallen die Kaufangebote. Der Fraport-Konzern erwirtschaftete 2008 einen Umsatz von 2,1 Milliarden Euro, davon ein Fünftel im Bereich »Retail & Properties«, zu deutsch: »Einzelhandel & Liegenschaften«. Solche Zahlen beeindrucken nicht nur die Investoren, sondern auch die Luftfahrtgesellschaften, die sich in diesem Sommer zu Wort meldeten. Sie wollten an den Handelsumsätzen beteiligt werden, schließlich würden sie durch ihre Dienstleistung erst solche Zahlen ermöglichen. So ändern sich die Zeiten: Gab es früher Geschäfte zur Versorgung der Reisenden, gibt es jetzt Reisende zur Versorgung der Geschäfte.

Und wenn man das konsequent zu Ende denkt, dann kann man sich vorstellen, dass die Fluggesellschaften und das Bahnpersonal sie Prämien für jede Verspätung zahlen lassen. Denn je länger die Reisenden ihre Zeit in den Wartehallen verbringen müssen, desto mehr werden sie konsumieren. Zumindest auf den Flughäfen profitiert der Handel dabei obendrein vom »Duty-Free«-Image aus vergangenen Tagen.

Bei all der Inszenierung geht es – das wird niemand anders erwarten – nicht um irgendeine Art der Kundeninformation, sondern um genau das Gegenteil: um emotionale Manipulation der Kunden, die durch das Shoppingerlebnis in einen Kaufrausch gebracht werden sollen. Konsum als Droge.

Kauf- und noch mehr Finanzentscheidungen sollten mit dem Kopf getroffen werden – so wie man seine Stimme für eine politische Partei auch erst nach nüchterner Abwägung abgeben sollte. Bei Entscheidungen in Geldfragen sind aber stets starke Emotionen im Spiel. Und Emotionen sind ein schlechter Ratgeber. Der Psychologe Daniel Kahneman von der Princeton University unternahm ein Experiment, bei dem er Menschen in Kernspintomographen steckte und ihnen Fragen zu Finanzangelegenheiten stellte. Immer dann, wenn sich die Probanden schnell für einen Kauf oder eine Anlage entschieden, war vor allem das Kleinhirn aktiv. Dieser Teil des Gehirns wird auch »Reptilienhirn« genannt, weil es blitzschnell ein Millionen Jahre altes Programm aufruft, uns also evolutionsgeschichtlich mit den Reptilien verbindet. Angriff, Flucht, Verteidigung, Fressen und Gefressenwerden sind die Überlebensgrundlagen dieses Programms.[124] Für seine Forschungen erhielt der amerikanische Verhaltenspsychologe 2002 den Nobelpreis.

Wenn wir nicht mehr in der Lage sind, Informationen mit dem Kopf zu analysieren, werden wir von diesen uralten und triebgesteuerten Reaktionen bestimmt, intuitiven Urteilen und damit letztlich von unseren Emotionen. Je mehr und je widersprüchlichere Informationen auf uns einprasseln, je mehr diese Informationen emotional verpackt und als Event inszeniert sind, desto eher schaltet unser Hirn von »Homo oeconomicus« in den Modus eines Reptils.

Die US-Immobilienblase und tief verankerte Emotionen

Mit genau solchen Effekten arbeitet die Desinformationswirtschaft, und genau so kommt es dann zum Informations- bzw. Finanzcrash. Es sind die Emotionen, die Blasen entstehen lassen, nicht vernünftige Entscheidungen, wie an der langen Geschichte der US-amerikanischen Immobilienblase anschaulich nachzuvollziehen ist.

In den neunziger Jahren befand sich der amerikanische Immobilienmarkt in einem zyklischen Tief. Doch dann begannen die Häuserpreise während der New Economy parallel zu den Aktienkursen zu steigen, wenn auch deutlich langsamer als diese. Seit 2001 gab es schließlich kein Halten mehr. Nachdem die Technologieblase kollabiert war, versuchte der Vorsitzende der amerikanischen Notenbank Alan Greenspan durch eine wagemutige Niedrigzinspolitik zusätzliche Liquidität in die Wirtschaft zu bringen. Dahinter steckt die alte Idee, dass billiges Geld zum Konsum und Konsum zu Wachstum führe. Was nicht falsch ist. Aber wenn zu viel Geld im Umlauf ist, wird das Geld eben nicht mehr in Konsum, sondern in Spekulation gesteckt. Zunächst geschah dies in ganz bescheidenem Ausmaße.

In diesem Fall absorbierte der US-Immobilienmarkt die von Greenspan geschaffene Geldflut. Scheinbar handelte es sich bei Häusern und Immobilien um solide Objekte, und scheinbar kletterten deren Preise stetiger als Aktienkurse oder sonstige Finanzvermögenswerte, die ja im New-Economy-Crash gerade erst abgestürzt waren.

Der amerikanische Immobilienboom nahm aber schnell ebenfalls groteske Züge an.[125] Im Jahr 2006 stand der amerikanische Case-Shiller-Hauspreis-Index bei 200 Punkten – 80 Punkte über der langfristigen Trendlinie. Wohlgemerkt, es handelte sich um einen Durchschnittswert; in den »heißen« Märkten der Vereinigten Staaten waren die Preise in völlig irreale Höhen geschnellt.[126] Immobilienmakler und sogenannte »House Flipper«, also Menschen, die ein Haus kaufen, vielleicht (aber nicht unbedingt) renovieren und danach sofort weiterveräußern, waren die neuen Helden des amerikanischen Traums. Aktienhändler und -spekulanten hatten abgedankt. Denn jetzt nahmen auch die Häuserpreise schwindelerregende Dimensionen an.

Anfang der 1990er Jahre lebte ich mit drei weiteren Doktoranden in Princeton in einem kleinen Haus, das nach dem Zweiten Weltkrieg für heimkehrende Soldaten gebaut worden war. Es hatte vier Zimmer (zwei davon mit Dachschräge) und ein Wohnzimmer für uns alle und kostete damals 130 000 Dollar. Knapp zehn Jahre später bekam der Eigentümer 360 000 Dollar dafür. 2006 war der Wert auf über 600 000 Dollar gestiegen. Das hatte natürlich auch mit der Lage in Princeton zu tun. Der durchschnittliche Kaufpreis für ein Appartement in Manhattan kletterte innerhalb von zehn Jahren von 400 000 Dollar auf 1 400 000 Dollar im Jahr 2005. Das teuerste New Yorker Vierzimmerappartement war Anfang 2006 für 55 000 Dollar pro Monat im Trump Tower zu mieten. Ein Stadthaus, das 1987 noch 6,9 Millionen Dollar kostete, wurde 2006 für 50 Millionen angeboten.[127]

In den Boomregionen des Landes – Florida, im Südwesten Amerikas wie zum Beispiel Phoenix oder Las Vegas, in Kalifornien und an der Ostküste – entstanden gigantische Retortensiedlungen. Im Frühjahr 2008 fuhr ich durch die Vororte von Phoenix, Arizona (in den Jahren zuvor eine der am schnellsten wachsenden Städte der Vereinigten Staaten) und konnte dort Tausende von großen Häusern auf winzigen Grundstücken sehen, von denen vielleicht nur jedes vierte oder fünfte bewohnt war. Diese Häuser werden wahrscheinlich verfallen, bevor sie jemals einen Bewohner finden.[128] Ökonomen nennen so etwas »Fehlallokationen von Kapital«, der Volksmund würde »Geldverschwendung« sagen. Früher hätte man es einzig der sozialistischen Planwirtschaft zugetraut, Fehlallokationen in einem solchen Ausmaß zu verursachen. Jetzt wissen wir, dass der Hyperkapitalismus das auch hinbekommt.

Die US-Immobilienblase ist durch eine Vielzahl von Faktoren mitverursacht worden: Greenspans Politik des leichten Geldes, die allgemeine Neigung der US-Haushalte, sich zu verschulden, die Verbriefung von Hypothekenschulden durch die Investmentbanken sowie das verantwortungslose Vorgehen vieler Geschäftsbanken bei der Kreditvergabe.[129] Doch neben all diesen ökonomischen Facetten spielte die amerikanische Wohnungsbau- und Immobilienpolitik eine tragende und verhängnisvolle Rolle. Sie bediente eine tief in der Psyche des amerikanischen Volkes sitzende Emotion: den »American Dream«!

Das eigene Haus ist fester Bestandteil eben dieses American Dream. Anders als in Kontinentaleuropa, wo in den Städten und sogar auf dem Land viele Menschen in Appartementhäusern und Mietwohnungen leben, war das Eigenheim schon immer Ziel (fast) jeden US-Bürgers. Wer ein eigenes, frei stehendes Einfamilienhaus erwirbt – und sei es in einer noch so monotonen Vorortsiedlung –, ist mit einem Schlag ein »richtiger« Bürger der Vereinigten Staaten. Erst danach wird der soziale Status dadurch definiert, in welcher Nachbarschaft man lebt und wie groß das eigene Domizil ist. Schon immer haben die Amerikaner deshalb für ihre Häuser einen relativ höheren Anteil ihres Einkommens ausgegeben als die Europäer, die ihr Geld im Durchschnitt eher in Reisen, Essen und Kultur investierten. »My home is my castle« – dieser englische Ausspruch passt auch auf die Bewohner der USA.

Im 19. Jahrhundert vermochte die amerikanische Bundesregierung nicht viel für die Einwanderer zu tun, sie konnte ihnen aber ein Stück Land zuweisen (im frühen 20. Jahrhundert war der Grund und Boden schließlich verteilt). Darin kann der große emotionale Wert begründet liegen, den viele Amerikaner ihrem eigenen Haus zuschreiben. Genauso wichtig ist: Man kann die Hypothekenzinsen von der Einkommensteuer absetzen – dies ist ein entscheidender Steuervorteil gegenüber vielen europäischen Ländern. Wir bezahlen unsere Hypothekenzinsen aus dem versteuerten Einkommen, weil der Staat das eigene Haus oder die eigene Wohnung als Konsum ansieht. Amerikaner können die Zinsen für den Erstwohnsitz mehr oder weniger komplett von der Steuer absetzen, und je stärker das Haus verschuldet ist, desto größer ist der Steuervorteil!

Das deutsche System des Bausparens fördert das Ansparen einer Summe durch Privathaushalte. Wird das Bauvorhaben in die Realität umgesetzt, kann der Bauherr die Größenordnung der angesparten Summe noch einmal als zinsbegünstigtes Darlehen aufnehmen. So sollte eine ideale Wohnungsbaupolitik und Eigentumsförderung aussehen, es ist ein System der Nachförderung. Gefördert wird nur dann, wenn der potentielle Bauherr bewiesen hat, dass er mit Geld umgehen kann; immerhin hat er schon ein erhebliches Eigenkapital zusammengespart. In den USA sieht es anders aus, da wird eine Vorförderung durch Zinsabzug favorisiert, die das Schuldenmachen begünstigt.

Während der »Großen Depression« von 1929 wurde von der Regierung Franklin D. Roosevelts der Besitz eines Eigenheims zur Priorität erklärt. Die Federal Housing Administration (FHA) wurde gegründet, um Hauseigentum bei einkommensschwachen Schichten zu fördern. Das war durchaus sinnvoll, denn in vielen Regionen waren bereits Zeltstädte entstanden. Die FHA trat zum Beispiel bei bestimmten Hypotheken als Bürge ein. Und nach dem Zweiten Weltkrieg half die Behörde heimkehrenden Kriegsveteranen, Häuser zu erwerben. Die FHA war auch maßgeblich daran beteiligt, dass es in Amerika noch heute Hypothekenkredite mit dreißigjähriger Zinsbindung zu erschwinglichen Konditionen gibt. Eine dreißigjährige Zinssicherheit ist fantastisch für den Eigentümer – und problematisch für die Banken, da diese sich refinanzieren müssen, also bei der Geldbeschaffung möglicherweise höhere Zinsen zahlen müssen und dadurch drauflegen. Deswegen gehen deutsche Banken normalerweise nur Zinsbindungsfristen von maximal 15 Jahren ein.

1965 ging die FHA im Ministerium für Haus- und Stadtentwicklung auf, dem Department of Housing and Urban Development (HUD). Mittlerweile verwaltet die Behörde ein Budget von 31 Milliarden Dollar und betreibt eine Vielzahl von Programmen: Sie subventioniert zum Beispiel Polizisten oder Lehrer, die bereit sind, in sozial schwierigen Gegenden zu wohnen, auch Aidskranke oder Veteranen, die kein eigenes Dach über dem Kopf haben. Und HUD bietet den Banken weiterhin Bürgschaften (»Versicherungen« genannt) für ökonomisch schwächere Käufer von Häusern an. Es erwirbt zudem Häuser von Banken, bei denen die Eigentümer ihre Hypotheken nicht mehr zahlen konnten, und bringt diese wieder auf den Markt.

Die Federal National Mortgage Association (Fannie Mae) und die Federal Home Loan Mortgage Corporation (Freddie Mac) – staatlich gestützte Banken – kaufen auf die eine oder andere Art einen Großteil aller privaten Hypotheken auf. Sie können sich aufgrund staatlicher Garantien billiger refinanzieren. Das System ist insofern standardisiert, als die Sparkassen und Banken Hypotheken meistens nur vergeben, wenn HUD, Fannie Mae oder Freddie Mac zugestimmt haben, die Hypothek im Nachhinein zu übernehmen. Anders als in Deutschland gibt es also keine großen Hypothekenbanken, sondern zwei staatsnahe Megabanken sowie viele kleine Banken, die im Prinzip die von den Megabanken genehmigten Hypotheken nur noch verkaufen und als Schnittstelle zum Kreditnehmer dienen, nicht aber die eigentliche Kreditentscheidung treffen.

Stärker als jede Vernunft: der American Dream

Alle Regierungen in den USA, ob nun George H. W. Bush, Bill Clinton oder George W. Bush, unterstützten eine großzügige Wohnungspolitik, bei der viele Amerikaner – auch solche, die im europäischen Maßstab eigentlich nicht kreditwürdig waren – Häuser auf Kredit kaufen konnten. Die Regierung Clinton zum Beispiel bedrängte Fannie Mae und Freddie Mac, mehr Hypotheken in Ortschaften mit niedrigem Durchschnittseinkommen zu vergeben, und nutzte den Community Reinvestment Act (Gesetz zur Investition in Kommunen), die Banken dazu zu bewegen (oder zu zwingen), diese Politik zu verfolgen. Im Jahr 1999 verhinderte die präsidiale Arbeitsgruppe zu den Finanzmärkten (Mitglieder: Alan Greenspan, der damalige Finanzminister Robert E. Rubin sowie Arthur Levitt Jr., Vorsitzender der Börsenaufsicht SEC), dass Brooksley E. Born, der Vorsitzende der Commodity Futures Trading Commission, Derivate und Kreditderivate besser regulierte. Im selben Jahr wurde auch das nach dem Börsencrash von 1929 erlassene Glass-Steagall-Gesetz aufgehoben. Demzufolge hätten Geschäfts- und Investmentbanken nicht unter einem Dach existieren dürfen. Der amerikanische Kongress vereitelte zudem Versuche, Fannie Mae und Freddie Mac besser zu regulieren und ihr Wachstum in gesunde Bahnen zu lenken. Jede vernünftige Regulierung wurde dem amerikanischen Traum geopfert.

Bis Anfang des neuen Jahrtausends funktionierte das System erstaunlich gut. Noch nie hatten so viele Amerikaner ein »eigenes« Haus. Während 1950 etwas mehr als die Hälfte aller Amerikaner ein Heim ihr Eigen nennen konnten, war diese Zahl bis 2002 auf zwei Drittel angestiegen – trotz einer drastisch erhöhten Verschuldung der Privathaushalte. Vordergründig hatte die amerikanische Politik ihr Ziel erfüllt – der American Dream war anscheinend viel mehr Menschen zugänglich geworden.

Zwischen 2000 und 2006 fand – geduldet oder sogar gefördert von der US-Politik – der Dammbruch statt. Die Verschuldung vieler Haushalte erreichte ein bislang unbekanntes Niveau. Während ein Privathaushalt im Jahr 2000 nur durchschnittlich das gut Dreifache seines Jahreseinkommens als Kredit aufnehmen durfte, war es 2006 mehr als das Neunfache. Zwar ist für die gängigen Kredite (sogenannte »Conventional Mortgages« oder »Conforming Loans«) in den Vereinigten Staaten genauso wie in Deutschland eine Eigenkapitalquote von 20 Prozent notwendig, doch schon seit den 1990er Jahren nahmen immer mehr Haushalte Sonderkredite (nämlich sogenannte »Unconventional Mortgages« oder »Non-Conforming Loans«) auf, bei denen die Eigenkapitalquote deutlich geringer, zum Teil sogar bei null Prozent liegen konnte.

Ab 2000 wurden die regulatorischen Bedingungen schließlich so weit gelockert – und oft genug wurden noch zusätzlich bei der Kreditvergabe ein oder beide Augen zugedrückt –, dass die Verschuldung im Immobiliensektor explodierte. Während der durchschnittliche amerikanische Haushalt im Jahr 2000 rund 110 000 Dollar Schulden machen konnte, stieg diese Summe in nur sechs Jahren auf 363 000 Dollar an.[130]

Am 7. September 2008 – acht Tage vor der Lehman-Pleite – stellte sich heraus, dass das System der amerikanischen Wohnungspolitik auf wackeligen Füßen stand und zu einem großen Teil auf Illusionen, teilweise sogar auf Lug und Trug aufgebaut war. An diesem Tag wurden nämlich Fannie Mac und Freddie Mac verstaatlicht, weil die Zahlungsunfähigkeit drohte. Die beiden Megabanken wurden der Verwaltung der neu geschaffenen Federal Housing Finance Agency (FHFA) unterstellt. Die Insolvenz eines oder beider Unternehmen hätte dramatische Folgen gehabt: Zusammen besaßen oder garantierten sie nämlich ungefähr die Hälfte aller amerikanischen Wohnbaukredite, also sechs bis zwölf Billionen Dollar. Zum Vergleich: Im selben Jahr lag das US-Bruttoinlandsprodukt bei cirka 14 Billionen Dollar.

Schon am 22. Dezember 2004 hatte Fannie Mae in einer Pressemitteilung bekanntgegeben, dass die eigenen Bilanzen nicht mit den Grundsätzen ordnungsgemäßer Buchführung in Einklang stünden. Wo Privatunternehmen von der strengen amerikanischen Börsenaufsicht Securities and Exchange Commission (SEC) mit empfindlichen Strafen zu rechnen gehabt hätten, kam das staatsnahe Unternehmen mit einer Ermahnung davon.

Bis heute hat Fannie Mae für die Jahre 2004 und 2005 keine Bilanzen vorgelegt. Die amerikanische Öffentlichkeit ignorierte dies weitgehend. Auch die Politik wurde nicht aktiv. Niemand wollte das Luftschloss der Immobilienblase zum Einsturz bringen. Offenbar waren – quer durch alle beteiligten Instanzen – die kulturell tief verankerten Emotionen weiterhin größer als jede ökonomische Vernunft. Das ist der eigentliche Skandal!

Wirtschaftsnachrichten im Stil eines Sportereignisses

Das einzig wirksame Gegenmittel gegen übertriebene und verwirrende Emotionen sind nüchterne sachliche Informationen. Dass die einst so abstrakten Wirtschaftsmeldungen inzwischen auch in der breiten Bevölkerung auf Interesse stoßen, ist an und für sich begrüßenswert. Börsennachrichten sind seit einigen Jahren sogar Dauergast bei der Tagesschau; als ein der Aufklärung verhafteter Ökonom könnte und müsste ich also eigentlich jubilieren. Ich tue es nicht. Denn die vermeintlichen Fakten, die da tagtäglich über den Bildschirm flackern, sind nichts als Verblendungen und Verblödungen einer desinformierten Öffentlichkeit.

»Bis wohin könnte der DAX fallen?«, wird da gefragt. Oder: »Bis wohin steigt der DAX?« Und obwohl diese Frage nicht seriös zu beantworten ist (kurz- und mittelfristige Börsenbewegungen beruhen auf Erwartungen der Aktionäre, und diese kann kein Mensch vorhersagen), findet sich immer irgendein Experte, der eine klangvolle Antwort gibt. Dabei ist diese Frage für eine Kapitalanlage absolut unwichtig, da in einem Index lediglich Durchschnitte abgebildet werden, also sich darin die Werte von guten und schlechten, billigen und teuren Unternehmen befinden. Aktien und Wertpapiere haben einen bestimmten fairen Wert, der bei stabilen und soliden Unternehmen (aber nicht bei vielen Bankprodukten) durch betriebswirtschaftliche Methoden bestimmt werden kann. Entweder sind die Wertpapiere unterbewertet – dann kauft man – oder sie sind überbewertet – dann verkauft man. Es ist aber ein vergebliches Unterfangen, Börsenbewegungen vorherzusagen, also auch Indizes einzuschätzen.

Nichtsdestotrotz nimmt die Kommentierung der Indexbewegungen sowie die Börsenberichterstattung anhand von Indizes auf Finanzportalen, in Zeitungen, Radio und Fernsehen einen sehr großen Raum ein. Bei den meisten Finanzportalen sind die Tagesbewegungen der größten Indizes auf der Startseite abgebildet.

Das hat zwei Gründe. Erstens wird ein Mechanismus aktiviert, den Finanzforscher, die sich auch mit Verhaltensformen beschäftigen, »Verfügbarkeitsheuristik« nennen. Heuristiken sind Abkürzungen, die unser Gehirn nimmt, um die komplexe Realität besser verarbeiten zu können. In diesem Fall geht also unser Gehirn davon aus, dass die Indexstände (oder Kurse) für die Anlagestrategie maßgeblich seien, weil diese Daten greifbar sind und weil ständig darüber berichtet wird. Und so sind die Finanzmärkte, die sich ständig auf sich selbst beziehen – die sogenannte Chartanalyse ist nichts anderes – im Prinzip vergleichbar mit Kaffeesatzleserei – und zwar deshalb, weil sie sich nicht an sinnvollen Größen orientieren.

Zweitens ist es aufregend, die Kursbewegungen zu verfolgen – auch wenn es nichts mit einer soliden Investmentstrategie zu tun hat, sich um stündliche Ausschläge der Kurve zu kümmern. Das Kleinhirn wird aktiv.

Ein Beispiel: Als im Januar 2009 der größte Quartalsverlust in der Geschichte der Deutschen Bank (insgesamt 3,8 Milliarden Euro) gemeldet wurde, suchten die Journalisten nach kompetenten Interviewpartnern. Auch ich wurde von Journalisten deswegen befragt. Meine Antwort war einfach: Die Deutsche Bank hatte in den beiden Jahren zuvor einen Jahresgewinn gemacht, der höher war als der Verlust von 2008. Wenn also die Bank im schlimmsten Börsenjahr seit 1931 einen Verlust in Höhe eines normalen Jahresgewinns aufweist, ist das ein Zeichnen *für die Stärke* und eben nicht für die Schwäche des Instituts – zumal die Deutsche Bank auch auf staatliche Beihilfen verzichtet hatte.

Doch meine nüchterne und unbeeindruckte Einschätzung, mit der ich ganz sicher nicht allein stand, fand keinen Widerhall in den Meldungen. Offenbar wollte man die Meldung lieber dramatisieren. Von fachkundigen Einschätzungen unbeirrt titelte die Nachrichtenagentur *Reuters* reißerisch: »Deutsche-Bank-Verlust schockiert Börsianer – DAX fällt.«[131]

Damit passten die von *Reuters* vermittelten Nachrichten ins generelle Bild. DAX-Stände, Unternehmensgewinne sowie andere Wirtschaftsnachrichten werden im Stil eines Sportereignisses oder einer Naturkatastrophe gemeldet und damit zu spannenden Ereignissen umfrisiert. Dabei sind diese News (meistens) keine Wettkämpfe, schon gar keine Naturkatastrophen, sondern durch Menschenwerk entstandene Zusammenhänge, die der sorgfältigen Interpretation bedürfen. Doch genauso, wie manche Menschen Samstag für Samstag die Sportberichterstattung verfolgen, um zu erfahren, welche Fußballmannschaft sich im Kampf um die Meisterschaft auf welchem Rang befindet, schauen sich die Börsen-»Fans« die Kursbewegungen der Unternehmen an. Ist deswegen irgendein Anleger über irgendetwas wirklich informiert? Nein!

Beim Fußball mag es egal sein, dass einem Couchpotato vom Zuschauen keine Muskeln wachsen. Im Finanzwesen ist es aber durchaus von Vorteil, wenn man mit der Zeit einen Zuwachs an Kompetenz gewinnt. Deswegen ist es so erschütternd, dass Informationsdienste immer mehr ihre Aufklärungspflicht vernachlässigen.

Generell lässt sich feststellen, dass Medien sich fast immer prozyklisch verhalten, also einfach nur vorhandene Stimmungen aufnehmen und noch verstärken. Geht es der Wirtschaft gut, wimmelt es in den Wirtschaftsmedien von »Chancen«. Wachstum ist das Credo. Geht es den Märkten schlecht, macht sich demgegenüber Pessimismus oder Weltuntergangsstimmung breit. Die Medien sind zu Stimmungsindikatoren geworden und haben ihre einstige Rolle als strategische Richtungsgeber größtenteils aufgegeben. Wenn sich die *Bild*-Zeitung eines Wirtschaftsthemas annimmt, ist meist der Höhepunkt der Euphorie oder der Panik erreicht. So titelte die Zeitung in ihrer Ausgabe vom 22. Februar 2000: »Reich werden mit Aktien. Geldrausch! Frauen spekulieren mit dem Haushaltsgeld.«[132] Keine drei Wochen später platzte die Technologieblase. Im April 2008 konnte man in *Focus Money* folgende Überschrift lesen: »Öl-Aktien: die Jahrhundertchance.«[133] Das war für mich ein deutliches Signal, meine Ölaktien abzustoßen.

Die Suche, nein, Sucht nach dem besten Bild

Man könnte die Finanzberichterstattung einfach machen, aber das ist dann nicht mehr aufregend und erst recht nicht mehr als spannende Tagesnachricht zu versenden. Bei den Aktienmärkten zählt nämlich vor allem eins: Wie hoch ist die gesamte Börsenbewertung eines Landes im Verhältnis zu seiner Wirtschaftsleistung, etwa zum Bruttoinlandsprodukt? Unter Börsenbewertung versteht man die Gesamtzahl der Aktien multipliziert mit dem jeweiligen Kurs. Das Bruttoinlandsprodukt errechnet sich aus der Summe aller im Land produzierten Güter. Teilt man das eine durch das andere, ergibt sich ein Wert – und der ist relevant.

Als zum Beispiel im Jahr 2000 fast jeder Aktien besitzen wollte, waren amerikanische Anteilsscheine mit 200 Prozent des Bruttoinlandsprodukts bewertet, deutsche mit mehr als 150 Prozent. Das konnte als teuer eingestuft werden. Im Frühjahr 2009 waren die amerikanischen Anteilsscheine mit weniger als 70 Prozent, die deutschen mit weniger als 50 Prozent des Bruttoinlandsprodukts bewertet. Das war billig. Dennoch wollte im März 2009 kaum jemand Aktien haben. Das ist zwar mitten in einer gewaltigen Finanzkrise emotional nachvollziehbar, aber in Wahrheit vollkommen irrational. Nur wollte das in den Interviews, die ich zu dieser Zeit gegeben habe, keiner hören. Stattdessen wurden bunte Bilder von abstürzenden Kurven in die Welt gesendet, die das Ausmaß des Crashs verdeutlichten – und die Angst schürten.

Der Vormarsch des Bildes ist dabei wesentlicher Motor einer flächendeckenden Verbreitung von Desinformation. »Bilder, Bilder, Bilder«, so lautet das Mantra der erfolgreichen, also Quote, Klicks und Auflage schaffenden Medienproduktion. Die

Sucht des Publikums nach dem besten Bild wurde durch das Internet noch einmal zu einer neuen Höhe geführt. Ohne Bilder geht gar nichts mehr.

Von diesem Megatrend konnte sich sogar die *Frankfurter Allgemeine Zeitung (FAZ)* nicht mehr ausschließen. Die Tageszeitung war seit ihrer Gründung ein textgetriebenes Medium, ihre Stärken sind der gründlich abgewogene Text und die differenzierte Berichterstattung. Weil das Platz braucht, ist die *FAZ* keine Zeitung mit vielen Abbildungen. Andere Presseorgane begannen früh, ihre Titelseiten mit Fotos aufzuwerten, bald hielt auch der Farbdruck Einzug in die Redaktionen der Tageszeitungen. Einzig die *FAZ* blieb standhaft – ihre Titelseite bestand seit der ersten Ausgabe vom Dezember 1949 nur aus Texten. Ausnahmen wurden einzig bei sehr großen Ereignissen gemacht. Als im September 2001 die beiden Türme des New Yorker World Trade Center zum Einsturz gebracht wurden, war das dieser Zeitung ein Bild auf Seite eins wert. Ereignisse dieses Ranges gab es aber in den 58 Jahren seit der Gründung nur 33-mal. Ansonsten verließ sich die *FAZ* auf die Botschaft des gedruckten Wortes.[134]

Das änderte sich mit der Ausgabe vom 6. Oktober 2007. Die *FAZ* schloss sich dem allgemeinen Trend an und bringt seither jeden Erscheinungstag ein gut plaziertes Bild auf der Titelseite, das auch die Käufer am Kiosk anlocken soll. Damit war man spät dran, denn die große Wende war schon Jahre früher eingeleitet worden: Im Jahr 1993 kam das Wochenmagazin *Focus* auf den Markt, das einen neuen Standard prägte. Wer als Verleger eines gedruckten Mediums fortan erfolgreich sein wollte, setzte auf das, was *Focus* vormachte: gedrucktes Fernsehen. Wie die Herde dem Leithammel, so folgte die Print-Branche der Vorlage von Helmut Markwort, dem *Focus*-Chefredakteur von Anfang an: »Bilder zählen«, so lautete die Botschaft. In der Tat dominiert in vielen Beiträgen das Foto, der Text ist tendenziell untergeordnetes Beiwerk. Ein Thema, das die *FAZ* mit 140 Zeilen Text aufbereitet und der *Spiegel* mit hundert Zeilen, ist dem *Focus* allenfalls fünfzig Zeilen wert, damit ein großes Foto Platz hat. Lange Artikel ziehen sich im Nachrichtenblatt aus der Medienstadt München durchaus über vier oder fünf Seiten, aber die journalistische PS-Stärke der Texte erreicht allenfalls das Niveau eines VW-Käfers: Markwort und seine Mannschaft schaffen es, auf vier Seiten nur 120 Zeilen Text unterzubringen.

Mit so wenig Sprache kam bislang kaum ein gedrucktes Massenmedium aus, aber der Erfolg, gemessen an der Auflage, gab dem *Focus*-Verleger Hubert Burda recht. Das Nachrichtenmagazin erreichte in seinen besten Zeiten annähernd die Auflage anderer großer, etablierter Konkurrenzmedien.

Diese Erkenntnis setzte die gesamte Printbranche unter Zugzwang – auch der äußerst selbstbewusste *Spiegel* stellte sich dem neuen Diktum. Er druckte fortan mehr Fotos, machte sie größer als bisher und setzte auf den vorher im redaktionellen Teil nicht verwendeten Farbdruck. Auch Info-Grafiken, ebenfalls ein *Focus*-Standard, hielten Einzug in die redaktionelle Aufbereitung der Themen. »Kein längerer Artikel mehr ohne Torten- und Säulengrafiken!«, so lautete eine der neuen Vorgaben. Den Leser versetzte die Lektüre in die Rolle eines Fernsehzuschauers, der sich mittels der Fernbedienung durch die Programme klickt: Der Zapper war geboren, ein Mediennutzer, der Text- und Grafik-Häppchen zu seiner Standardlektüre gemacht hat und alles verabscheut, was als Text mehr als eine Druckseite beansprucht.

Focus hat diesen Trend nicht in die Welt gesetzt, aber das Magazin hatte ihn besonders effektvoll und konsequent umgesetzt. So rief der amerikanische Historiker und langjährige Direktor der Library of Congress, Daniel Boorstin, schon im Jahr 1961 die Wende aus. »Die optische Revolution« nannte er die Entwicklung, die in den Folgejahren alle Medien erfassen sollte.[135] Zwar hatte es bebilderte Berichterstattung schon immer gegeben, aber die optische Revolution leitete eine Neuerung ein: So passten augenfällige Bildelemente viel besser zu den Erfordernissen der modernen Medienindustrie, die den Raum zwischen den Anzeigen möglichst auflagensteigernd und mit einem Maximum an Unterhaltungswert für den Leser füllen will.

Der Medientheoretiker Marshall McLuhan bezeichnete die Fotografie, die der Erfüllung dieses Zwecks dient, als »eine Aussageform ohne Syntax.«[136] Sie lässt sich von den Mediengestaltern aus dem Zusammenhang reißen, sie lässt sich in den Dienst der gerade erwünschten These stellen – und mittels des Bildes kann die Redaktion dem Leser jenes Gefühl servieren, das dieser nach Meinung der Blattmacher am meisten braucht. Nicht umsonst finden sich auf den ersten zehn Seiten vieler Magazine, etwa beim *Stern,* doppelseitige Bilder mit geringem Informationswert, aber hoher emotionaler Aussage. Zum anderen reduziert es die Mühe für den Nutzer. Ein Bild muss nicht gelesen werden, seine Botschaft erschließt sich (meistens) auf einen Blick.

Die Illustration der Medien hat längst eine Eigendynamik jenseits des ernsthaften Inhalts erlangt. Das zeigen einige Vorgänge, die man als günstige Beeinflussung bezeichnen kann. Beim Antrittsbesuch des italienischen Präsidenten Silvio Berlusconi bei Barack Obama nach seiner Wahl zum Präsidenten der Vereinigten Staaten Anfang 2009 galt die größte Sorge des Italieners nicht den Inhalten, die die beiden Staatschefs zu verhandeln hatten, sondern der Frage, ob es bei dem Treffen zu einer Pressekonferenz im Rosengarten des Weißen Hauses und zu einem Mittagessen der beiden Männer kommt, weil nur dieses Drehbuch die für den Italiener günstigen Bilder ermöglichte.

Das Erzeugen der richtigen Bilder gehört längst zum Handwerk der sogenannten »Spin Doctors«, die hinter den Kulissen die Schritte der von ihnen beratenen Spitzenpolitiker planen. So machte etwa der verstorbene FDP-Politiker Jürgen Möllemann einen seiner Auftritte bei einer Wahlveranstaltung zu einer Inszenierung, die den Medien die von ihnen benötigten Bilder lieferte: Er schwebte zu diesem Anlass mit einem Fallschirm ein.[137] Die Berliner CDU-Abgeordnete Vera Lengsfeld punktete im fast völlig inhaltslosen Wahlkampf im Sommer 2009 mit einer Plakatkampagne, die jeweils ein Foto von Kanzlerin Merkel und ihr selbst nebeneinanderstellte – beide mit tiefem Dekolleté. Dazu der Slogan: »Wir haben mehr zu bieten.«

Eine Botschaft für den politischen Diskurs liefern solche Aktionen nicht, sie sind frei von Inhalt, können aber den Bild-Redaktionen dazu dienen, einen wirksamen »Aufhänger« (Redaktionsdeutsch) für ihre Berichterstattung zu produzieren. Denn was im Kampf um die Aufmerksamkeit des Lesers oder Zuschauers vor allem zählt, sind »Eyecatcher«, Hingucker, personalisierte Geschichten und gefühlsträchtige Überraschungen, nicht der gründlich recherchierte Inhalt.

Ein Bild sagte sehr viel weniger als tausend Worte

Das Foto ist für den Medienkonsumenten der Weg des geringsten Widerstands, denn es ist gefällig, schnell und auch ohne große Vorbildung sofort zu verstehen. Aber ein Bild sagte eben nicht mehr als tausend Worte: Der komplexe Text wird auf das Bild, das jeder versteht, reduziert – und diese Entwicklung ist schon weit vorangeschritten. Längst hat sich die Erzeugung der mit jedem beliebigen Inhalt aufladbaren Bilder so weit verselbständigt, dass sich hier ein neuer Standard der Desinformation entwickelt hat. Um etwa ihre Forderung nach mehr Investitionen in Bildungseinrichtungen zu unterstützen, bauten Schüler und Studenten auf der über Jahrzehnte durch Massendemonstrationen republikweit bekannten Bonner Hofgartenwiese für eine Woche eine Zeltstadt auf. Mit ihren Forderungen hatte diese gezielt geschaffene Symbolik nichts zu tun, aber sie sicherte den Veranstaltern im Juni 2009 den Zugang zur Berichterstattung in den Massenmedien. Die Studenten hatten begriffen: Wir müssen den Medien das richtige Futter liefern – Bilder!

Ein älterer Vorfall zeigt die subtile Professionalität, mit der mitunter gearbeitet wird: Als die Wahlkampfmanager das etwas blasse Bild ihrer Premierministerin Margaret Thatcher aufpolieren wollten, fuhren sie die Spitzenpolitikerin ins abgelegene Cornwall, ließen sie dort Gummistiefel anziehen und durch den Schlamm auf einer Farm waten. Am Folgetag setzten sie Mrs. Thatcher auf einen gigantischen Bulldozer, den die Premierministerin in Bewegung setzte. Politische Inhalte wurden hier nicht kommuniziert, obwohl oder gerade weil ein Tross von Kameramännern die Reise begleitete. Es ging allein um die Schaffung der von den Spin Doctors erwünschten Bilder.[138]

Stets erkennen wir dasselbe Muster: Der FDP-Vorsitzende Guido Westerwelle ließ sich auf seine Schuhsohlen eine »18« in blauen Lettern auf gelbem Grund kleben,[139] ging damit in Talkshows und achtete darauf, dass die Kameras die Unterseite seiner Schuhe auch einfangen konnten. Der Bundesverband Junger Unternehmer (BJU) schickte eine Abordnung von Firmeninhabern in die seinerzeitige Bundeshauptstadt Bonn – und ließ die kleine Truppe bilderwirksam wie eine APO-Gruppe zu einer »Unternehmer-Demo« aufmarschieren. Ein eigenständiger Inhalt wird in all diesen Fällen nicht geliefert, aber die Bilder gelangten an die von ihren Regisseuren angepeilten Plätze in den Medien. Das zeigt, dass mit dem zunehmenden Gewicht der Bilder auch der Desinformation breiter Raum eingeräumt wird.

Längst bekommen die Redaktionen sorgsam konzipierte Arrangements von den Absendern aus Politik und Wirtschaft frei Haus geliefert, die von den Medien beauftragten Fotografen und Kameramänner brauchen nur noch ihre Geräte in Betätigung zu setzen.

Damit hat aber auch ein neues Konkurrenzprinzip Einzug in die Medienwirtschaft gehalten: Es zählt nicht mehr die wichtigste Nachricht oder die bedeutendste Information, sondern die Geschichte, zu der es das beste Bild gibt. Eigens zum Zweck der medialen Verwertung geschaffene »Pseudo-Ereignisse«, wie der bereits oben zitierte Historiker Daniel J. Boorstin derlei sehr treffend titulierte, halten Einzug in die Berichterstattung und machen diese zur Desinformation. Der Standard der seriösen Berichterstattung ist damit längst durch einen neuen verdrängt.

Im Zweifel sind der Kleidungsstil der Bundeskanzlerin oder die neue Frisur der Moderatorin von viel größerem Interesse als die geäußerten Inhalte. Postman stellte dazu fest: »Die Nachrichtensprecher haben erkannt, worauf es ankommt. Die meisten von ihnen verbringen mehr Zeit unter ihrem Fön als über ihren Skripten, was dazu führt, dass sie die bestaussehenden Leute von Las Vegas sind.«[140]

William Howard Taft hätte nach heutigen medialen Maßstäben nie eine Chance gehabt, 27. Präsident der USA zu werden: Taft war, wie Zeitzeugen berichten, ein Hüne von 2,5 Zentnern Gewicht mit einem deutlichen Doppelkinn. Sein Glück bestand darin, dass die meisten seiner Wähler kaum etwas von seiner Gestalt wussten. Taft trat sein Amt im Jahr 1909 an und regierte bis 1913, also lange vor der Erfindung des Fernsehens. Aber die Einsicht, dass die äußere Gestalt eines Menschen unerheblich ist für den Gehalt und die Kraft seiner Ideen, hat das Fernsehen außer Kraft gesetzt.

Ohne Kameras keine Politik

Wie weit der Prozess, Aufmerksamkeit zu wecken, ohne Inhalt zu erzeugen, bereits fortgeschritten ist, zeigt eine kleine Begebenheit aus der Geschichte der Talkshow *Sabine Christiansen*. Nach der Erstausstrahlung der Sendung am 4. Januar 1998 und einigen anschließenden Folgen der TV-Gesprächsrunde, die sich vornehmlich politischen Themen widmete, wurde klar: Ein Quotenrenner ist das Angebot am Sonntagabend noch nicht. Mal waren die Einschaltquoten ganz in Ordnung, aber meist ließen sie zu wünschen übrig. Eine der wesentlichen Veränderungen, die seinerzeit vorgenommen wurden: Die blonde, sehr schlanke Moderatorin Christiansen sollte fortan nicht mehr im Hosenanzug wie bislang, sondern mit Rock und Bluse oder im Kostüm auftreten. In der Tat besserten sich in der Folge die Quoten, weil die alte Devise »Sex sells« sogar in diesem Format funktionierte, das übrigens nicht der ARD-Politikredaktion unterstellt war, sondern der Unterhaltungsabteilung!

Sei es wegen des weiblicheren Kleidungsstils, sei es wegen der Hartnäckigkeit des Senders – das Format konnte sich schließlich etablieren. Im Vorhof der Berliner Regierungspolitik wurde »bei Christiansen sein« ein Synonym für erfolgreiche Kommunikation politischer Inhalte, was sich auch mit der Intention der Sendung deckte. Die Produktionsgesellschaft beanspruchte für sich, mit *Sabine Christiansen* am Sonntagabend jeweils die politischen Diskussionen der darauffolgenden Woche zu prägen. Vom Erfolg dieses Vorhabens zeugte auch eine Einschätzung des CDU-Politikers Friedrich Merz, der zu den häufigen Gästen der Gesprächsrunde zählte, an der meist um die fünf Gäste teilnahmen. Er sagte bei einem seiner Auftritte: »Diese Sendung bestimmt die politische Agenda in Deutschland inzwischen mehr als der Bundestag.«[141] Neben Merz gehörten auch Guido Westerwelle, Roland Koch, Jürgen Falter, Hans-Olaf Henkel, Horst Seehofer, Ulla Schmidt, Roland Berger, Klaus Wowereit, Oskar Lafontaine und viele andere zu den Stammgästen. In der Regel galt eine Einladung in die Diskussionsrunde als Bestätigung der Mitgliedschaft in der A-Klasse der Berliner Politikgestalter.

Nur einer beteiligte sich nie an dieser Runde, obwohl man ihn kraft seines Amtes und seines persönlichen Formats sicher gern als Gast vorgestellt hätte: Ludwig Georg Braun, der Präsident des Deutschen Industrie- und Handelskammertages (DIHK) und Vorstandsvorsitzender des Familienunternehmens B. Braun Melsungen. »Ich werde nicht zu Christiansen gehen, es sei denn, sie macht das Thema Großfamilie«, sagte der Unternehmer 2001.[142] Der Sonntag sei ihm heilig, er verbringe ihn mit seiner Frau und seinen fünf Kindern, ließ der kirchlich engagierte Unternehmer die verdutzten Journalisten wissen.

Braun ist die absolute Ausnahme, denn ansonsten beteiligten sich alle, die von den Machern der Sendung gefragt werden. Und auch bei ihrer Nachfolgerin Anne Will sieht es nicht anders aus. Denn Talkshows dieser Art sind inzwischen ein Ersatz sowohl für die politische Debatte als auch für die Vermittlung politischer Themen geworden.

Das lässt sich etwa am Beispiel Silvana Koch-Mehrin verdeutlichen. Die studierte Volkswirtin und Historikerin ist Abgeordente der FDP im Europaparlament und Mitglied des Bundesvorstands der FDP. Sie ist gebildet, rede- und mediengewandt, jung, gutaussehend, blond. Das macht sie zum Idealtyp für politische Talkshows, weil sie die Runden grauhaariger Männer optisch aufmischt. Das führt dazu, dass Zapper in der Sendung hängen bleiben und so die Quote heben. Kein Wunder, dass Koch-Mehrin in den Medien zu einem der wichtigsten Aushängeschilder der Liberalen geworden ist, unabhängig von den Leistungen für ihre Partei. Sie scheint immer dort zu sein, wo Bilder produziert werden.

Das heißt aber auch umgekehrt: Ohne Kameras findet keine

Politik statt. Dazu der Medienwissenschaftler Andreas Dörner: »Meiden sie (die Politiker, M. O.) die Medienöffentlichkeit, dann entsagen sie einem zentralen Machtinstrument, suchen sie hingegen die Foren des Politainments auf, dann begeben sie sich in eine Welt, deren Mechanismen nur zum Teil steuerbar sind.«[143] Unter »Politainment« versteht Dörner eine Verbindung von Politik, Journalismus und Unterhaltung, wobei sich die Medien nicht nach der Geschäftsordnung des Deutschen Bundestags richten. Ihr Kontrakt: Nur neuer, interessanter Stoff (oder ein bestimmtes Äußeres) von Spitzenpolitikern bringt Aufmerksamkeit, Auflage und Quote. So nutzten etwa Ulla Schmidt und Horst Seehofer im Jahr 2003 nicht die Bundespressekonferenz, sondern die Talkshow *Sabine Christiansen,* um den von ihnen ausgehandelten Gesundheitskompromiss zu verkünden.

Die Politiker haben sich den Bedingungen des Mediums anzupassen, wollen sie wahrgenommen werden. Einem Teilnehmer einer einstündigen Talkshow bleiben kaum zehn Minuten Zeit, seine Gedanken darzulegen; mit jedem weiteren Gast (normalerweise sind es vier bis fünf) minimiert sich die Redezeit. Deshalb können Gesprächsrunden im Fernsehen kaum als politischer Diskurs gelten. Sendungen wie *Anne Will* oder *Maybrit Illner* sind deshalb nichts anderes als eine in ihrer Komplexität bis zur Unkenntlichkeit reduzierte Variante der politischen Debatte, da jeder Teilnehmer in der Runde angesichts der Zeitproblematik kaum mehr als ein paar gut vorbereitete Sprechblasen und Klischees vortragen kann.

Die angeblich politischen Talkshows leisten tatsächlich dem politischen Informationscrash Vorschub. Sie tragen wie kaum ein anderes Medienformat zur allgemeinen Verflachung bei – und zwar durch drei fundamentale Verdrehungen ihrer eigentlich journalistischen Aufgaben:

- Personifizierte Form statt sachlicher Inhalt: In der Talkshow wird alles personalisiert. Es zählt die glaubwürdig herübergebrachte und passend gemachte Geschichte.
- Kurzatmig statt gründlich: Eineinhalb, maximal zwei Stunden Talk müssen für jedes noch so komplexe Thema reichen. Weil aber alles irgendwie angerissen wird, scheint es

nicht mehr notwenig zu sein, zur weiteren Information ein Buch, eine Zeitung, ein Parteiprogramm oder die Mitschrift einer Debatte zu lesen.

- Interessengetrieben statt unabhängig und seriös: Eine eigenständige Abwägung und Deutung der Informationen findet in den Talkshows nicht mehr statt. Die Redaktionen geben Meinungsträgern, Politikern und Lobbyisten ihre Sendeminuten, beteiligen sich aber nicht mehr am Diskurs.

Letztlich sind die Talkshows damit aber leider nur die Speerspitze eine Mediengesellschaft, deren Hauptzweck nicht die Information, sondern die Desinformation und deren Geschäft nicht die Auf-, sondern die Verklärung geworden ist. Das ist bedauerlich, passt aber zu einer Gesellschaft, die sich insgesamt auf dem unglücklichen Pfad der totalen Verdummung befindet.

Kapitel 7

Verdummung in einer technisierten Wissensgesellschaft

Franchising: Leibeigenschaft 2.0

Wer nun glaubt, die Desinformationswirtschaft habe nach all der Über-, Fehl-, Nicht- und Pseudo-Information und der zusätzlichen emotionalen Manipulation das Ende ihres trickreichen Repertoires erreicht, der ahnt nicht, wie tief sich ihre Wurzeln bereits in den Boden unserer Gesellschaft eingegraben haben. Die schöne neue Welt des absoluten Kapitalismus – sie kann eines offenbar so gar nicht leiden: kritische, aufgeklärte, informierte, gebildete Bürger, die ihre individuellen Rechte kennen, die auf Pflichten im Dienste eines Gemeinwohls pochen und die sich vor allem ihres eigenen Verstandes bedienen. Pfui Deibel, werden die Götzen der Desinformationswirtschaft ausspucken: Wozu soll so etwas gut sein?!

Wer dieses Buch liest, der wird (hoffentlich) wissen, wozu solche Eigenschaften gut sind. Der wird sich selbst vielleicht zum Bildungsbürgertum zählen, vielleicht sogar als Citoyen bezeichnen, wird gesellschaftliches Engagement für eine gute Sache halten, ganz ohne jede ökonomische Berechnung. Er wird sich vielleicht wie ich hier und da darüber ärgern, dass die Mitarbeiter in den sich grippeartige ausbreitenden Handels- und Dienstleistungsketten wie Starbucks, Kamps, Vobis oder Fressnapf immer öfter kein Fachwissen mehr haben, dass sie auf simple Fragen keine Antwort wissen, noch nicht mal das eigene Sortiment kennen oder an der Kasse zwei Artikel im Kopf zusammenrechnen können.

Was man früher vielleicht für das Versagen einzelner Angestellter gehalten hätte, entpuppt sich allmählich als Struktur-Phänomen einer Wirtschaftsform, die versucht, das Können von Mitarbeitern auf ein schmales Bündel betrieblich gerade benötigter Fähigkeiten zu reduzieren. Die Rede ist von Franchising. Hier wird die Intelligenz von Menschen durch Struktur und Kontrolle ersetzt und auf diese Weise ein unternehmerisches System geschaffen, das mit einem Minimum an Fähigkeiten betrieben werden kann.

Der Franchise-Markt wird neben den bereits genannten heute von Gastronomieketten wie McDonald's oder Joey's Pizza Service repräsentiert, aber auch von Dienstleistern wie dem Discounter Backwerk, dem Kleinkindbedarfhändler BabyOne oder dem Brötchenbringdienst Morgengold. Allein der 1978 gegründete Franchiseverband vertritt mittlerweile über 280 Mitglieder, was nach wenig klingt. Aber wenn man bedenkt, dass hinter jedem einzelnen Mitglied große, über ganz Deutschland verteilte Filialnetze stecken, ahnt man, welche Marktmacht hinter den 280 Franchise-Unternehmen von A-Z steckt: Allein Apollo-Optik hat über 650 Filialen, und selbst der relativ unbekannte Gartenzaun-Experte Zaunteam bedient mit etwa 250 Mitarbeitern knapp fünfzig Standorte. Insgesamt gibt es deutschlandweit etwa 900 Frannchisesysteme mit insgesamt etwa 600 000 Mitarbeitern.

Und der Markt der Franchise-Systeme wächst. Die lizenzgesteuerten Unternehmen, wie der Franchise-Monitor des Forums *Franchise und Systeme* festgestellt hat, verdrängen nach und nach andere Vertriebsformate:[144] So verdoppelte sich in den Jahren von 2003 bis 2009 das Geschäftsvolumen aller Franchise-Betriebe in Deutschland auf siebzig Milliarden Euro, während sich die gesamtwirtschaftliche Leistung in diesem Zeitraum deutlich schwächer entwickelte. Wie stark die Wachstumsdynamik in dieser Branche ist, zeigt der Blick auf das Jahr 2009: Während die allgemeine Konjunktur vor sich hin dümpelte, wuchsen die Franchiser-Umsätze um 8,9 Prozent.

Allen diesen Unternehmen sind ihre Konstruktionsmerkmale gemein, die von McDonald's als einem der Pioniere dieser Branche geprägt wurden. Ray Kroc, der Gründer der Schnellimbisskette, hatte in den 1950er Jahren das Hamburger-Lokal der Gebrüder Richard und Maurice McDonald entdeckt. Der Betrieb in San Bernardino im US-Bundesstaat Kalifornien zeichnete sich durch eine besonders effiziente Produktionsweise aus: Seine Betreiber hatten festgestellt, dass man mit Hamburgern am meisten Geld verdienen kann. Also reduzierten sie ihr anfänglich umfangreicheres Sortiment auf dieses Angebot. Die Frikadellen in einem Weichbrötchen wurden hinter dem Tresen auf der Basis von Fließbandstrukturen produziert, was es erlaubte, ungelernte Kräfte ohne spezielles Fachwissen als Mitarbeiter einzusetzen. Zudem hatten die Inhaber ihr Geschäft schon frühzeitig auf Selbstbedienung umgestellt – das anfänglich beschäftigte Bedienungspersonal war entlassen worden. Der Kunde holte sein Essen fortan selbst an der Theke ab und übernahm damit die Arbeit der Servierinnen.

Kroc, der als Kunde in das Imbisslokal gekommen war, hatte den richtigen Instinkt: 1954 fragte er die beiden Inhaber, ob er auf eigene Rechnung Restaurants nach gleichem System aufbauen und von Lizenznehmern betreiben lassen durfte. Ein Jahr später hatte er seine eigene Firma gegründet. Kroc leitete einen Pilotbetrieb und begann damit, Mitunternehmer zu suchen, die unter seiner Regie ebenfalls Imbisslokale nach dem System der McDonald-Brüder betreiben sollten.

Damit war der Grundstein zum heutigen Franchise-Giganten gelegt. Das Funktionsprinzip: McDonald's hat ein Unternehmenskonzept erarbeitet und per Handbuch, Arbeitsanweisungen sowie Schulungen so nachvollziehbar gemacht, dass es von geeigneten Dritten aus dem Stand heraus in Eigenregie betrieben werden kann. Die Zentrale von McDonald's hat es sich zur Aufgabe gemacht, ständig geeignete Umsetzer für das Konzept zu suchen, ihnen gegen Geld eine Nutzungslizenz zu verkaufen und die Neulinge in das Steuerungssystem des Unternehmens einzubeziehen. Wer ein Schnellimbisslokal der Marke betreiben will, muss sich einem Test unterziehen, eine Gebühr für die Überlassung des Unternehmerwissens bezahlen, sein Lokal nach den Vorgaben der Zentrale auf eigene Rechnung einrichten und das Konzept gemäß den Regeln des Unternehmens umsetzen.

Die Speisekarte in den McDonald's -Lokalen ist standardmäßig vorgeschrieben, die Rohware muss von der Zentrale oder aus anderen erlaubten Quellen bezogen werden, die Preise werden ebenfalls zentral festgelegt, so wie auch Werbung, Firmenfarben und Ausstattung der Lokale nach verbindlichem Standard vorgeschrieben sind. Für die Nutzung des Unternehmenskonzepts zahlt der Inhaber des Lokals eine monatliche Lizenzgebühr an die Zentrale.[145]

Intelligente Prozesse, programmierte Mitarbeiter

Nach diesem Muster funktionieren auch alle anderen Franchise-Systeme. Die Zentrale entwickelt ein System, standardisiert dieses zum Zwecke der Multiplikation und sucht sich Umsetzer, die Franchise-Nehmer, die das System gegen Gebühr auf eigene Rechnung umsetzen. Die Franchise-Nehmer tragen das Unternehmer-, Absatz- und Standortrisiko, es liegt also, anders als in Nicht-Franchise-Betrieben, eine Abwälzung einiger wichtiger Risiken auf die Führungskräfte an der Kundenfront vor. Die Zentrale entwickelt das System, die Lizenznehmer müssen den Vorgaben dieser folgen, das heißt, die vorgeschriebenen Produkte verkaufen, dabei den geforderten Gestaltungsoptionen folgend. Eine Dispositionsfreiheit zu den zentral geregelten Themen haben die Franchise-Nehmer nicht. Wird etwa ein neues Produkt eingeführt, das Sortiment reduziert oder das Firmenlogo durch ein neues ersetzt, müssen alle Lizenznehmer das eins zu eins umsetzen.

Interessant ist die dem Franchising als System innewohnende Rationalität:

- **Vereinfachen:** Franchise-Unternehmen werden immer bestrebt sein, in allen Systemelementen die größtmögliche Vereinfachung herbeizuführen. Nur dann können die erfolgreiche Skalierung und die anschließende Umsetzung durch Partner, gegenüber denen kein Direktionsrecht besteht, gelingen.
- **Standardisieren:** Varianten sind der Feind des erfolgreichen Franchise-Systems. Ein unter sonst gleichen Bedingungen als Nicht-Franchise-System geführtes Unterneh-

men kann sich stets mehr Varianten bei den Produkten und Dienstleistungen erlauben als ein Franchise-System. Wegen des fehlenden Direktionsrechts und der Dezentralität müssen Franchise-Systeme Sachverhalte schaffen, die einfach kontrollierbar sind. Das Franchise-System kann kein Interesse an der kundengerechten Einzellösung haben. Es muss eine begrenzte Anzahl von Produkten oder Dienstleistungen nach industriellen Standards in größtmöglicher Zahl erzeugen.

- **Industrialisieren:** Statt anspruchsvoller Handarbeit oder von fachlich versierten Mitarbeitern erstellter individueller Dienstleistung werden in Franchise-Betrieben massenhaft produzierte Serienprodukte verkauft. Der größtmögliche Sortimentsteil muss in großen Stückzahlen herstellbar sein, im Idealfall von Maschinen oder Automaten zu geringen Kosten. Das gilt auch für Dienstleistungen, die scheinbar erst unmittelbar vor den Augen der Kunden geleistet werden, etwa im gastronomischen Bereich. Doch die »Köche« agieren nach detailliert festgelegten Arbeitsplänen, verwenden portionsweise verpackte Zutaten, arbeiten an computergesteuerten Backöfen und Kochplatten und so weiter. Für den Kunden sieht das nach Handarbeit aus, in Wahrheit könnte dasselbe auch ein Roboter tun. Der »Koch« darf nicht mal selbständig salzen.

Diese Vereinfachung und Festschreibung aller Prozessschritte ist das konstitutive Systemmerkmal der Franchise-Systeme. Ziel ist die größtmögliche Zentralisierung der Intelligenz im Hauptquartier des Unternehmens, also beim Franchise-Geber, und reduzierte sowie allein auf exekutive Belange ausgerichtete Intelligenz beim Franchise-Nehmer. Die Betriebe in der Fläche sind so ausgelegt, dass die Aufgaben von wechselnden Personen per Handbuch abgearbeitet werden können, wie überhaupt die Qualitätssicherung nicht durch implizites Wissen, sondern durch Checklisten, Formulare und standardisierte Kontrollen durchgeführt wird.

Man muss die Prozesse eben so intelligent gestalten, dass auch dumme Mitarbeiter nichts mehr falsch machen können. Dieses simple Prinzip erlaubt es den Franchise-Systemen, für die ausführenden Tätigkeiten unqualifizierte Mitarbeiter einzusetzen, diese mit niedrigen Stundensätzen zu entlohnen und eine daraus folgend hohe Fluktuation hinzunehmen. In den erwähnten Beispielen aus der Systemgastronomie ist es üblich, dass das Personal mehr als einmal im Jahr komplett ausgetauscht wird, Fluktuationsraten von mehr als hundert Prozent (also ein kompletter Personalwechsel pro Jahr oder häufiger) sind nicht ungewöhnlich. Für die beteiligten Unternehmer ist diese Fluktuation nicht einmal ein Nachteil, denn anders als in einem Handwerksbetrieb oder einem kleinen, traditionell geführten Familienunternehmen gibt es keinen nennenswerten Wissensverlust durch die Abwanderung von Mitarbeitern. Die Franchise-Betriebe können also trotz des hohen Umschlags an Mitarbeitern erfolgreich wirtschaften.

Aus systemtheoretischer Sicht haben die Franchise-Unternehmen ein wichtiges Ziel des Wissensmanagements erreicht. Das für den Betrieb des Konzerns notwendige Wissen ist überwiegend nicht mehr in den Köpfen der Akteure gebunden, sondern medial gesichert, nämlich in einem Unternehmenshandbuch, in der IT, die zur Steuerung und Kontrolle verwendet wird, sowie in den zahlreichen Anleitungen, Franchise-Nehmer-Dokumentationen und Prüflisten.

Weil bei fast allen Franchise-Unternehmen dank streng organisierter Abläufe auf Ausführende mittlerer und geringer Qualifikation zurückgegriffen werden kann, sind Niederlassungen nahezu an jedem Standort umsetzbar, wenn er nur genügend Nachfrage und eine die Anforderungen des Konzepts erfüllende Immobilie bietet. Der Produktionsfaktor Arbeit ist auf das gerade noch nötige Maß heruntennivelliert worden. Ausgebildete Mitarbeiter sind für die Umsetzung des Konzepts noch nötig, aber durch das »idiotensichere« System kann nahezu jeder beliebige Typ Mitarbeiter eingesetzt werden. Fachliches Können ist, wie die Franchise-Geber unisono beteuern, für den Betrieb einer Franchise-Niederlassung nicht mehr erforderlich. Bei der Rekrutierung der Lizenznehmer wird deshalb nicht auf Zeugnisse oder Abschlüsse geschaut – was allein zählt, sind Stehvermögen für 14-stündige Arbeitstage und ein wenig Verkaufstalent.

Funktioniert in einem Franchise-System ein Standard nicht, wird der Lizenznehmer ausgewechselt. Der Standort mit seiner Hardware bleibt vollständig erhalten, nur der Betreiber wird optimiert.[146] Von einer bestimmten Mindestqualifikation der Mitarbeiter sind die Franchise-Niederlassungen nicht mehr abhängig, denn alle Prozesse sind so gestaltet, dass sie nach kurzer Anlernzeit von nahezu jedermann beherrscht werden.

Dieser Unternehmenstyp zeigt damit eine der deutlichsten Ausprägungen eines allgemeinen Trends: Er hat sich, soweit es geht, von komplexen humanen Fähigkeiten unabhängig gemacht. Seine massive Ausbreitung trägt dazu bei, dass innerhalb der Arbeitsbevölkerung eine Klasse von Mitarbeitern aufgebaut wird, die durch ihr Arbeitsverhältnis kaum noch etwas lernt, kein Wissen mit langen Halbwertzeiten mehr ansammeln kann und im Beruf keine intellektuell anspruchsvolle Heimat mehr findet.

Die »McDonaldisierung« der Gesellschaft

Donald Ritzer, Professor an der University of Maryland, nennt diese Entwicklung die *McDonaldisierung* der Gesellschaft: »Die Prinzipien des Fast-Food-Imbiss sind im Begriff, immer größere Teile der Gesellschaft Amerikas wie auch im Rest der Welt zu dominieren.«[147] Auf der einen Seite liefert das Schnellrestaurant das Muster für zahlreiche Kopien dieses Geschäftskonzepts – seine typische Standardisierung dringt aber auch in andere Branchen ein, etwa den Handel und die Spitzengastronomie. Zudem hat die schiere Größe von McDonald's in den USA für eine Reorganisation von Zulieferindustrien gesorgt, so etwa in der Fleischbranche oder bei den Herstellern von Agrarprodukten, die Kartoffeln und Salat an die Kette liefern, die jeden Tag in den 14 000 Imbisslokalen der Marke in den USA oder in den 32 000 Standorten weltweit verzehrt werden.

Hier ist Ware mit stets gleichbleibenden Eigenschaften gefragt, die Tomatenscheibe für den Big Mac in Peking muss von identischer Konsistenz und identischem Aussehen sein wie jene, die in den Fast-Food-Küchen der Standorte in Berlin, Johannesburg oder Moskau verwendet wird.

Elemente der McDonaldisierung finden wir heute an fast allen Orten von Wirtschaft und Gesellschaft, überall gehorchen Vorgänge den immer gleichen Standards. Donald Ritzer identifiziert vier treibende Kräfte, die stets wiederkehren, ganz gleich, ob es sich um die Reorganisation eines Bildungsangebots, das neue Layout für eine Autofabrik oder das Management einer Kette von Luxushotels handelt:[148]

1. **Effizienz:** Das erfolgreiche System schafft den kürzesten Weg zur Erfüllung eines Ziels. In einer Gesellschaft, in der weite Teile des Lebens ökonomisiert sind und dem Diktum des schnellsten Weges von A nach B folgen, kommt es genau auf diese Effizienz an. Es geht nicht mehr darum, ein auftretendes Bedürfnis bestmöglich unter Einhaltung der tradierten kulturellen Standards zu befriedigen – was allein zählt, ist die Minimierung des Verbrauchs an Zeit, Wegen und persönlicher Energie. Diesem Mantra ordnen sich Vorgänge aus allen Anwendungsbereichen unter, egal ob es sich um Reisen, Krankenhausaufenthalte, das Ausfüllen von Formularen bei der Stadtverwaltung, die Bestellung einer Kinokarte oder eben das Essen in einem Restaurant oder Imbisslokal geht. Organisationale Regeln, die keine Abweichung dulden, und ein vorbestimmter Prozess tragen dazu bei, ein hohes Effizienzniveau zu sichern.

2. **Berechenbarkeit:** In der mcdonaldisierten Gesellschaft sind Produkte und Dienstleistungen berechenbar. Das stellt ihre quantitativen Eigenschaften in den Vordergrund, beim Schnellimbiss zum Beispiel Portionsgröße, Kosten und die Zeit, die von der Bestellung bis zur Bereitstellung der Dienstleistung vergeht. Qualität wird danach bemessen, ob der Hamburger in zwei Minuten produziert ist, der Zug pünktlich war oder Joey's Pizza Service die Lieferzeit eingehalten hat. Mitarbeiter in Organisationen müssen die Berechenbarkeit durch genaues Einhalten vorbestimmter Regeln erzeugen. Weil keine Freiräume für die individuelle Ausübung der Arbeit existieren, werden die quanti-

tativen Merkmale, etwa Bearbeitungszeit für einen Auftrag, zum Schlüsselkriterium der Bewertung. Auch die Dimension »besser« wird von den Kunden auf den rein quantitativen Aspekt reduziert. Obwohl es unendlich viele Verbesserungsdimensionen vor allem im emotionalen Bereich gibt, wird »besser« gleichgesetzt mit mehr, größer oder schneller. Deshalb spielen Tempo-Gewinne in der heutigen Zeit eine so überaus große Rolle, und auch Vergrößerungen jeder Art werden besonders geschätzt. Sinnbildlich dafür ist die Speisekarte der meisten Schnellimbiss-Dienstleister. Kunden, die sich etwas gönnen wollen, bestellen die große Portion: XL statt L; Supersizing wird zu einem Schlüsselbegriff nicht nur beim Essen.

3. **Vorhersehbarkeit:** Zwar leben wir in einer Welt der Individualisierung und des Auslebens der Ego-Triebe, dennoch werden Überraschungen kaum geschätzt. Besonders die Waren- und Dienstleistungswelt soll vorhersehbar sein: der Urlaub mit Sonnenscheingarantie, die Autowerkstatt mit Bringservice, das Paket, dessen gesamter Weg zum Empfänger von eben diesem per Internet kontrolliert werden kann, die Chicken Wings, die immer gleich schmecken, unabhängig davon, ob der Kunde sie heute ordert oder in zwei Monaten, ob in Gifhorn oder auf Gibraltar. Auf eine vorgegebene Aktion, etwa die Bestellung oder die Reklamation, soll es eine vorhersehbare Reaktion geben. So stellt das Westin Hotel sicher, dass jede Kundenbeschwerde innerhalb von 24 Stunden beantwortet ist, der Gast soll das Antwortschreiben des Hotelmanagers möglichst noch während seines Aufenthalts in seinem Zimmer vorfinden. Dass der Brief nicht auf die Eingabe des Gastes eingeht, weil immer derselbe Standardtext verwendet wird, spielt aus Sicht des Unternehmens keine Rolle, solange die Erfordernisse des Prozesses (Antwort in 24 Stunden) eingehalten werden.

4. **Kontrolle durch Technologie und Systeme:** Das alles erfordert ein hohes Maß an exogener Kontrolle. Je geringer die Qualifikation und je austauschbarer die Mitarbeiter sind, desto weniger kann das Unternehmen auf die Selbstkontrolle der Angestellten setzen, sondern muss die Leistungsversprechen und ihre Konsistenz durch maschinelle Überprüfung sicherstellen.

Die Friteuse piept, wenn die optimale Garung erreicht ist, weil kein ausgebildeter Koch mehr in der Küche steht. Jedem Mitarbeiter im Callcenter wird automatisch durch das System angezeigt, ob er heute schon genug Telefonate von Kunden angenommen hat und – noch wichtiger – ob er sich bei der durchschnittlichen Dauer des Gesprächs an die Vorgaben gehalten hat. Denn wer zu lange mit seinen Kunden spricht, wer sich auf Inhalte einlässt, die nicht zur Transaktion gehören, senkt die Produktivität. Belohnt wird in solchen Systemen, wer die Regeln zur Verbesserung des Ergebnisses einhält: »Kann ich sonst noch etwas für Sie tun?«, »Darf ich zu Ihrer Bestellung noch eine Portion Pommes Frites hinzufügen?«, so lauten zum Beispiel die standardmäßigen Floskeln, die in jedem Kundenkontakt anzuwenden sind. »Willkommen im Wellness-Hotel Mönchengladbach. Hatten Sie eine angenehme Anreise?«, fragt der Rezeptionist nicht, weil ihn das interessiert, sondern weil es das Service-Handbuch so vorsieht – und die Einhaltung dieses formalisierten Rituals durch als Gäste getarnte Prüfer kontrolliert wird.

Normung wird damit zu einem der Schlüsselbegriffe, die das Verhalten von Unternehmen gegenüber Mitarbeitern, Kunden und Gemeinwesen beschreiben. Die Rhetorik der Unternehmen hat sich interessanterweise schon vollständig auf diese Begebenheiten eingestellt, ohne jedoch das Thema Normierung je offen beim Namen zu nennen. »Qualität« heißt demnach nicht, dass der Kunde etwas besonders Gutes bekommt, sondern nur, dass er eine Leistung mit den immer gleichen Eigenschaften erhält. »Qualitätssicherung« stellt die Produktion dieser Eigenschaften sicher und hat nichts damit zu tun, dass das Unternehmen bestrebt ist, dem Kunden etwas Besseres zu geben. »Kundenorientierung« meint, dass man bereit ist, eine vom Kunden ausgehende Interaktion anzunehmen, dass es einen Kanal gibt, der für die Kommunikation mit dem Kunden offen ist: Jeder kann die Adresse des Dienstleisters samt Namen des Geschäftsführers im Internet unter der Schaltfläche »Über uns« nachsehen, der Brief des besorgten Kunden wird aber nie beantwortet.

»Wir sind immer für Sie da« ist der Code dafür, dass der Kunde sich mit einer Frage oder Information jederzeit an das Unternehmen wenden kann, auch sonntags und die ganze Nacht hindurch. Denn in der Tat werden die Telefonate von vielen Unternehmen rund um die Uhr beantwortet – wobei diese Dienstleistung in fast allen Fällen auf kostengünstig produzierende Callcenter oder sprachgesteuerte Maschinen übertragen wird. Fluggesellschafen in den USA haben hierin eine besondere Perfektion entwickelt: Telefone werden, so scheint es dem durchschnittlichen Fluggast, nur noch von Maschinen bedient. Telefonnummern, unter denen sich Menschen melden, sind offiziell nicht mehr zu bekommen, was zur Folge hat, dass sie wie Geheimtipps unter Vielreisenden gehandelt werden.

Per »De-Skilling« zur »Generation Doof«

Damit ist ein Vorgang eingeleitet worden, der im englischsprachigen Raum schon seit vielen Jahren als »De-Skilling« bezeichnet wird. Die Schöpfer des Begriffs beschreiben mit ihm den Abbau von langfristig verwertbaren und zwischen einzelnen Einsatzgebieten transferierbaren, multiplen Fähigkeiten.[149] Für eine Gesellschaft wie die unsere leitet das De-Skilling einen auf Dauer unabsehbar negativen Prozess ein. Denn in der postindustriellen Gesellschaft beruhen immer mehr Tätigkeiten allein auf der Verwertung und Neuschaffung von Wissen sowie auf dem Einsatz von wissensbasierten Werkzeugen.

Mit »Wissen« ist aber nicht das an Fachschulen erlernbare, formelle Wissen gemeint, wie der französische Philosoph André Gorz feststellte, im Gegenteil: »Gefragt sind die nicht substituierbaren, nicht formalisierbaren Wissensformen.«[150] Das sind Erfahrungswissen, Urteilsvermögen, Koordinierungs-, Selbstorganisierungs- und Verständigungsfähigkeit.

Die 900 Franchise-Systeme, die auf dem deutschen Markt tätig sind, beschäftigen knapp 300 000 geringfügig beschäftigte Mitarbeiter, damit kommt auf jeden Vollzeit-Mitabeiter in der Branche ein geringfügig Beschäftigter. Das zeigt, dass selbst im Hochlohnland Deutschland mit großem Arbeitsmarkt-Protektionismus das De-Skilling bereits in vollem Gange ist.

Fazit: in der Franchise-Branche hat der Informationscrash schon stattgefunden. Noch vor dem Auftreten der »Generation Doof« sind Franchise-Unternehmen bestens auf diesen Typus Mitarbeiter vorbereitet – sie brauchen gar keinen besseren. Um vorgefertigte Teiglinge bei Backfactory in den Ofen zu schieben, Brötchen mit dem eigenen Auto für Morgengold in aller Frühe auszufahren, Pommes Frites bei Burger King oder McDonald's in Tüten abzufüllen und das entsprechende Symbol auf der Scanner-Kasse zu drücken, ist weder ein Hochschulabschluss noch der Besuch weiterführender Schulen erforderlich.

Zwar gibt es Ausnahmen in der Branche – für das Geschäft von Pirtek (Druckluftschläuche), TeeGeschwendner (Einzelhandel mit hochwertigem Tee) oder Town & Country (Einfamilienhäuser von der Stange zum Discountpreis) sind gewisse Mindeststandards an Qualifikation notwendig, aber für viele andere Systeme, insbesondere jene der Gastronomie, wird innerhalb der Arbeitsbevölkerung eine Population von Mitarbeitern herangezogen, die keine Qualifikation hat und auch durch ihre Berufstätigkeit keine langfristig im Sinne der Beschäftigungsfähigkeit verwertbare erwirbt.

Damit hat der massenhafte Vormarsch des Franchising auch eine Abwertung des Meister-Systems eingeleitet. Denn die Qualifikation steckt nicht mehr in den durch Bildung angereicherten Köpfen der Mitarbeiter, sondern allein im kalten System. Mit dem über lange Zeit bewährten Standard, der Qualität mit menschlichem Vermögen gleichgesetzt hat, ist damit im Franchising nichts mehr geblieben. Den Meister, der sein Fach durch langjähriges Lernen beherrscht, der in der Lage ist, komplexe Aufgaben selbständig durch gedankliche Transferleistungen zu lösen, gibt es hier nicht mehr. Eine zwei- oder dreijährige Lehre, die den Einstieg auf dem Weg zur perfekten Beherrschung eines Handwerks ausmacht, könnte sich kein Franchise-System leisten.

Damit haben die lizenzbasierten Unternehmen am deutlichsten vollzogen, was auch in anderen Geschäftszweigen längst auf dem Vormarsch ist: den Austausch von Vertrauen in eine menschliche Qualifikation, die durch Bildung erworben wurde, in das in Marken und Systeme. Der selbstbewusste Meister, der sein Gewerbe betreibt, der die Qualität seiner Arbeit durch implizites Wissen statt durch Checklisten sicherstellt, der sein Werkstück als ein Produkt aus Gewerbefleiß, unternehmerischem Antrieb und Kunstwerk ansieht, verliert immer mehr an Bedeutung.

Nebeneffekt: Das Störpotential havarierter Franchise-Ketten

Zudem wächst mit den Franchise-Betrieben mit großer Geschwindigkeit ein Unternehmenstypus heran, der größtenteils am Modell des Einprodukt- oder Einmarktgeschäfts in einer recht eng gefassten Abgrenzung orientiert ist. Dass sich solche Betriebe nicht als besonders überlebens- und widerstandskräftig erweisen, liegt auf der Hand. Davon zeugt die große Zahl der in Deutschland gescheiterten Franchise-Systeme. So gingen etwa Aufina (Immobilien), Play It Again Sports (Handel mit gebrauchten Sportartikeln) und Expense Reduction Analysts (ERA, Bürokostenberater) vom Markt.[151] Diagnose: Die handbuchgeführten Unternehmen sind oftmals nicht in der Lage, Systemfehler rechtzeitig zu korrigieren, überdies erweisen sie sich wegen der Starre des in den Systemen gebundenen operativen Wissens als schwerfällig und nicht fähig, angemessen auf Trend- und Marktänderungen zu reagieren. So ist es nicht unwahrscheinlich, dass etwa auch Subway, wo in 751 Niederlassungen belegte Brote als Sandwiches verkauft werden, vom Markt wieder verschwindet, wenn das Thema Sandwich aus der Mode kommt.

Mit diesem Risiko und dem wachsenden Anteil der Wertschöpfung durch Franchising an der gesamtwirtschaftlichen Leistung steigt auch die Störanfälligkeit der deutschen Volkswirtschaft insgesamt. Ein Systemfehler multipliziert sich mit der Zahl der beteiligten Franchise-Zweigbetriebe. Wird an irgendeiner Stelle des Systems der Fehler übersehen oder nicht rechtzeitig auf ein exogenes Störereignis reagiert, kann das das ganze System in den Ruin reißen. Etliche Lizenzgeber haben allein in Deutschland bereits eine Flotte von jeweils mehreren Hundert Betrieben geschaffen, so etwa neben Subway auch Pizza Hut, McDonald's, OBI und Fressnapf. Eine Störung bei einem dieser Großsysteme hätte ähnliche Folgen wie die Schieflage eines Großunternehmens (Fressnapf etwa hat mit seinem Umsatz bereits die Grenze von einer Milliarde Euro überschritten).

Das Störpotential havarierter Franchise-Ketten wird dadurch verstärkt, dass sie wegen ihrer Effizienz in ihrer Branche jeweils einen starken oder gar dominierenden Einfluss haben. Im Prinzip vollzieht sich hier ein Prozess, wie wir ihn bei den Ratingagenturen im Finanzsystem schon erörtert haben: Das Handeln der Marktteilnehmer wird immer mehr »gleichgeschaltet«. Die Ironie ist, dass so etwas im Hyperkapitalismus und eben nicht im Kommunismus passiert.

Ein Indiz mag andeuten, wie enorm der Einfluss der auf Franchising herunterstandardisierten Firmen mittlerweile ist: Nur zehn Prozent der Unternehmen sind Franchise-Betriebe, aber sie ziehen bereits 40 Prozent aller Umsätze auf sich, so die Zahlen für den Einzelhandel in den USA. Diese Momentaufnahme ist zwar nicht vollständig auf die Alte Welt übertragbar – Deutschland etwa ist weniger von Franchising durchdrungen als das Mutterland dieses Konzepts. Aber sie zeigt, dass die Franchise-Betriebe durch ihre starke Normierung nicht nur ein überdurchschnittliches Wachstums- und Marktverdrängungspotential haben, sondern auch ein ebenso starkes Störpotential im Falle einer möglichen Systemkrise.

Was an kumulierten Risiken in einem Systemgeschäft auftreten kann, zeigt die Hähnchenbraterei Wienerwald, deren Niederlassungen zum Teil als Franchise-Betriebe geführt wurden. Die Geschicke dieser Marke sind durch wiederholte Krisen geprägt: Im Jahr 1982 musste das System zum ersten Mal Konkurs anmelden, weil durch die zu rasche Expansion eine Überschuldung eingetreten war – die bankrotte Zentrale riss die Niederlassungen mit in den Untergang. Welche weiteren Risiken ein Einmarktunternehmen treffen können, wurde im Jahr 2003 deutlich: Beim erstmaligen Auftreten der Vogelgrippe blieben die Kunden in den Hendl-Bratereien aus, die Kette mit neunzig Filialen geriet abermals in die Insolvenz.

Hier soll nicht über eine Prognose spekuliert werden, wie und wann eine vergleichbare Entwicklung ein Einmarkt- und Einproduktunternehmen wie McDonald's treffen kann. Aber die systemischen Risiken sind aufgrund der Rigidität des Konstrukts Franchising nicht von der Hand zu weisen.

Spielräume für eigenes Denken – wozu das?

Jenseits aller Risiken, die in der Verdummung der Mitarbeiter für die Wirtschaft stecken, sind es wohl eher die Vorteile einer Verblödung ihrer Mitarbeiter, die den Konzernen ins Auge stechen. Spielräume für eigenes Denken gibt es ebenfalls kaum – zumindest nicht in der Konzernwirtschaft. Hier feiert ein Bild aus dem Japan der achtziger Jahre Auferstehung: Der *Salaryman* war damals der Inbegriff des fleißigen, bis an seine zeitlichen Grenzen arbeitenden Angestellten eines japanischen Großunternehmens. Eine ganze Armee von Salarymen prägte den Aufstieg der japanischen Wirtschaft zu einer scheinbar unbegrenzten Macht auf den Weltmärkten.

Heute ist der Salaryman wieder da. Er dient mit einem zwölfstündigen Arbeitstag einem Konzern, der sich selbstverständlich auch um seine Bildung sorgt – jedenfalls behauptet er das.

Und so ist eine Gründungswelle von Universitäten festzustellen, wie es sie in der Größenordnung wohl noch nie gegeben hat. »Corporate University« heißt das Schlagwort, mit dem die Bildungsoffensive des Kapitalismus etikettiert ist. Allianz, Deutsche Bahn, Lufthansa, Bertelsmann, Volkswagen … – die Liste ließe sich fortsetzen: Viele Unternehmen, die in dieser Liga spielen, haben sich spätestens seit der Jahrtausendwende eine firmeneigene Universität zugelegt. Hier soll sichergestellt werden, dass der Wert des in den Organisationen gebundenen »Humankapitals« gesichert, günstigstenfalls durch entsprechendes Lernen sogar so gemehrt wird, dass für die wachsenden Anforderungen auch morgen noch die richtig qualifizierten Mitarbeiter zur Verfügung stehen. Im

Klartext: Der moderne Salaryman vermehrt seine Kenntnisse, ohne das Unternehmen dafür verlassen zu müssen.

Ziel dieser Einrichtungen ist es, das schnell veraltende BWL-Wissen der Mitarbeiter auf den neuesten Stand zu bringen. Hier werden Kurse in Marketing, Mitarbeiterführung und Erfolgsrechnung veranstaltet. Auch lernen die Manager, wie man in einem Verkaufsgespräch den Kunden noch besser bedient, wie man einen gelungenen Vortrag beim nächsten Vorstandsmeeting hält oder wie man ein Gespräch, in dem Kritik zum Ausdruck gebracht werden soll, so mit einem Mitarbeiter führt, dass dieser nicht frustriert das Büro verlässt. Weiterbildung dieser Art wurde schon immer forciert – neu ist allein das Etikett »Universität«.

Damit wird auf jene ehrenwerten Bildungseinrichtungen Bezug genommen, die sich seit dem Mittelalter in Europa ausgebreitet hatten; zunächst als kaiserliche Rechtsschulen wie in Bologna oder als theologische Schule der Christenheit wie in Paris. Doch mit der Frühen Neuzeit entwickelte sich auch die Universität zu einer von Kaiser und Kirche unabhängigen Bildungseinrichtung, in der die fürstlichen Landesherren dem Nachwuchs für die politischen Ämter eine umfassende Allgemeinbildung vermitteln wollten, bestehend aus den Fakultäten Theologie, Philosophie, Recht und Medizin. Die Karls-Universität in Prag, die Ruprecht-Karls-Universität in Heidelberg oder die Universität zu Köln wären als frühe Beispiele von Universitäten zu nennen. Sie unterschieden – und unterscheiden – sich von den übrigen Schulen, Hochschulen und Lehreinrichtungen vor allem eben durch diesen Universalanspruch im Bildungskanon, aber seit dem 19. Jahrhundert, inspiriert durch das Bildungsideal Alexander von Humboldts, auch durch die Verknüpfung von Forschung und Lehre.

Der Titel »Universität« ist also mit Bedacht gewählt. Er soll ein Mehr suggerieren, eine Tiefe und Intensität, die es in der Praxis jedoch dort nicht gibt: Weder gibt es dort Wissen, das über die betrieblichen Notwendigkeiten hinausgeht, noch wird irgendeine Art von Forschung betrieben. Lernen findet in den Corporate Universities der Unternehmen einzig und allein zum Nutzen des Geschäfts statt.

Obwohl also das Versprechen einer Vertiefung des Wissens wegen der Beschränktheit der firmenuniversitären Lehrinhalte nicht eingelöst wird, erfüllt es doch seinen Zweck: Es bindet die Mitarbeiter. Der Salaryman muss nicht den Ort wechseln, etwa an eine staatliche Universität gehen, um seinen Wunsch nach Fort- und Weiterbildung zu erfüllen. Er sitzt in einem Kurs der betriebseigenen Corporate University, umgeben von Kollegen mit gleichen Interessen, und hat ein gutes Gefühl dabei, weil er zu Hause und im Freundeskreis berichten kann, er besuche gerade die Universität. Das ist allemal bedeutsamer und prestigeträchtiger, als wenn er den gleichen Kurs im Rahmen einer Veranstaltung der Personalabteilung besucht hätte.

Die Strategie der Konzernführungen hätte geschickter nicht sein können: Das hässliche Entlein *betriebliche Weiterbildung*, die in der Öffentlichkeit nicht gerade hoch im Kurs stand, mutierte zu einem anmutigen weißen Schwan namens *Corporate University*. Dass diese Einrichtung von ihrer Substanz her eine Fortsetzung von De-Skilling mit anderen Mitteln ist, spielt keine Rolle. Allein das Versprechen erfüllt ein wichtiges Ziel, nämlich für eine normierte Bildung der Mitarbeiter zu sorgen, deren Inhalte die Umsetzung der Firmenziele sichern und an der die Mitarbeiter gut motiviert teilnehmen. Dass dabei die inhaltliche Bandbreite einer allgemeinen Universität ausgeblendet wird, nehmen alle Beteiligten stillschweigend in Kauf.

Besonders augenfällig ist ein Beispiel aus der Branche der Finanzdienstleister: MLP hat sich in seinem Geschäft darauf spezialisiert, Finanzprodukte wie Versicherungen und Fonds an Akademiker zu verkaufen. Den Vertrieb übernehmen Hochschulabsolventen, die jung angeworben und anschließend in das Geschäft eingearbeitet werden. Die 2500 Mitarbeiter sind als Subunternehmer unter der Marke MLP auf eigene Rechnung tätig, nach außen hin wirken sie wie Angestellte des Unternehmens. Der Finanzvertrieb, der im Jahr 1971 in Heidelberg gegründet wurde, hat seit 1999 ebenfalls eine eigene Corporate University.

Gelehrt und gelernt wird an dieser nach dem MLP -internen »Generationenvertrag«: Erfahrene MLP -Vertriebsleute bringen den neuen etwas bei. »50 000 Schulungstage kommen auf diese Weise bei uns zusammen«, erläuterte Bernhard Küppers, Verantwortlicher für die Corporate University, beim Master-Kongress der Freien Universität Berlin im Juli 2008.[152] Die Finanzverkäufer lernen Weiteres zu Themen wie »Produktwelten« und »Portfolio-Optimierung«, es gibt Pflichtveranstaltungen, die der Gesetzgeber vorschreibt, und freiwillige Angebote. Auf die Frage eines Konferenzteilnehmers nach den externen Lehrkräften, musste Manager Küppers passen. »Wir machen das mit unseren eigenen Mitarbeitern. Die sind erfahren genug.«[153]

Interessant ist, wie sich die Corporate University von MLP mit geliehener Autorität ausstattet, um die Kompetenz der Einrichtung zu unterstreichen. Das firmeneigene Institut weist eine Akkreditierung der European Foundation for Management Development (EFMD) vor, eines weltweiten Netzwerkes von Universitäten, Wirtschaftsschulen, Wissenschaftlern und Managern. Diese »EQUIS« genannte Akkreditierung soll einen einheitlichen Qualitätsstandard für europäische Business Schools garantieren; die MLP-Universität wird dadurch als eine von hundert Qualitäts-Hochschulen in der Welt nobilitiert. Überdies verweist das Unternehmen auf einen »Beirat aus international anerkannten Professoren«, der die Inhalte überprüft und »Partnerschaften mit Hochschulen« pflegt. Kurz: Man gibt sich alle Mühe, auszusehen, zu reden und sich zu schmücken wie eine »echte« Universität, dennoch hat die MLP Corporate University nichts mit einer traditionellen Universität gemeinsam:

- Es gibt keine eigenen, angestellten Professoren.
- Es gibt keine eigenen Mitarbeiter, die sich nur um die Lehre kümmern.
- Es gibt keine Forschung.
- Es gibt keine allgemeinen, also außerhalb der Firma anerkannten Abschlüsse.

Dies zeigt deutlich, dass bei der Benennung dieser Form von Bildungseinrichtungen mit einer Täuschung gearbeitet wird. MLP mag eine beachtenswerte Bildungsstätte betreiben, die der besseren Erfüllung des Geschäftszwecks dient – aber die Bezeichnung »Universität« trifft auf sie nicht zu. Sie wurde, wie zu vermuten ist, allein gewählt, um das in keinem hohen Ansehen befindliche Thema Finanzvertrieb mit dem geliehenen Namen einer angesehenen Institution zu adeln.

»Universitas magistrorum et scholarium« - zu deutsch: die Gemeinschaft der Lehrenden und Lernenden -, das namengebende Urprinzip der Universitäten in aller Welt ist weder bei MLP noch bei all den anderen Betreibern vergleichbarer Einrichtungen angelegt. Auch auf der »Hamburger University«,[154] die von der Schnellimbisskette McDonald's allen Ernstes betrieben wird, geht es ebenso ausschließlich um Themen unmittelbarer geschäftlicher Nützlichkeit: Jedenfalls verspricht die Uni-Leitung ihren Studierenden, dass »they learn the additional knowledge and skills they need to run a multi-million dollar restaurant«.[155] Na dann.

Internet – Publizieren ohne Eintrittsbarrieren

Das »Schönste« an dieser dummen neuen Welt ist, dass dank World Wide Web alle ihr umfangreiches Wissen weitergeben können. Nein, im Ernst und ganz ohne Sarkasmus: Auch von Seiten des Internets ist kein Gegengewicht zu erwarten. Leider. Das mit vielen Hoffnungen und einem großen Maß an Freiheit gestartete weltweite digitale Netz ist heute ein Medium, das einen hohen Geräuschpegel verursacht und im Zeitbudget der Medienkonsumenten einen Spitzenplatz erobert hat - aber einen Ausweg zu einer freieren, unabhängigeren Information und einem höheren Maß an Informiertheit bringt es nicht.

Das Internet hat die Eintrittsbarrieren für das Publizieren in der westlichen Welt praktisch auf null heruntergesetzt. Das ist Fluch und Segen zugleich. Segen, weil Nischenwissen verbreitet werden kann und auch Fragen zu exotischen Interessen ein Forum finden; Fluch aber, weil damit auch der Grad der Desinformation steigt. Das Problem ist: Im Internet herrscht nicht nur Pressefreiheit, hier herrscht Presseanarchie.

Jeff Jarvis ist Professor an der Graduate School of Journalism in New York, Medienkolumnist der britischen Tageszeitung *The Guardian* sowie Gründer und Betreiber des Blogs www. buzzmachine.com, wo er regelmäßig zu den Entwicklungen in der digitalen Welt schreibt. Der Internetvordenker hat sich selbst einem Maximum an Transparenz gegenüber seinen Lesern unterworfen: Er erklärt, wer er ist, in wessen Auftrag er arbeitet, in welchen Interessengruppen er Mitglied ist. So kann der Leser die Dritt-Interessen, die in seine Blog-Beiträge einfließen, abschätzen.

Diese Transparenz ist in der Blogosphäre jedoch nicht die Regel. Die meisten Absender stellen ihre Beiträge in den Vordergrund und erklären ihre persönlichen Hintergründe nicht. Das heißt, der Leser hat keinerlei Chance zu beurteilen, ob der Autor eines Textes Fachkompetenz hat, ob er irgendwelche Interessen verfolgt (zum Beispiel als Lobbyist irgendeiner Gruppe) oder ob er überhaupt bei Verstand ist. Es gibt keinerlei Korrektiv. Das ist insofern nicht schlimm, als es in den meisten Internet-Publikationen selten um die drängenden Fragen der Welt geht, etwa um die Zukunft der Energieversorgung, um die Senkung der Kindersterblichkeit oder den Zugang zu sauberem Wasser für jedermann. In den geschätzt fünfhundert Millionen Blogs, die das Internet nach Berechnungen des Internetkritikers Andrew Keen[156] schon bald verstopfen werden, geht es um Themen wie Katzen, Hunde oder Ferienreisen, und zwar in etwa in dieser Reihenfolge.[157] Sie bloggen über ihr Privatleben, ihr Sexualleben, ihre Träume, ihren Mangel an Leben, über Krankheiten, Politik und Familie. Allein während Sie diesen Abschnitt lesen, werden laut Keen wieder zehn neue Blogs ins Leben gerufen.

Eine gesellschaftliche Wertschöpfung, ein Publizieren um das »Wahre, Schöne, Gute« (Goethe) zu befördern, findet hier nicht mehr statt, es geht nur noch um kleine und kleinste Interessen, nicht um gesamtgesellschaftliche Zusammenhänge. Trotzdem – und das ist das wahrhaft Besorgniserregende! – ist für die 14- bis 19-Jährigen das Internet das mit Abstand wichtigste Medium. Damit verbringen sie 120 Minuten am Tag. Auf Platz zwei folgt das Medium Fernsehen mit 100 Minuten, dem Radio werden 97 Minuten gewidmet.[158] Das Internet ist dabei das einzige Medium mit deutlichen Zuwachsraten hinsichtlich der Zahl der Konsumenten und der Nutzungsdauer. Das, was die größte Attraktivität des Internets ausmacht, ist die Interaktivität: Im Netz können die Anwender direkt auf die produzierten Inhalte einwirken, sie selbst gestalten und dabei andere, gleichgesinnte Mediennutzer kennenlernen.

Der Kanadier Don Tapscott, einer der Gurus der digitalen Welt, berichtete auf der Digital Life Design (DLD)-Konferenz im Januar 2009 in München über eine Erfahrung aus der Medienwelt, die der Schlüssel zum Verständnis der derzeitigen Transformation ist: Tapscott hatte gerade das Manuskript seines späteren Bestsellers »Wikinomics« fertiggestellt. Bevor das Buch veröffentlicht wurde, gab er es unter anderem seinem Sohn zur Lektüre. Dieser wandte sich zwei Tage später mit einer Rückmeldung an den Vater: »Das Buch ist gut. Aber mit fehlt die Interaktion.« Der Sohn eröffnete daraufhin einen Online-Club zum Thema »Wikinomics« auf Facebook. 15 Minuten später konnte er schon sechs Mitglieder registrieren, nach ein paar Tagen waren 150 Mitglieder aus acht Ländern verzeichnet, und es hatten sich bereits regionale Koordinatoren etabliert, die die Kontakte steuerten. Tapscott junior stellte für die neugeschaffene Community das erste Kapitel des väterlichen Werkes ins Netz, die Mitglieder lasen es nicht nur, sie machten den Autor auf neue Themen aufmerksam, die noch fehlten – und sorgten für die Korrektur von Fehlern, die Don Tapscott übersehen hatte.

Don Tapscott ist, wenn er ein Buch schreibt, ein Vertreter der alten Welt der Medienproduktion. Ein Autor schreibt über ein Thema. Ein Verlag lässt es lektorieren, also auch einer Inhaltsprüfung unterziehen. Nach einigen Korrekturgängen wird das Werk gedruckt und über den Buchhandel verbreitet. In der neuen Medienwelt von Tapscott junior dagegen gibt es kein »fertiges Produkt«. Ein Inhalt befindet sich ständig in Veränderung. Er wird in der Realzeit verbreitet – jeder, der sich berufen fühlt, kann am Inhalt mitarbeiten und Einfluss nehmen. Der formale Prozess ist auf ein Minimum beschränkt, die Interaktion folgt dem Grundmuster der spontanen Organisation. Der Medienkonsum ist dematerialisiert, die alte Trennung etwa bei einer Buchproduktion zwischen Verlag und Autor auf der einen Seite und Leser auf der anderen Seite ist aufgeweicht. Dabei ist zu beachten: In der neuen Welt findet keine Kompetenz- oder Wissenspräfung der Medienschaffenden mehr statt. Es existiert kein fertiges, qualitätsgesichertes Produkt mehr wie die Ausgabe der Tageszeitung vom 9. September 2009.

Das Web 2.0-Mantra: »Jeder kann mitmachen«

»Alles fließt« – diese Formulierung hat durch das Internet eine neue Bedeutung bekommen: Wir leben im Stadium des permanenten Relativismus, der großen Unverbindlichkeit. Ständig sind wir auf der Jagd nach dem Neuen, denn schon innerhalb von Sekunden kann das Gegenwärtige in Frage gestellt werden. Hinzu kommt: Der Zugang zum digitalen Kommunikationsraum ist für jedermann offen, Türwächter, die uns vor manchem Unsinn bewahren, gibt es nicht mehr. Während die alte Welt den Zugang zur Medienproduktion über die Inhaberschaft spezieller Ausbildungen, etwa Hochschulstudium, Journalistenschule oder ein Volontariat, regelte und Expertentum verifizierte, trägt im Netz jeder bei, der gerade online ist und sich berufen fühlt.

Die Folge dieser Entwicklung ist eine »Wikisierung« der Medien. Die Funktionsweise des Online-Lexikons Wikipedia wird zur Blaupause der Medienproduktion, die sogenannte »JeKaMi«-Wirtschaft zum Standard des neuen Zeitalters: »Jeder kann mitmachen«, lautet sein Mantra, was sich als Fluch und Segen zu gleicher Zeit herausstellt.[159]

Ein Beispiel für die neue Praxis liefert eine Zeitung in Südkorea. Im Jahr 2000 wurde sie unter dem Titel *Ohmynews* gegründet, ihre Besonderheit ist: Sie erscheint nur im Internet, überdies wird sie von den Lesern produziert. Eine Redaktion im althergebrachten Sinn, in der hauptberufliche und ausgebildete Journalisten nach bestimmten Qualitätskriterien Artikel recherchieren und schreiben, die dann von ebenfalls hauptberuflichen, in der Regel festangestellten Redakteuren gegengelesen und geprüft werden, gibt es nicht mehr. Stattdessen wird der Inhalt von einem neuen Typus Autor erzeugt, dem »Leser-Reporter«, dem journalistischen Dilettanten, der mit der Kamera in seinem Mobiltelefon zufällig der erste Zeuge eines Autounfalls oder eines Unwetters wird. Nur noch eine kleine Kernmannschaft von festen Mitarbeitern organisiert den Inhalt und bearbeitet die wichtigsten Artikel, alles andere läuft mit einem hohen Grad an Selbstorganisation.

Die koreanische Online-Zeitung verfügt über 42 000 freiwillige Amateurmitarbeiter, die sich in unterschiedlicher Intensität beteiligen. 170 bis 200 Artikel veröffentlicht das digitale Blatt jeden Tag. Weil *Ohmynews* so erfolgreich ist, wurde das Produkt weiterentwickelt: Einmal in der Woche gibt es eine gedruckte Ausgabe, überdies rief Oh Yeon Ho, der das Unternehmen gründete und bis heute führt, eine internationale Online-Ausgabe in englischer Sprache ins Leben. Diese wird von 850 sogenannten Citizen Reporters aus 85 Ländern mit Texten beliefert, ein kleines Team von acht Redakteuren organisiert den Inhalt der Website.[160]

Die eine Minute Ruhm, die ein veröffentlichter Artikel erzeugt, ist die wesentliche Antriebskraft für die Autoren, denn die meisten verdienen praktisch nichts bei ihrer Tätigkeit. Elf Dollar gibt es für einen Text, der es in die Ausgabe von *Ohmynews* schafft; diese Honorierung liegt noch unter dem, was die kleinsten Tageszeitungen ihren freien Mitarbeitern zahlen.

Dennoch boomt der Bürger-Journalismus, der in Südkorea seine Geburtsstunde erlebte. Inzwischen baut auch in Deutschland die *Bild*-Zeitung auf Beiträge von »Leser-Reportern«; als Motivation dienen hier ebenfalls der Abdruck, kleine Geldprämien sowie die Möglichkeit zum Bezug verbilligter Digitalkameras. Zusätzlicher Anreiz: Das Massenblatt stattete seine Leser-Autorenschaft mit täuschend echten Kopien des offiziellen, nur von den Journalisten- und Verlegerverbänden an Berufsträger ausgegebenen Presseausweisen aus. Mal fordert das Boulevardblatt die Leser zur Jagd nach sichtbaren Zeichen verschwendeter Steuermittel in ihrer Umgebung auf, mal werden Leserfotos von Polizisten abgedruckt, die mit ihrem Wagen im Parkverbot stehen.

Die Kamera im Mobiltelefon des Amateurs wird zum Auge der Redaktionen, der »Journalismus durch Nichtjournalisten«,[161] der ohne Ausbildung und ohne professionelle Standards operiert, wird zum Geschäftsmodell der Verlage.

Die Schlussfolgerung liegt auf der Hand: Wenn die Medien ihre Leser weiter zum Bürgerjournalisten aufrüsten, ist es nicht auszuschließen, dass wir, wie *FAS*-Autor Stefan Niggemeier vorhersagt,[162] bald in einer Gesellschaft leben, die nur noch aus Schaulustigen, Spannern und Spitzeln besteht. Jeder Prominente wird rund um die Uhr überwacht. Aber auch jeder Nicht-Prominente, der etwas tut, was seinem Nachbarn nicht gefällt, muss damit rechnen, sein Foto in der Zeitung wiederzufinden: »Wie der Mann, den *Bild* zeigte und verurteilte, weil er seinen Hund mit einem Hochdruckreiniger abduschte.«[163] Mit investigativem Journalismus hat derlei nichts zu tun, höchstens mit voyeuristisch motiviertem Denunziantentum.

Inbegriff des Jekami-Prinzips: der Leser-Reporter

Der Leser-Reporter ist eine besondere Facette des Jekami-Prinzips, dem das Internet Vorschub geleistet hat. Sein Ausgangspunkt ist die Online-Enzyklopädie Wikipedia. Sie wurde im Jahr 2001 von Jimmy Wales und einigen Mitstreitern gegründet. Ihr Funktionsprinzip ist denkbar einfach: Im Netz wird eine Software bereitgestellt, die die Struktur eines Lexikons abbildet. Die Nutzer selbst schreiben am Rechner die Beiträge, sie übernehmen aber auch die Kontrolle, die Aktualisierung, die Qualitätssicherung und die Weiterentwicklung der Software. Wie Gründer Wales am Rande seines Auftritts beim 6. Petersberger Forum im Juni 2006 berichtete, hat die Unternehmenszentrale von Wikipedia gerade mal zwei festangestellte Mitarbeiter. Der Rest der Arbeit wird von Zehntausenden von Freiwilligen erledigt, die einzig über das Internet miteinander verbunden sind. Sie kennen sich nicht persönlich, es gibt keine Arbeitsverträge, keine Stellenbeschreibungen, keine Hierarchie. Dieses Beispiel von Selbstorganisation ist beeindruckend, denn Wikipedia ist eine der am meisten besuchten Websites.

Aber es gibt auch Grenzen. Viele Beiträge gehen über ein bemühtes Amateurniveau nicht hinaus, andere dienen der Eitelkeit der dort vorgestellten Personen. Immer wieder sind Artikel unausgewogen – so wurde etwa der Lexikoneintrag zu dem Thema »Deutsche Bank« lange Zeit von Gegnern des Geldinstituts majorisiert: Die Folge davon war, dass der Text überwiegend aus Anti-Propaganda bestand. Der Leser erfuhr vornehmlich von der Vergangenheit der Deutschen Bank im Dritten Reich und den wiederholten Entlassungsprogrammen seit den 1980er Jahren. Zudem verfügt das Mitmach-Internet über gänzlich schwächere Filter als etwa eine Brockhaus-Enzyklopädie. Für das gedruckte Lexikon schreiben Experten, die von der Fach-Redaktion für ihr jeweiliges Spezialgebiet identifiziert wurden. Für das Online-Lexikon hingegen schreiben Menschen, die für so etwas Zeit haben.

Die Folge: Die Fehlerquote bei Wikipedia ist relativ hoch. Die Qualität der Texte sehr unterschiedlich. Außerdem kann sich ein Eintrag, der gestern noch als gültig im Netz stand, heute schon geändert haben und morgen komplett verworfen werden, je nachdem, wer sich gerade um das Thema bemüht. Sicher, auf diese Weise kann die vermeintlich große »Schwarm-Intelligenz« langfristig ein größeres Wissen bereitstellen, als es eine kleine Fachredaktion aus hochqualifizierten Experten jemals könnte. Doch Wikipedia wird heute schon genutzt wie ein hochwertiges Lexikon, wenngleich die Internet-Schwärme nicht mal ein Jahrzehnt daran gewirkt haben. Ob dieser Zeitraum ausreicht? Und: Ab wann können wir sicher sein, dass die Wikipedia-Informationen wirklich stimmen?

Schließlich kann es auch zu gezielten Manipulationen der Wikipedia-Einträge kommen, die erst verspätet auffallen und dann wesentlich schlimmere Folgen haben als jener harmlose Vorfall im Sommer 2009: Im Wikipedia-Eintrag des gerade erst ins Kabinett berufenen Bundeswirtschaftsministers Karl-Theodor zu Guttenberg hatte sich ein Fehler bei der Namensnennung »eingeschlichen«, der niemandem aufgefallen war: Einer seiner zahlreichen Vornamen im Lexikoneintrag lautete »Wilhelm«, aber auf Wilhelm war der neue Minister nie getauft worden.[164]

Der Fehler war kein Zufall. Der Name war im Rahmen eines

gezielten Streichs von einem Blogger in den Wikipedia-Eintrag eingefügt worden. »Ich fragte mich, ob es jemand merken würde, wenn ich zu der langen Namensliste einfach einen weiteren hinzufügen würde. Es stellte sich heraus: Niemand merkte es – und etliche Online-Medien, Zeitungen und Fernsehsender schrieben meine Erfindung ungeprüft ab«, schreibt der Blogger in einem Selbstbekenntnis.[165] In der Tat verbreitete sich der falsche Name in erschreckendem Tempo. Die Liste der Medien, die auf die Fälschung hereingefallen waren, liest sich wie das Who's Who der Tageszeitungen: *Spiegel, Handelsblatt, Bild, taz, Rheinische Post, Süddeutsche Zeitung* und einige andere.[166]

Hier scheinen sich gleich einige Standards durch die Hintertür zu ändern; Jekami führt dazu, dass die Grundsätze des Qualitätsjournalismus ausgehebelt werden. Konnten wir uns in der vordigitalen Zeit noch darauf verlassen, dass Informationen von gut ausgebildeten Profis erfasst, bewertet, geprüft, gegengeprüft und schließlich gewichtet wurden, wird nun jeder zum Informanten, der sich als solcher ausgibt.

Mit dem Aufschwung von Internet und Web 2.0 geht ein rapider Umbau der traditionellen Medienwelt einher. Da »Informationen« neuerdings kostenlos zu haben sind, sinkt die Bereitschaft der Bürger, dafür Geld auszugeben. Der Brockhaus-Verlag hat bereits angekündigt, dass es keine weitere Neuauflage des 30-bändigen Konvoluts geben solle. Und auch die klassischen Medien bauen rapide Stellen ab. Schließlich entwickelt sich auch der bislang stabilisierende Anzeigenmarkt für die Verlage nur negativ, während der Werbemarkt im Internet permanent wächst.

Unter dem Druck schwindender Auflagen und schwankender, häufig rückläufiger Anzeigeneinnahmen hat längst ein Teufelskreis begonnen. Weil überall Kosten gespart werden müssen, verkleinert man die Redaktionen. Von dieser Entwicklung sind auch die sogenannten Qualitätsmedien nicht ausgenommen. Also werden Stellen gestrichen, werden die Redaktionen auf Effizienz getrimmt, wird gespart, wo es nur geht. Auch der Qualitätsjournalismus hat seinen Zenit längst überschritten. Wer aufgrund von Kostendruck schneller arbeiten muss, verzichtet auf Sorgfalt und übersieht Fehler. Das kann in den von der Sparschraube gedrückten Redaktionen schwerwiegende Folgen haben. So haben etwa die Magazine *Wirtschaftswoche* und *Capital* ihre Abteilungen »Dokumentation« schon vor Jahren abgeschafft, weil sie nichts anderes taten, als Fakten nachzuprüfen. Zu teuer! Der Redakteur wird's schon richten, so die Annahme. Schließlich kann eine Boeing 747 heute auch von zwei Piloten geflogen werden, wo noch vor Jahren der dritte Mann, ein Flugingenieur, nötig war.

Die Markenartikler in der Medienwelt, zu denen ich alle traditionellen Medien zähle, beteiligen sich eilfertig daran, ihr Produktionsverfahren auf diesen vom Internet vorgegebenen reduzierten Qualitätsstandard umzustellen: Für die Verifikation der Vornamen eines neuen Bundesministers reicht eben der Klick auf Wikipedia. Andere Quellen, etwa die Pressestelle des Ministeriums, die man hätte anrufen oder anschreiben müssen, werden nicht mehr konsultiert.

Aber Verleger, die Redaktionsleistungen zum Discounttarif einkaufen, bekommen genau das, wofür sie bezahlt haben: Billig-Journalismus, der sich auf Ressourcen wie Wikipedia oder Leserreporter stützen und verlassen muss, weil er angesichts der Kostenvorgaben gar keine andere Wahl hat.

Der Laptop, das Handy und das Ich

Ob es in Zukunft um 20 Uhr noch eine ARD-Tagesschau geben wird, kann angesichts der Veränderungen unseres gesellschaftlichen Zusammenlebens durch die digitalen Medien nur noch als ein Randthema angesehen werden. Wir alle spüren die neuen Standards längst. Viele Wissensarbeiter bearbeiten pro Tag an die dreihundert E-Mails. Fernbeziehungen werden immer üblicher, die berufliche Mobilität erzwingt das, die Liebe zu einer medial übertragenen Botschaft, und aufgrund von Bildtelefonen via Skype, E-Mail und SMS scheint die Distanz auch nicht mehr so weit.

Der amerikanische Psychologe Edward Howell hat eine neue,

umweltbedingte Aufmerksamkeitsstörung festgestellt, die Massenkrankheit Attention Deficit Trait (ADT; im Deutschen ungefähr mit »Aufmerksamkeitsdefiziteigenschaft« oder »Zerstreutheit« zu übersetzen). Sie wird durch einen Lebensstil hervorgerufen, durch den wir immer mehr informatorischen Input und Output koordinieren müssen; Menschen, die unter ADT leiden, klagen über ständiges Abgelenktsein, sagen, dass sie ruhelos sind, irritierbar und oft impulsiv reagieren.[167] Der Cognitive Overload, wie Psychologen in aller Welt die »kognitive Überlastung« nennen, fordert seinen Tribut. Familien brechen auseinander, weil der vielbeschäftigte Alleinerernährer auch während des Candlelight-Dinners am Hochzeitstag noch mit Kunden telefonieren muss (»Nur ganz kurz, Schatz«), der Urlaub ist kein Urlaub mehr, weil der Wissensarbeiter in der Zeit zwischen sechs Uhr morgens und halb neun, wenn Ehepartner und Kinder noch schlafen, durch sein mobiles Büro, aufgebaut im Hotelzimmer mit Meerblick, in Anspruch genommen wird. Mit anderen Worten: Der Körper ist am Ferienort anwesend, aber der Kopf ist im Büro geblieben. Dass man die Technik ausschalten muss, um abschalten zu können, ist zwar jedem Wissensarbeiter klar, aber Kunden, Konzerne und digitale Kommunikationsformen stellen völlig andere Anforderungen. Die digitale Welt hat die Trennung zwischen Arbeit und Nichtarbeit endgültig aufgehoben.

Das Aufkommen des PCs markierte die Wende zu dem Alltag, den wir heute kennen, es folgten Mobiltelefon, Internet, SMS und Computerspiele. Im Jahr 1984 gab es zum Beispiel in der Bundesrepublik Deutschland erst 13 000 Faxanschlüsse. Eine großangelegte Studie des Pew Research Center's Interner & American Life Project in Washington ermittelte, was diese neue Sozialisation ausmacht. Ein heute Zwanzigjähriger hat demnach in seinem bisherigen Leben durchschnittlich bereits 3500 Stunden im Internet verbracht, 5000 Stunden Videospiele gespielt sowie rund 250 000 SMS und E-Mails empfangen und gesendet. So nimmt es nicht wunder, dass Jugendliche sagen: »Ohne mein Mobiltelefon kann ich nicht leben« oder »Der Laptop ist mein zweites Ich«.

So weit ist es also schon gekommen: Die Desinformationswirtschaft bringt uns in solche Abhängigkeit, dass uns unsere Identität abhanden kommt, wenn wir nicht aufpassen. Der Bürger der Desinformationsgesellschaft ist nichts als ein produzierendes und konsumierendes Rädchen im großen Getriebe einer allwissenden und alles steuernden unbekannten Übermacht, deren einziges Ziel das Schaffen von Mehrwert ist.

Kapitel 8

Mit Shareholder Value in die Neo-Feudalwirtschaft

(Misstrauens-) Vorkasse statt (Vertrauens-) Vorschuss

Es ist eigentlich kaum der Rede wert, eine Lappalie, eine kleine Begebenheit am Rande des großen Wirtschaftsgeschehens, eigentlich nicht von Bedeutung, aber bei Licht betrachtet Symptom für den großen Wandel, den wir derzeit allerortens erleben.

Ich finde endlich wieder einmal Zeit, ein paar Tage auszuspannen. Es geht in die Pfalz, die Heimat meiner Vorfahren, ein verlängertes Wochenende mit den Kindern soll es sein. Seit Jahren fahre ich in dasselbe Hotel, ein sehr angenehmer, inhabergeführter Betrieb. Wenn eine Herberge mit dem Slogan »Home Away From Home« werben darf, dann diese. Ein kleiner, fast unscheinbarer Satz überrascht mich bei der Buchung: »Herr Professor Otte, wenn Sie mir bitte Ihre Kreditkartennummer geben könnten. Als Sicherheit, Sie verstehen.« Ohne Zögern gab ich der Inhaberin, die mich schon lange kennt, das Gewünschte.

Als ich später die kleine Szene Revue passieren ließ, wurde mir die Veränderung bewusst. In all den Jahren zuvor hatte das Wort gegolten, es hat die Buchung verbindlich gemacht. Das war gelebtes Vertrauen, ein bewährter Standard in der Hotelbranche. Nun aber das: »Ihre Kreditkartennummer, bitte!«

Was ist passiert? Die Kreditkarte wurde zum Sinnbild der Machtverschiebung zwischen Kunden und Unternehmen. Das Hotel ist nicht mehr bereit, sich dem zu stellen, was der Management-Vordenker Reinhard Sprenger als »paradoxale Grundstruktur des Lebens« bezeichnet.[168] Bislang hatte der Betrieb auf das gute Auge gesetzt, auf eine ausbalancierte Erfahrung der Realität, die jede Fachkraft in den Stand versetzte, während des Telefonats auch eine Art Ad-hoc-Bonitätsprüfung durchzuführen: Ist der Gast vertrauenswürdig? Verhält er sich am Telefon wie jemand, der die Buchung auch einlöst? Gehört er zu jenen Kunden, die dem Haus die Treue halten?

Natürlich, Vertrauen steht ständig im Test, und wie Sprenger richtig sagt, wird dieser Test nicht immer bestanden. Aber die Begebenheit aus dem Hotel, die Kunden jeden Tag überall auf der Welt erleben, zeigt: In die einstige Vertrauenszone ist das Misstrauen eingedrungen; Buchung per Kreditkarte ist mit Zahlung per Vorkasse gleichzusetzen. Der Unternehmer hat sich der Aufgabe entledigt, die Bonität seines Kunden zu prüfen. Er reicht ihm nicht mehr die Hand zum Gruße, sondern er hält sie nur hin, um gleich das Geld einzubehalten.

Damit ist ein neuer Standard entstanden, der seinen Vorläufer abgelöst hat. Denn bislang galt das, was der Psychotherapeut Paul Lahninger als »Vertrauen schafft, wer sich traut, ein sinnvolles Risiko einzugehen« bezeichnet.[169] Sinnvoll sei es, im Normalfall zu vertrauen und im Einzelfall anders vorzugehen. Die Kreditkartenregel hat jedoch die Umkehrung herbeigeführt. Der Standard »Vertrauen geben« wurde abgelöst durch den Standard »Misstrauen üben«. Die Folge liegt auf der Hand. Die Regel wird eingeführt, um wenige Menschen daran zu hindern, etwas zu tun, was der Großteil der Beteiligten nicht tun würde. Alle werden fortan so behandelt, als gehörten sie zu den zwei oder drei Prozent jener, bei denen das Misstrauen in der Tat angebracht wäre.

Die Begebenheit aus dem Hotel ist zwar auf den ersten Blick nicht mehr als eine kleine Anekdote. Aber sie erklärt einen wichtigen Grundgedanken dieses Buches: Wir befinden uns in einer Zeit der Grenzverschiebungen. Äußere Grenzen verschwinden und werden durch neue ersetzt. Der Kommunismus ist als Gegner von der Bildfläche verschwunden, der Eiserne Vorhang ist nicht mehr vorhanden, die Marktwirtschaft, die ehedem an der Oder ihre Systemgrenze hatte, eroberte längst den Osten. Gleichzeitig verschieben sich die inneren Grenzen: Unternehmen, ihre Systeme, die Führungskräfte sowie Verantwortungsträger verhalten sich anders. Bewährte Standards gelten nicht mehr, sorgsam austarierte Gleichgewichte lösen sich auf, aus mancher Liaison kooperativer Zusammenarbeit mit impliziten Regeln, an die sich jeder hielt, ist ein Wirken von Druck und Gegendruck geworden, bei dem jener obsiegt, der den Druck am kräftigsten und längsten ausüben kann.

Die Gefährdung ist nicht mehr zu übersehen

Einst beruhte unsere westliche Zivilisation auf einem vertrauensvollen Rechts-, Gesellschafts- und Geschäftsverständnis. Berechenbarkeit, Planbarkeit und die Einhaltung von Zusagen waren die Basis dafür, dass in Europa und Amerika entwickelte industrielle Prozesse, Produktionsmethoden und das westliche Rechtssystem heute den Globus umspannen und das Gesicht der Welt prägen. Das »Kaufmannsehrenwort« und die Redewendung »Pacta sunt servanda« – »Verträge sind einzuhalten« – umschreiben diese Geisteshaltung.

Im Krieg mögen List und Täuschung schon immer eine wichtige Rolle gespielt haben, aber wenn in Friedenszeiten eine Zusage gemacht war, dann war diese einzuhalten. Zeiten des Krieges sind Zeiten der Extreme – auch beim Thema Information. Nichts ist mehr normal, alles ordnet sich den besonderen Bedingungen des Kriegszustands unter.

Das zeigte exemplarisch das Vorgehen der Alliierten im Ersten Weltkrieg. Sie nutzten Gräuelpropaganda, um die Angst vor den deutschen Truppen zu schüren. Von Engländern und Belgiern wurde der Mythos verbreitet, dass die deutschen Truppen in Belgien Kinderhände abschlugen. Die Nachricht stand, sie entfaltete ihre Wirkung, weil die Zielpersonen keinen Anlass sahen, sie in Frage zu stellen. Hier kam die Desinformation im Gewand fürsorglich warnender Information daher, der Wolf im Schafspelz, der im Moment seines Auftretens von niemandem als solcher bemerkt wird. Erst die irischen Historiker John N. Horn und Alan Kramer haben in einer ausführlichen Monographie das Vorgehen der Alliierten als Propaganda entlarvt.[170] Die Geschichte hat durchaus grausame Ironie: Das Abschlagen von Händen war eine von den belgischen Kolonialherren im damaligen Kongo geübte Praxis. Vielleicht wurde die Propaganda der

Belgier durch das beflügelt, was man andernorts selbst praktizierte.

Nach dem Krieg ging die Geschichte der Desinformation weiter. Desinformation wurde zunehmend im politischen Meinungskampf eingesetzt. Auf einer Tagung der Evangelischen Akademie Loccum im Jahr 2004 zu diesem Thema[171] diskutierten die Referenten die gefährliche Tendenz, dass Desinformation von Regierungen weltweit immer häufiger eingesetzt wird. Von Propaganda machen nicht mehr allein Diktaturen Gebrauch, was ja zu erwarten gewesen wäre, sondern auch demokratisch legitimierte Staaten, wie etwa die USA, die zur Legitimation des Irakkrieges gegen Saddam Hussein die Lüge der irakischen Massenvernichtungswaffen erfanden. Dass in Spanien die Regierung Aznar die Attentate vom 11. März 2004, bei denen 192 Menschen starben, zunächst der baskischen ETA in die Schuhe schieben wollte, um damit die eigene Wiederwahl zu sichern, wäre fast gelungen.[172] Auch tatsächliche oder sogar erfundene Geheimdienstberichte werden immer häufiger als Waffe im politischen Meinungskampf eingesetzt, womit nicht nur umstrittene politische Entscheidungen ihre Legitimation erhalten, sondern auch die Geheimdienste selbst. Deren ursprüngliche Funktion, nämlich ihre Regierung möglichst objektiv über den tatsächlichen Stand der Weltlage zu informieren, gerät dadurch zunehmend in den Hintergrund.[173] Stattdessen gilt jetzt: Geheimdienste sind nicht Informanten der Regierung, sondern Desinformanten der Bevölkerung!

Die Gefährdung ist nicht mehr zu übersehen: Während wir Bürger noch auf Wahrhaftigkeit und Taktikfreiheit der Information zählen, zeigt uns die – insbesondere von Konzernen, Politik und Medien vorangetriebene – Veränderung in der Anwendung von Information, dass wir uns längst in einem Zustand der sich verstärkenden Desinformation befinden.

Kundenkarten – Türöffner zum Informations-Schlaraffenland

Und es kommt noch schlimmer: Im selben Maße, wie den Bürgern die substantielle Information abhanden kommen und sie im Morast der Desinformation versinken, gewinnen Konzerne, Politik und Medien substantielle Informationen über die Bürger. Wir leben in einer Zeit neu definierter Fronten. Die Machtverschiebung tritt immer klarer zutage. Es sind Konzerne, Lobbys und Regierungen, die den Bürgern ihren Willen und ihr Bild der Wirklichkeit aufzwingen.

Denn nicht nur Google und die Onlineshops sammeln fleißig Daten ihrer Kunden, auch alle anderen Unternehmen sind eifrig dabei, ihre Kunden auf verwertbare Informationen abzuscannen. Miles& More, HappyDigits, Bonusprogramm oder Kundenkarte – ganz gleich, wie sich die Spionage-Attacke nennen mag, sie öffnet den Konzernen die Tür zum Informations-Schlaraffenland, und die meisten Kunden haben noch gar nicht bemerkt, dass sie sich mitten in einem Beutezug befinden, und zwar auf der Seite der Opfer. Die Kundenkarte ist für die Fluggesellschaft der Schlüssel zu einem geheimen Raum, zu dem es bislang keinen Zutritt gab – den persönlichen Daten des Kunden.

Die Strategie der Ausgabe von Kundenkarten hat bei vielen Unternehmen in den vergangenen Jahren sehr rasch um sich gegriffen und funktioniert hervorragend. Knapp neunzig Prozent der Deutschen verfügen nach verschiedenen Angaben über Bonus- oder Kundenkarten. Viele Bundesbürger haben dabei Karten im Portemonnaie, mit denen sie nicht nur bei einem Händler, sondern gleich bei einer Vielzahl von Anbietern verschiedene Rabatte erhalten. Das hat Folgen, denn das Informationsnetz zieht sich immer dichter um die Nutzer der Kundenkarten zusammen.

Die Firma Payback ist mit siebenunddreißig Millionen verteilten Kundenkarten in Deutschland Marktführer. Hauptgesellschafter des Mutterunternehmens Loyalty Partner ist nach Eigenangaben der britische Finanzinvestor Palamon Capital Partners.[174] Dass die Kundenkarten nicht nur geschaffen wurden, um den Nutzern etwas Gutes zu tun, sondern vornehmlich dazu dienen, Daten für ein Verhaltensprofil zu gewinnen, zeigt auch eine gerichtliche Klage: Der Verbraucherzentrale Bundesverband (VZBV) hatte vor Jahren gegen die Datenschutzpraxis von Payback geklagt und letztinstanzlich verloren. Der Verband monierte, dass Kunden ein Kreuzchen im Vertrag setzen müssen, das die Verarbeitung, Aufbereitung und Weiterverwertung ihrer Daten ausschließt. Wurde das Kreuzchen nicht gesetzt, stimmten sie automatisch zu. Die Richter beanstandeten diese Praxis jedoch nicht. Es ist laut Urteil auch zulässig, dass Payback das Geburtsdatum sowie Art und Umfang der erworbenen Waren und Dienstleistungen erfasst. Die Informationen dienten zur Identifizierung der Teilnehmer und dem Zweck des Rabattsystems, argumentierten die Richter.[175]

Der Jahresumsatz über die Payback -Karte liegt bei beachtlichen 16 Milliarden Euro, sie selbst werde von sechzig Prozent der etwa vierzig Millionen deutschen Haushalte genutzt.[176] Hauptkonkurrent HappyDigit ist nach Firmenangaben in mehr als fünfzig Prozent der deutschen Haushalte präsent.[177]

Das Angebot klingt verlockend: »Wer weltweit Digits sammeln möchte, kann seine HappyDigits-Mastercard mit einer erweiterten Kartenfunktion beantragen. Diese ermöglicht es dem Karteninhaber, überall auf der Welt Digits zu sammeln: egal, ob an der Copacabana ein Cocktail bezahlt wird oder die Tankfüllung in Hamburg. Die zusätzliche Funktion der Karte ist in den ersten drei Monaten gebührenfrei, danach kostet sie jährlich nur 19,90 Euro.«[178]

Doch im Klartext klingt dasselbe erschreckend: Das HappyDigits-Mutterunternehmen CAP GmbH erhält ein umfassendes Konsum- und Bewegungsprofil und kassiert dafür auch noch Geld von den Betroffenen.

Als »weiteres Highlight« gibt es die »die Callingcard-Funktion: HappyDigits-Teilnehmer können mit ihrer Karte in Deutschland sowie in 75 weiteren Ländern bargeldlos telefonieren.« Wunderbar: Die Daten aus den Telefonaten reichern das Kundenprofil noch weiter an.

Die so gewonnenen detailreichen Bilder vom Verhalten der Kunden machen die Dienstleister, die die Rabattkarten ausgeben, für viele Nutzer auf Unternehmensseite interessant. Wer will nicht gern in den Kopf seines Kunden hineinblicken, um ihm bei rechter Gelegenheit noch mehr zu verkaufen? Die Kundenkartenanbieter jedenfalls sind sich des Werts ihrer Daten sehr wohl bewusst: »Wir vernetzen Partner miteinander und bilden Allianzen. Weitreichende Kooperationen im Sammelbereich sind dabei eine Möglichkeit, Kunden zu binden und langfristig zu halten«, wirbt die CAP GmbH gegenüber ihren Geschäftspartnern, die übrigens auch viel Geld dafür bezahlen, um von der Datenspionage profitieren zu dürfen.

CAP darf die Daten laut Auskunft der zuständigen Datenschutzbehörde in Nordrhein-Westfalen für seine jeweiligen Systempartner speichern. Wobei dieser Systempartner die Daten allerdings nur in seinem eigenen Bereich nutzen darf. Wenn andere Systempartner auch ein solches Konsumentenprofil haben wollen, dürfen diese Daten von CAP nur anonymisiert weitergegeben werden, ebenfalls dürfen sie nicht an Dritte verkauft werden. Nennenswerte Beanstandungen gab es laut einem Sprecher des Datenschutzbeauftragten von Nordrhein-Westfalen bisher nicht. Das soll beruhigend klingen. Ist es aber nicht.

Auch Rätsel und Preisausschreiben werden längst in den Dienst der Kundendatengewinnung gestellt. Wer ein Preisrätsel ausfüllt, dessen Hauptgewinn aus einem hochwertigen Topfset besteht, verrät damit eine ganze Menge über seine Interessen. Auch aus Angaben wie Name, Vorname, Adresse und Haushaltsgröße können die Unternehmen eine Menge Rückschlüsse ziehen: Aus den jahrgangsbezogenen Häufigkeitsverteilungen der Vornamen können die Firmen zuverlässig auf das Alter des Kunden schließen: Dieters sind meist in den 1940er Jahren geboren. Gertruds kamen in den 1920ern zur Welt; Sabine und Stefan sind Namen, die den Geburtsjahren 1960 bis 1975 zuzuordnen sind. Ebenso kann mit den Adressen verfahren werden. Jede Straße ist einer bestimmten Kaufkraft und Einkommenshöhe zugeordnet – so können die Unternehmen zuverlässig sagen, ob der Kunde in einem Eigenheim, einer Eigentumswohung oder in einer angemieteten Etagenwohnung lebt, wie sein Familienstand und seine politische Einstellung sind und wie hoch sein Bildungsstand und sein Gehalt sind – ohne dass jemals jemand darüber irgendetwas direkt verraten hätte.

Bereits heute werden aufgrund solcher Informationen, von denen der Kunde nicht ahnt, dass die Unternehmen sie haben, bestimmte Angebote erstellt. So kam im Sommer 2008 heraus, dass Banken zur Bonitätsprüfung ihrer Kunden spezialisierte Firmen beauftragten, um – wie auch immer gesammelte – Daten nach einem schwer durchschaubaren »Scoring-Verfahren« auf ihre Zahlungsmoral einzuschätzen. Zwar beschloss das Kabinett daraufhin eine Änderung des Bundesdatenschutzgesetzes, das nunmehr vorsieht, dass Verbraucher Auskunft erhalten können (!), auf welcher Grundlage eine Bonitätsprüfung zustande kommt. Datenschützer mokierten aber, dass das Gesetz nicht weit genug gehe: Immer noch ist unklar, welche Daten genau verwendet werden dürfen, wer die Daten nutzen dürfe (nur Kreditgeber, oder auch Arbeitgeber und ›normale‹ Unternehmen?) und in welcher Weise sie – ohne Wissen des Verbrauchers – interpretiert werden dürfen.

Kurz: Wer in einem sozialen Brennpunkt wohnt, wird mehr Zinsen für seinen Kredit bezahlen müssen als jemand, der im Villenvorort lebt. Aber auch sonst wird es mit technisch gutausgerüsteten Kundenkarten mit RFID-Technik[179] in naher Zukunft möglich sein, Kunden individualisierte Preisangebote zu machen: Für den sofort identifizierten Nörgler findet der nette Verkäufer im Textilgeschäft leider keine passende Hose und komplimentiert ihn rasch wieder hinaus. Der ahnungslose Stammkunde zahlt den vollen Preis, der kritische Wechselkunde wird mit Sonderpreisen gelockt, und der lukrative Luxus-Kunde bekommt noch kleine Werbegeschenke obendrauf.

Während sich die Behörden noch darüber streiten, ob sie in irgendeinem x-beliebigen Formular auch die Haushaltsgröße erheben dürfen oder ob das schon zu den schutzwürdigen, also nicht erhebbaren Daten gehört, marschiert die Privatwirtschaft mit großen Schritten in den bislang verschlossenen Alltag ihrer Kunden hinein. Alles wird erfasst, nichts entgeht dem neugierigen Auge der Datensammler. Der Großangriff auf die Privatsphäre ist in vollem Gange.

Trend zu Misstrauen und Überwachung

Doch nicht nur als Kunden müssen die Bürger Spionageattacken fürchten, auch als Arbeitnehmer sind sie in hohem Maße dem informationshungrigen Blick der Unternehmen ausgeliefert.

So manches von dem, was in den letzten Monaten und Jahren zufällig (oder durch einzelne nicht-kooperative Mitarbeiter an die wenigen noch kritischen Medien lanciert) herauskam, erinnert an die Romanwelt des US-Weltbestsellers »Die Firma« von John Grisham. Der Held in diesem Buch ist ein junger, talentierter Jura-Absolvent, Mitch McDeere. Die Kanzlei Bendini, Lambert & Locke aus Memphis lockt ihn mit einem beeindruckenden Gehalt, einem Traumauto als Dienstwagen und der Begleichung seiner gesamten Studiengebühren. Zunächst läuft alles gut, die Kollegen sind nett. Bald arbeitet Mitch fast rund um die Uhr, aber das tun alle in der Kanzlei. Stutzig wird der junge Anwalt erst, als er Mikrofone findet: in seinem Auto, in seiner Wohnung, im Büro – überall wird er abgehört und beschattet. Bendini, Lambert & Locke verfügt über eine perfekt ausgestattete und minutiös organisierte betriebsinterne Stasi, die die Mitarbeiter keinen Schritt aus den Augen lässt. Sogar in das Schlafzimmer des jungen Anwalts haben die Lauscher eine Verbindung gelegt.

Was im Roman der Stoff für einen spannenden Plot liefert, gerät in der Wirklichkeit zum Alptraum. Am stärksten geriet Lidl in die Schlagzeilen, aber auch bei der Deutschen Bahn und bei der Deutschen Bank wurden die Mitarbeiter – und zwar bis in Vorstandsebene – in geradezu manischer Weise und in totalitärem Ausmaß überwacht, ausgespäht und reglementiert. Bei Lidl durchwühlen Verkaufsleiter bei Betriebsschluss die Taschen der Mitarbeiter, öffnen ohne deren Wissen den persönlichen Spind im Personalraum und durchsuchen sogar die Privatautos der Angestellten – immer auf der Suche nach Dieben, die Ware ohne Bezahlung mit nach Hause nehmen. Lidl filzt, Lidl setzt Detektive ein, Lidl schickt eine Armada von Testkäufern durch seine Läden, die auch prüfen, ob sich Mitarbeiter an der Kasse Geld direkt in die Tasche ihres Arbeitskittels stecken.

Die Jagd nach untreuen Mitarbeitern allein kann es nicht sein, die den Discounter zu derart martialischen Maßnahmen verleitet. Im Handel geht statistisch jeder zweihundertste Einkaufswagen ohne Bezahlung an der Kasse vorbei, das entspricht einer Diebstahlquote von einem halben Prozent des Umsatzes. Nur ein Viertel dieses Wertes geht auf das Konto der Mitarbeiter, ermittelte das Euro-Handelsinstitut (EHI). Das zeigt, wie überzogen die Maßnahmen des schwäbischen Unternehmens sind. Anscheinend geht es um etwas anderes als Wirtschaftlichkeit: Mitarbeiter sollen überwacht, in Angst gehalten und kontrolliert werden.

Dabei ist der Einzelhandel wohlgemerkt keine Ausnahme, sondern nur Teil eines immer stärker werdenden Trends zu Misstrauen und Überwachung. Eine Kurzumfrage, die die Deutsche Gesellschaft für Personalführung (DGFP) im April 2008 durchgeführt hat,[180] ergab: 25 Prozent der befragten Personalmanager sagen, dass die Zusammenarbeit in den Betrieben heute stärker von Misstrauen geprägt ist als noch vor zehn Jahren. Das »Nicht-Vertrauen« scheint sich als neuer Standard in der Führung einzuschleichen.

Unternehmen setzen Angst und Gängelung als Instrument ein, um ihre Mitarbeiter zu einer Mehrleistung zu treiben. Angestellte verkneifen sich die Zigaretten- oder Toilettenpause, weil schon im nächsten Augenblick eine neue, unangemeldete Kontrolle stattfinden könnte. Überdies erleichtert das Klima des Misstrauens, unliebsame – das heißt in diesem Fall: zu teure – Mitarbeiter loszuwerden. Im »Schwarzbuch Lidl«[181] decken die Autoren Andreas Hamann und Gudrun Giese Fälle in Serie auf, in denen langjährigen Angestellten, die in der Lohnhierarchie schon aufgestiegen waren, Bagatelldiebstähle in die Schuhe geschoben wurden. Diese fingierten Vorfälle benutzte das Unternehmen, um Mitarbeiter mit einer erzwungenen Selbst-Kündigung aus dem Betrieb zu drängen. An ihre Stelle wurden angelernte, neue Mitarbeiter mit einem deutlich geringeren Stundenlohn gesetzt.

Was treibt das System Lidl an? Nach innen wirkt eine einfache, aber ungeheuer wirksame Steuerungsvorgabe: Jede Filiale, jeder

Filialleiter und jeder Verkaufsleiter werden danach beurteilt, wie viele Mitarbeiterstunden nötig waren, um den Umsatz zu erzeugen. Dieses System wird offenbar so konsequent durchgezogen und mit Sanktionen hinterlegt, dass den Führungskräften fast jedes Mittel recht ist, um ihren Erfolg nachzuweisen.

Das Informations-Ungleichgewicht führt zur Machtverschiebung

Wissen ist Macht, das weiß jedes Kind. So ist das Informations-Ungleichgewicht, das sich in unserer Gesellschaft immer mehr herauskristallisiert, Teil einer Machtverschiebung gewaltigen Ausmaßes. Immer weniger wissen immer mehr, und immer mehr wissen immer weniger.

Genau darin liegt das Problem: Die Anbieter von Informationen, Meinungen, Waren und Dienstleistungen – mithin Unternehmen, Politik und Medien – kommen weder irgendeiner Sorgfaltspflicht nach noch halten sie sich an irgendwelche Informationsstandards – etwa einen allgemein anerkannten Bezugsrahmen, auch als »semantischer Kontext« bezeichnet –, an denen sich die Allgemeinheit orientieren könnte. Das, was uns als »Information« verkauft wird, ist eher dazu geeignet, den semantischen Kontext zu zerstören. Mit Information werden inzwischen fast ausschließlich politische oder ökonomische Zwecke verfolgt, und eben nicht Klarheit, Wahrheit oder Aufklärung. Zwar wissen wir, dass das, was uns vorgesetzt wird, manipuliert und manipulativ ist, wir kennen aber oft die Hintergründe nicht. Das ist keine Lappalie. Das ist zentral und bedroht die Basis unseres wirtschaftlichen und politischen Systems.

Für die deutschen Vorkriegsökonomen – ich verweise hier vor allem auf den großen und heute leider fast vergessenen deutschen Nationalökonomen Werner Sombart[182] und die »Wiener historische Schule« der Jahrhundertwende – war es völlig selbstverständlich, dass die Wirtschaft von den gesellschaftlichen Rahmenbedingungen geprägt wird und dass sich nicht zwangsläufig eine optimale Marktwirtschaft als gewissermaßen natürliche Ordnung etablieren muss. Es können je nach gesellschaftlichem Kontext ganz unterschiedliche Wirtschaftsformen auftreten – von der mittelalterlichen Beutewirtschaft, in welcher sich die Stärkeren nehmen, was sie wollen (und zwar sowohl innerhalb einer Gesellschaft als auch in der gesellschaftsübergreifenden Auseinandersetzung), über den Basar (auf dem zwei annähernd gleich informierte Seiten über die Verteilung von Vermögen verhandeln) zur modernen Industriegesellschaft, in welcher die Produktion und nicht die Verteilung im Vordergrund des Wirtschaftens stand. Derzeit sieht es so aus, als verfielen wir wieder in eine Beutewirtschaft, einen Zustand, den wir seit dem Beginn der Aufklärung überwunden zu haben glaubten. Und eine Hauptursache dieser modernen Beutewirtschaft ist Desinformation.

Information wird fragmentiert, nach Belieben umformatiert und in neue, gerade zur Situation passende Kontexte gestellt. Sie steht, das vor allem, immer im Dienst der Ziele eines Absenders, der seine Absichten aber in vielen Fällen nicht offenlegt. Zuträger des Desinformationssystems sind die Medien, deren Qualität sich permanent verschlechtert – bei privaten Sendern, immer dünner besetzten und auf Sensationen ausgerichteten Zeitungsredaktionen und leider auch zunehmend beim öffentlich-rechtlichen Fernsehen. Das alles ist sicher weder im allgemeinen Interesse, noch hilft es, eine aufgeklärte Gesellschaft zu schaffen. Dennoch kommt dieser Prozess als Resultat einer wenn nicht offenen, dann zumindest stillschweigenden Willensbekundungen »aller« zustande. Schon die Duldung reicht in diesem Falle, um der genannten Entwicklung weiteren Raum zu geben. Aber wollen wir »alle« tatsächlich, was gerade geschieht?

Der moderne Kapitalismus und die feudale Lehnswirtschaft

Der Hyperkapitalismus und die damit verbundene Ökonomisierung aller Lebensbereiche haben fatale Auswirkungen. Ein Ausgleich der Kräfte am freien Markt ist schon lange Fiktion.

Wenn wir nicht aufpassen, laufen wir Gefahr, dass sich die faktischen (nicht die juristischen!) Verhältnisse unseres Wirtschaftssystems in den Zustand einer Feudal- und Lehnswirtschaft zurückentwickeln. Die informatorische Überforderung der Bürger, die Schwäche des Staates und die Macht der großen Konzerne und Lobbys, sich ihre Standards weitgehend selbst zu setzen, sorgen dafür, dass Machtunterschiede zementiert und ausgebaut werden. So kommt es, dass zunehmend die Willkür von modernen Feudalherren die Wirtschaft dominiert und dass Bürgerinnen und Bürger zur Verfügungsmasse in einer neofeudal ausgerichteten Gesellschaft werden.

Nur auf dem Markt in seiner idealisierten Modellversion geht es primär um die Verteilung. Zwei annähernd gleich starke Vertragsparteien verhandeln miteinander, wer das größere Stück des Kuchens erhält, und zwar idealerweise bei jeder Transaktion neu. Deswegen ist der Markt auch das Modell einer wettbewerbsorientierten aber kurzfristig ausgerichteten Wirtschaft. Kooperation erfolgt in diesem Modell nur dann, wenn der Wettbewerb zum Schaden der Allgemeinheit ausgehebelt werden soll. Schon Adam Smith sprach davon, dass Männer desselben Gewerbes sich selten treffen würden, es sei denn um Absprachen zu treffen, die gegen die Öffentlichkeit und das öffentliche Wohl gerichtet seien.[183]

Der von mir hochgeschätzte Alexander Rüstow, einer der letzten Universalhistoriker unter den Ökonomen,[184] hielt die geregelte Ordnung und die Marktwirtschaft des 19. Jahrhunderts nur für möglich, weil man sich auf das Zivilrecht und den Grundsatz der Vertragstreue verlassen konnte. Damals hatte das bürgerliche Recht einen hohen Standard, der Staat hielt sich zurück – ganz im Gegensatz zum »jetzt vorherrschenden Mittel von Wirtschaftsverträgen als Mittel aggressiver Handelspolitik.«[185] Auch im Umgang der Menschen untereinander muss von annähernd gleichwertigen Verhandlungspartnern und einem hohen Niveau des Wirtschaftsrechts ausgegangen werden, damit freie Märkte funktionieren können.

Heute kann von einer informierten und freiheitlichen Marktwirtschaft nicht mehr die Rede sein. Der moderne Kapitalismus gleicht in vielerlei Hinsicht der feudalen Lehnswirtschaft. Große Lehnsherren, Konzerne oder einzelne Großinvestoren, vergeben ihre »Lehen« – also Rechte, Produkte, Lizenzen oder Gebiete – an treue Gefolgsleute und Vasallen zur Ausbeutung und »Optimierung«. Untereinander befinden sie sich dabei in permanenter Auseinandersetzung um ihre Lehen und Gebiete; mal versteckter, mal offener wird der Kampf um Marktanteile und Gewinne geführt.

»Herolde«, seien es Ökonomen wissenschaftlicher Institute oder Interessenverbände oder Politiker, verkünden die Wahrheiten der Stunde. Die Methoden der Auseinandersetzung um die »Lehen« sind dabei subtiler als in früheren Zeiten. Man sattelt nicht mehr die Pferde oder belagert Burgen, sondern startet Produkt- und Preisoffensiven, initiiert Fusionen und Übernahmen und erfindet neue Themen für Konsum und Freizeit, die sich in immer schnellerer Folge ablösen.

Sogar der Staat selbst wird für die modernen Lehnsherren zur »Beute«.[186] Über gezielte Lobbyarbeit und Belohnungen, die man an gefällige Politiker oder Beamte in Form von Sitzen in Ausschüssen, Gutachterhonoraren oder ähnlichen Instrumenten vergibt, sichert man sich Gesetze und Verordnungen, die das eigene Unternehmen oder die eigene Branche begünstigen und missliebige Konkurrenten oder Konkurrenztechnologien fernhalten.

Ein Beispiel ist die im Jahr 2009 im Rahmen des Konjunkturpakets II von der Bundesregierung beschlossene Abwrackprämie: Mit welchem Recht wurde die Autoindustrie, die schon vor der Krise vor allem durch eine falsche Modell- und Technologiepolitik bestach, gefördert, während viele andere Branchen keine Subventionen erhielten?! Mit welchem Recht erhielt die Commerzbank ungefähr zwanzig Milliarden Euro an öffentlichen Mitteln, nur um unter anderem damit an den Märkten Kampfkonditionen anzubieten und Banken, die solide gewirtschaftet hatten und keine öffentlichen Mittel bekamen, das Leben schwer zu machen?! Es ist das Recht des Stärkeren, besser Vernetzten, der Zugang zur Politik hat!

Für die Helfershelfer der Lehnsherren gelten die Regeln, die für »normale Menschen« gelten, nicht. Während der Supermarktkassiererin – letztlich zu Recht! – wegen unterschlagener Pfandbons in Höhe von 1,30 Euro gekündigt wird, bleiben die meisten Bankmanager auch nach Milliardenverlusten im Amt. Und wenn sie nach katastrophalen Leistungen ausscheiden, nehmen sie Abfindungen in Millionenhöhe mit und nutzen dieses Geld, um weitere Abfindungen einzuklagen. Darin liegt der Skandal. Politiker und Beamte, die versagt haben, treten in die zweite Reihe zurück – zumeist aber mit komfortablen Vergütungen. Gefeuert werden sie selten.

Die Bewohner der Lehen, also die Bürger, werden zunehmend zur Dispositions- und Verfügungsmasse: als abhängig beschäftigte Mitarbeiter und als Verbraucher, die keine wirklichen Alternativen mehr zur Auswahl bekommen, weil das Kartell der Lehnsherren machen kann, was es will. Das gelingt, indem eine Allianz aus Großkonzernen, Medien, Lobbys und Politikern der demokratischen, bürgerlichen Gesellschaft den Boden unter den Füßen wegzieht. Dieses Fundament besteht vor allem aus verlässlichen Informations-, Rechts- und Bildungsstandards. Indem beispielsweise Produkte und Dienstleistungen künstlich intransparent gemacht werden – wie zuletzt vor der Finanzkrise geschehen –, kann diese niemand mehr durchschauen und ist dem jeweiligen Anbieter hilflos ausgeliefert.

Indem immer mehr das rein betriebswirtschaftliche und ökonomisch direkt verwertbare Wissen anstelle der umfassenden humanistischen Bildung gefördert wird, fehlt den Menschen zunehmend der Rahmen, gesellschaftliche und politische Entwicklungen einzuordnen. Und wenn das Funktionieren des Rechtssystems zunehmend davon abhängt, wie viel Geld man hat und welchen Anwalt man sich leisten kann, dann leistet auch die Justiz einen Beitrag dazu, Macht zu festigen, anstatt für eine dauerhafte Gleichheit aller vor dem Gesetz zu sorgen.

Ein Markt ohne Staat führt zurück ins Mittelalter

Der visionäre Ökonom und Managementdenker Peter Drucker schrieb bereits 1986 einen Artikel über die veränderte Weltwirtschaft.[187] Darin machte er als einen von drei Megatrends den Aufstieg der »Symbolwirtschaft« aus. Anstatt realer Größen würde verstärkt die Verfügungsmacht über Symbole bedeutend: Finanzen und Finanzinstrumente, Recht und Rechte, Bilder, Werbemethoden, Daten, Patente und Produktionsverfahren. Es sind diese Symbole, um die heute die Auseinandersetzung zwischen Konzernen, Interessenverbänden, Politik und Medien läuft. Was Drucker nicht sah, ist die Tatsache, dass die von der Realwirtschaft abgekoppelte Symbolwirtschaft tendenziell die Starken stärkt und die Schwachen schwächt.

Wenn alles juristisch verhandelt wird, hat derjenige einen Vorteil, der sich teure und langwierige juristische Auseinandersetzungen leisten kann. Wenn Misstrauen und Desinformation zu Standardwährungen der Wirtschaft werden, können diejenigen profitieren, die sich einen Schutzpanzer aus Rechtsbeiständen und PR-Abteilungen leisten können. Die in den letzten dreißig Jahren simultan erfolgte Schwächung des Staates hat dazu geführt, dass wir neofeudalen Zuständen bedenklich nahe gekommen sind.

Den meisten modernen Ökonomen ist völlig entgangen, dass die Konkurrenz, die vermeintlich das Geschäft belebt und idealtypisch zum Marktgleichgewicht führt, gar nicht (mehr) existiert. Konkurrenz kann nach Werner Sombart ganz unterschiedliche Ausprägungen annehmen. In seinem Werk »Der moderne Kapitalismus« differenziert Sombart drei Arten von Konkurrenz:

- **Leistungskonkurrenz**
  Das meint das, was wir idealtypisch unter Konkurrenz verstehen: »ein ›Mit-einander-um-die-Wette-Laufen‹, bei dem einer der Sieger bleibt. […] Preisrichter ist ›das Publikum‹. Die Leistung, deren Feststellung gilt, ist die beste und billigste Lieferung von Waren und Diensten. Der Preis ist die Auszeichnung durch den Kauf.«[188]

- **Suggestionskonkurrenz**
  Wettbewerb wird zum Showbusiness, und zwar sowohl in der Wirtschaft als auch in der Politik: Der Konkurrent will auf das Urteil des Kunden nicht nur durch seine Leistungen Einfluss nehmen, sondern versucht, ihn auf andere Weise für sich einzunehmen, »indem er dessen selbständiges Denken, die eigene Überzeugungs- und Entschlussfähigkeit, möglichst auszuschalten sucht, indem er zwangsweise die von ihm beabsichtigten Vorstellungsweisen und Gefühlstöne im anderen zu erwecken trachtet, indem er diesem mit einem Wort den Kauf ›suggeriert‹.«
  Bei der spektakulären »Opel-Rettung« konnte die Bundesregierung die Öffentlichkeit ein halbes Jahr mit einem ziemlich belanglosen, aber gut inszenierten Theater zur Vorauswahl eines geeigneten Käufers für Opel beschäftigen. Die Öffentlichkeit merkte nicht, dass alle die wichtigen Menschen in der Bundesregierung letztlich gar nicht darüber zu entscheiden hatten, sondern dass die wahren Entscheidungen in Detroit und Washington getroffen wurden. In der heutigen Wirtschaft spielt Suggestion fast immer eine Rolle, insbesondere dann, wenn die Produkte schwer zu bewerten sind, wie zum Beispiel Finanzprodukte für die Alterssicherung oder der Neubau eines Eigenheims. Da kaum ein Käufer sich eine analytische Meinung über diese Produkte bilden kann, werden vor allem emotionale Inhalte wie zum Beispiel »Wohlbefinden«, »Familie« oder »Sicherheit« transportiert.
- **Gewaltkonkurrenz**
  Sie »zielt darauf ab, durch Gewaltmittel den Konkurrenten auszuschalten«.[189] Nach Sombart ist hier nicht der Sport, sondern der »blutige Krieg« das passende Bild. Gewaltkonkurrenz möchte den Konkurrenten unterwerfen oder vernichten. Sombart führt die Trusts und Monopole in den USA um die Wende vom 19. zum 20. Jahrhundert als Beispiele an. Hier erfolgte »cut throat competition« – Kampf bis aufs Messer, um letztlich den Wettbewerber und damit den Wettbewerb auszuschalten. Wenn am Ende nur Mono-

> pole übrigbleiben, so Sombart, »tritt die Suggestion, wenn auch nicht die Suggestivkonkurrenz, wieder in ihr Recht«.[190] Wenn es nämlich nur noch Monopole und Oligopole gibt, kann man keine Konkurrenten mehr ausschalten. Da es gleichzeitig keine Leistungskonkurrenz und keine Leistungsanreize gibt, versucht man, seine Kunden durch Werbung und Suggestion zu manipulieren.

Markt ohne Recht beziehungsweise ohne Moral muss immer zur Dominanz des Stärkeren führen. Es kann gar nicht anders sein. Wenn der Stärkere seine Verhandlungsposition effizient ausnutzt, wird er immer mächtiger. Wenn Sie schon einmal *Monopoly* gespielt haben, wissen Sie, was ich meine. Ein Markt ohne Staat muss zum Mittelalter zurückführen. Vor dem Gesetz sind wir alle gleich, wenn der Rechtsstaat funktioniert, am Markt sind wir es nie. Es verwundert, dass dieser einfache Zusammenhang so stark in Vergessenheit geraten ist.

Der dritte Weg jenseits des Shareholder Value

Wir müssen uns nicht fragen, ob wir »Markt- oder Planwirtschaft« wollen, sondern ob wir ungefesselte Märkte wollen – und damit das Recht des Stärkeren in der Form des freien Spiels der Kräfte – oder Recht und Gesetz, und zwar in einer Form, die es dem Einzelnen ermöglicht, sein Recht wahrzunehmen.

Alexander Rüstow schlug schon vor mehr als sechzig Jahren einen »dritten Weg« zwischen Kommunismus und Kapitalismus vor. In seiner kurzen, aber wirkungsvollen, von mir bereits mehrfach zitierten Schrift »Die Religion der Marktwirtschaft« fallen die fatalen Konsequenzen blinder Marktgläubigkeit auf: »Nichts, was wir hier gegen das sozialistische Ideal der Planwirtschaft vorgebracht haben, ist etwa im Geringsten als Argument für die Beibehaltung der bisherigen völlig entarteten und unhaltbaren ›spätkapitalistischen‹ Wirtschaft gemeint. Ganz im Gegenteil.«[191]

Schon das Römische Reich erlebte unter Kaiser Trajan eine

vergleichbare Entwicklung. Während seiner knapp zwei Jahrzehnte dauernden Herrschaft trieb der im Jahr 98 n. Chr. an die Macht gelangte Kaiser die Eroberungen immer weiter voran, indem er Armenien, das Zweistromland und das Dakerreich unterwarf. Rom hatte seine größte Ausdehnung erreicht. Das Ende von Trajans Amtszeit aber barg bereits den Keim des Niedergangs in sich, römische Gebiete östlich des Euphrats mussten wieder aufgegeben werden. Die herrschende Klasse ignorierte die Signale des Umbruchs. Die Römer lebten trotz des beginnenden Niedergangs weiter, als seien sie nach wie vor die uneingeschränkten Herrscher der Welt. Zu gleicher Zeit schwand aber sowohl die räumliche als auch die materielle Basis des Reiches. Hadrian, Trajans Nachfolger, musste seine Regentschaft mit Schulden finanzieren und das Reich »gesundschrumpfen«. Der Anfang vom Ende des alten Römischen Reichs war damit eingeleitet.

John Kenneth Galbraith ortete eine der zahlreichen Wiederholungen dieses Zyklus in der Neuzeit: Die großen Unternehmer und ihre Verbündeten bestimmten im 19. sowie zu Beginn des 20. Jahrhunderts die Politik und das Wirtschaftsleben in England, Deutschland, Frankreich und den USA. Sie zweifelten nie an der Berechtigung ihrer wirtschaftlichen und sozialen Stellung. Jede Anstrengung wurde schließlich mit besonderen wirtschaftlichen Erfolgen und gesellschaftlichen Verdiensten belohnt.[192] Dennoch war die gesellschaftliche Erosion unübersehbar. Damals gab es in England und Amerika ein großes Farmensterben, mittellose Arbeitslose, verarmte Rentner sowie Frauen- und Kinderarbeit in den Fabriken. »Das ganze Land glich einem Dampfdruckkessel«, schrieb Galbraith mit Blick auf die Verhältnisse in den USA der dreißiger Jahre. Trotz des Optimismus der Zufriedenen befand sich das Land in derselben Situation wie die westlichen Marktwirtschaften heute: Es gab deutliche Zweifel, dass dieses Wirtschaftssystem auf Dauer existieren könnte.

Die Diagnose für die Jetztzeit fällt kaum besser aus. Wir beobachten wieder eine längere Phase wirtschaftlichen Wachstums, die allerdings mittlerweile beendet ist. Die gesellschaftliche Klasse der Gewinner zeigt ein starkes Selbstbewusstsein – sowohl hinsichtlich der Deutung der Lage als auch bei der Formulierung von Empfehlungen an die politische und wirtschaftliche Gestaltung: Wir befinden uns auf dem Zenit der Ära des Manager-Kapitalismus, der seit den 1980er Jahren völlig ungehindert von irgendwelchen politischen Kräften einen beispiellosen Höhenflug angetreten hat.

Damals hatte der US-Ökonom Alfred Rappaport mit seinem Buch »Creating Shareholder Value«[193] den theoretischen Überbau für eine Art der Geschäftsführung vorgelegt, wie sie Jack Welch, der berühmt-berüchtigte CEO von General Electric (GE), erstmals in Perfektion umgesetzt hat. Ihm folgten zahllose Manager nach: Die Strategie der Unternehmen wurde überwiegend und oft sogar ausschließlich am Ziel der Wertsteigerung des Unternehmens ausgerichtet – also an einem kontinuierlich steigenden Aktienkurs. Der sogenannte »Shareholder Value«, der Aktionärswert, wurde damit zum Maß der Dinge. Nicht die langfristige Existenzsicherung des Unternehmens, sondern die kurzfristige Wertsteigerung der Aktien war zentrales Unternehmensziel, an das in all den Großunternehmen auch die Boni und Prämien der angestellten Manager gekoppelt waren und bis heute sind.

Der Aktienwert wurde zur Ikone des Kapitalismus stilisiert. Ganz gleich, ob es sich um den Geschäftsbericht, Reden des Managements, Pressemitteilungen oder Analystenkonferenzen handelt: Stets gehörten Ausführungen zum Shareholder Value zum Grundbestandteil der Kommunikation.

Am deutlichsten manifestiert sich dieser neue Geist in der Lobby der Hauptverwaltung der Deutschen Bank in Frankfurt. In dem Marmor- und Glasentree mit Wasserflächen und diskret plazierten schwarzen Ledersesseln prangt unübersehbar eine Kursanzeige der Deutsche Bank-Aktie. Jeder Besucher, jeder Mitarbeiter, der morgens die Drehkreuze passiert, die zu den Aufzügen in die Doppeltürme führen, kann die Notierung des Papiers in Echtzeit verfolgen: Kursangaben in Euro und Kurstrends werden hier geliefert. Prominenter könnte diese Information nicht angebracht sein. Keiner kommt drum herum.

Selbst angestaubte ehemalige Staatsunternehmen stellen sich

dieser Agenda, und so ging im November 1996 die von einer Behörde in eine Aktiengesellschaft umgewandelte Deutsche Telekom an die Börse. Die T-Aktie wurde zur Volksaktie. Durch Deutschland tobte eine wahre Euphorie: Alle wollten spielend leicht Geld verdienen. Die Folgen sind bekannt. Die Aktienkurs der Telekom stürzte in den Keller. 100 000 Mitarbeiter mussten das Unternehmen allein bis 2004 verlassen, viele weitere folgten. Im Jahr 2008 wurde abermals ein Stellenkürzungs-Programm aufgelegt, dem zufolge sich Mitarbeiter in der Zentrale um ihren eigenen Arbeitsplatz neu bewerben dürfen.

Die über viele Jahre dominierende Unternehmensstrategie hat eine eigene Sprache hervorgebracht, die kalt und technokratisch ist. Unternehmenserfolge werden mit Kennzahlen dokumentiert, Begriffe wie EVA, Return on Total Capital Employed und EBITDA[194] ersetzen die Erfolgsgeschichten – und selbst die Menschen werden in diese neuen Sprachschemata gepresst.

Heinz Klinkhammer, Personalvorstand der Telekom, hielt 2003 vor Studenten einer privaten Hochschule in Dortmund einen Vortrag. Die menschenverachtende Haltung der neuen Ideologie versteckte sich hinter Anglizismen: Sein Personalressort sei »Business Partner«, das Zurechtstutzen der Belegschaft nannte er schönfärbend »Rightsizing«, das Wort »Entlassungen« mied er – wenn doch davon die Rede war, sagte er: »50 000 Menschen anfassen«, und meinte damit, 50 000 Leute auf die Straße zu setzen oder dorthin zu versetzen, wo sie zumindest weniger kosten. Und wenn der Vorstand von »gecleart« sprach, meinte er damit nur eins: Mitarbeiter entlassen zu haben.[195]

Gecleart, anfassen, Rightsizing – von der in der Industriegesellschaft auch durch Gewerkschaftsbewegung mitgestalteten Übereinkunft, dass Unternehmen Märkte bedienen und zugleich den Menschen ein berufliches Zuhause bieten, ist heute kaum noch etwas übrig. 60 000 Arbeitsplätze bauten die DAX-Konzerne in der Zeit von 1996 bis 2007 ab; es wurde ständig reorganisiert und »angefasst«.

Die Doktrin des Shareholder Value hat unser Wirtschaftssystem an den Rand des Ruins geführt. Institutionelle Anleger haben den Druck auf das Management erhöht, Entscheidungen strikt am Ziel eines kurzfristig gesteigerten Unternehmenswertes auszurichten.

Die Regierungen der Welt haben versäumt (oder versagt), durch Regulierungen die schlimmsten Auswüchse dieser auf Profitgier basierenden Ideologie zu verhindern. Auch jetzt noch lassen sich die Politiker von den Desinformationsstrategien der Konzernlobbyisten einlullen, glauben, dass Regulierungen der Finanzindustrie zum Verlust von Arbeitsplätzen führen. Dabei zeigt die Wirklichkeit, dass eben gerade nicht der Shareholder Value, sondern der gute alte deutsche, österreichische und schweizerische Mittelstand mit inhabergeführten Strukturen zu Wirtschaftswachstum, zu gesellschaftlichem Wohlstand und zu Arbeitsplätzen führt: die mittelständischen Hidden Champions. Diese Unternehmen sind oft nicht an der Börse zu finden, weil sie sich zum größten Teil in Familienhand befinden. Hier wurden zwischen 1996 und 2007 – also im selben Zeitraum, in dem die DAX-Konzerne 60 000 Arbeitsplätze abbauten – 269 000 Arbeitsplätze neu geschaffen.[196] – und das, wo beide Unternehmenstypen zur Gesamtbeschäftigung fast gleich viel beitragen: Bei den Hidden Champions arbeiten 1,22 Millionen Menschen, bei den DAX-Konzernen 1,7 Millionen. Noch, möchte man hinzufügen. Denn durch das angelsächsisch dominierte und an den Interessen der Großkonzerne und der großen Akteure (früher hätte man gesagt: »des internationalen Finanzkapitals«) ausgerichtete Finanzsystem sind auch und vor allem die mittelständischen Betriebe in Gefahr geraten, obgleich sie selbst am wenigsten dazu beigetragen haben. Sie sind zu klein, um von Politikern per Abwrack- oder sonstiger Prämie gerettet zu werden. Und so profitieren am Ende ausgerechnet die von den staatlichen Rettungsaktionen, die sich am wenigsten für den Staat als Gemeinschaft freier Bürger interessieren. Der »real existierende Kapitalismus« ist zu einem »Sozialismus für Manager« mutiert – wer hätte das gedacht! Die großen börsennotierten Unternehmen agieren oft kurzfristig und zwar so, dass es der neuen globalen Nomenklatura nützt.

Das sollte man nicht vergessen, wenn es derzeit auf politischen Gipfeln rund um den Globus um die Neuordnung der Weltfinanzmärkte geht. Es wird Zeit zu erkennen, in welch perfider Form sich die Desinformationswirtschaft in den letzten Jahren durchgesetzt und etabliert hat. So sehr, dass sich heutige Politiker kaum noch trauen, die führenden Unternehmen und Manager des gescheiterten Finanzsystems dafür zur Verantwortung zu ziehen, dass sie mit Billionen Euro und Dollar aus dem selbstgeschaffenen Schlamassel gerettet werden mussten. Stattdessen wird weiterhin – ganz im Sinne der entfesselten Märkte – von »Deregulierung« und »Wettbewerb« gefaselt, wo in Wahrheit längst eine kapitalistische Übermacht die Zügel der Weltwirtschaft fest in der Hand hält.

Ein schwacher Staat ließ diese Kräfte gewähren. Die Priesterkaste der Ökonomen hat den Notenbanken rund um den Globus eingeflüstert, dass eine Politik der niedrigen Zinsen und ein blindes Vertrauen auf die »unsichtbare Hand« des Marktes zu einem wachsenden Wohlstand führen würden. Es war die Illusion des billigen Geldes, welche die Finanz- und Kapitalmärkte zu einer großen Spekulationsblase anschwellen ließ. Die Politiker haben das geglaubt; die Notenbanken haben Geld gedruckt, solange und so viel es ging. Nicht nur die amerikanische Federal Reserve Bank, sondern auch – in unterschiedlichem Umfang – die anderen Notenbanken hingen (und hängen noch) der Doktrin an, dass man mit billigem Geld und leichten Krediten Wirtschaftswachstum schaffen kann. Das Gegenteil ist richtig: Wenn zu viel Geld gedruckt wird, ist Inflation die Folge. Das muss nicht unbedingt die berüchtigte Lohn-Preis-Spirale auslösen, die alle so sehr fürchten. Es gibt auch die sogenannte »Asset Inflation«, bei der die Reichen ihr überschüssiges Geld in Aktien stecken. Wenn die Wirtschaft das Geld nicht mehr absorbieren kann, sucht sich das Geld ungesunde Wege. Die Folge sind spekulative Blasen. Genau das hat in den vergangenen zwanzig Jahren zu den großen Technologie- oder Immobilien-Booms geführt – die dann mit lautem Knall als Blasen zerplatzten.

Geldpolitik ist wie ein Seil – man kann das Pferd (die Wirtschaft) jederzeit ziehen (also die Geldmenge verknappen und die Wirtschaft bremsen), aber wenn man das Seil locker lässt, rennt das Pferd noch lange nicht los. In den Worten einer alten Volksweisheit: »Man kann die Pferde zur Tränke führen, trinken müssen sie schon selbst.« Tatsächlich kann die Wirtschaft normalerweise am besten von einer stetigen Geldversorgung profitieren. Die hierdurch geschaffene Kontinuität und Berechenbarkeit helfen den Wirtschaftsakteuren am besten zu planen und zu disponieren. Nur in akuten Krisensituation, wenn alle das Geld horten, sollte genug Geld bereitgestellt werden, damit der Geldkreislauf nicht völlig kollabiert. Deswegen habe ich während der heißen Phase der Finanzkrise für massive Liquiditätsschöpfung plädiert.[197]

Allerdings: Die temporäre Ausweitung der Geldmenge kann nur eine begleitende Maßnahme und ein kurzfristiges Mittel sein. Sie löst keines der wirklichen Probleme. Wirkliches Wirtschaftswachstum entsteht nur durch das »System der Produktivkräfte« eines Landes oder einer Region, wie es der große und fast vergessene deutsch-amerikanische Ökonom Friedrich List ausdrückte.[198] Demnach wird eine Volkswirtschaft nicht nur von allgemeingültigen Gesetzmäßigkeiten bestimmt, sondern auch durch seine sozialen und politischen Faktoren geprägt. Wichtiger als die kurzfristige Anhäufung von Kapital sei die Akkumulation menschlichen Vermögens. Legendär ist sein Ausspruch: Nicht wer Schweine zieht, sei produktiv, sondern wer Menschen erzöge, sei ein produktives Mitglied der Gesellschaft.

Wenn wir die Ketten der neo-feudalen Desinformationswirtschaft aufbrechen und ein wirtschaftlich, aber auch kulturell, sozial und politisch erfolgreiches Gemeinwesen wiederherstellen wollen, brauchen wir einen starken Staat im Zusammenspiel mit einer funktionierenden Demokratie. Um die Realität wieder transparenter und die Märkte stabiler zu machen, muss die Politik einfache und klare Regeln einführen. Das jahrelang andauernde Spiel der Desinformation muss beendet, den Akteuren, die mit heißer Luft und der Unwissenheit vieler Menschen so viel Geld verdient haben, muss das Handwerk gelegt werden.

Die aktuelle Krise könnte die letzte Chance dafür sein. Sie gibt

Gelegenheit für eine Neuorientierung in der Politik, deren Ziel es sein sollte, die Menschen über Wirtschafts- und Finanzfragen zu informieren, Transparenz und Vergleichbarkeit herzustellen, langfristige und nachhaltige Anlagen zu fördern und gefährliche Finanzprodukte zu regulieren.

In den ersten dreißig Jahren der Bundesrepublik gelang dies recht gut. Es gab nur ein knappes Dutzend Aktienfonds, dazu Lebensversicherungen, Sparbücher, weiterhin noch Bauherrenmodelle. Finanzderivate waren lange Zeit verboten, obwohl sie im Prinzip schon seit dem 17. Jahrhundert bekannt waren.[199] Finanzspekulationen gab es auch in der Bundesrepublik von Adenauer bis Kohl. Aber erst die Gewissheit, dass die staatliche Altersversorgung nicht mehr ausreichen würde, öffnete dem massenhaften Vertrieb von Finanzprodukten Tür und Tor. Hier ist es Aufgabe der Politik, die Zügel wieder in die Hand zu nehmen und zurückzukehren zu einer soliden Wirtschaftsform unter strenger staatlicher Aufsicht.

So bleibt mir abschließend nur die Hoffnung, dass die in diesem Buch ausgebreiteten Informationen zur Verringerung der Ungewissheit beitragen mögen, denn eines ist gewiss: Deutschland, wir haben ein Problem! Die herrschende Kaste von Managern, Lobbyisten, größtenteils willfährigen Politikern und Medien hat es fast geschafft, der bürgerlichen und sozialen Gesellschaft den Boden unter den Füßen wegzuziehen, auch, weil sie beide »Lager«, die aus meiner Sicht zwei Seiten einer Medaille sind, geschickt gegeneinander ausspielte. Politik ist oft zum belanglosen Showbusiness, zum neuen »Opium für das Volk« geworden – eine Rolle, die Karl Marx einst der Religion zuschrieb. Die wirklichen Entscheidungen, wie zum Beispiel im Fall der Bankenrettung, werden längst von den Unternehmen selber getroffen oder entscheidend geprägt. Es braucht Menschen – innovative und langfristig orientierte Eigentümer-Unternehmer, loyale Staatsbeamte, unabhängige Journalisten, couragierte Richter und engagierte Bürgerinnen und Bürger –, die den Mut und die Kraft haben, sich der wachsenden Macht der neuen Oligarchie und der von ihr verursachten Desinformationswirtschaft entgegenzustellen.

Nachwort: Ansätze zur Informationssouveränität

Der Informationscrash ist eine Bestandsaufnahme unserer Wirtschaft und Gesellschaft. Ich habe verschiedene Aspekte beleuchtet, um zu zeigen, wie immer größere Bereiche unseres Lebens in trübe Teiche verwandelt werden, in denen es zunehmend schwieriger wird, den Durchblick zu behalten. In Finanzen, Bildung, Medizin und Altersversorgung wissen viele von uns nicht mehr, was wir wissen könnten und sollten. Allgemeingültige und zumindest im Großen und Ganzen verlässliche Standards brechen weg. Wie also darauf reagieren?

Das Buch ist weder eine Theorie der Desinformationswirtschaft, noch ist es ein umfassendes Aktionsprogramm. Das Thema wird mich sicherlich noch lange beschäftigen. Ich hoffe daher, zu einem späteren Zeitpunkt sowohl die akademische Theorie als auch den umfassenden Praxisleitfaden zur Desinformationswirtschaft liefern zu können. An dieser Stelle möchte ich Ihnen einige Anregungen geben, wie Sie mit der Desinformationswirtschaft umgehen können. Dies sind nur erste Notizen und Denkanstöße. Ein vorgefertigtes Rezeptbuch wäre sowieso dem Gedanken des souveränen Umgangs mit Information nicht sehr zuträglich.

1. Netzwerke bilden – aber richtig: »Netzwerke« (eigentlich wäre anstatt dieses mittlerweile allgemeingebräuchlichen, aus dem Englischen abgeleiteten Begriffs das Wort »Netze« besser, präziser und zutreffender) werden in vielerlei Ratgebern beschworen.[200] In einer Zeit, in der die objektiven Leistungen von Unternehmen, Dienstleistern und Staat immer schwerer nachprüfbar sind, ist der Bedarf nach Netzwerken enorm.

Natürlich gab es diese schon immer. Aber es war gerade ein

Merkmal der bürgerlichen und der zivilisierten industriellen Gesellschaft, dass man nicht mehr so wie in einer Feudalgesellschaft auf persönliche Netzwerke angewiesen war.

»Social Networks« im Web 2.0 wie zum Beispiel Facebook für jüngere Menschen oder Xing für geschäftlich Interessierte sind der Renner. Mit Netzwerken kann aber nicht gemeint sein, dass Sie möglichst viele »Freunde« oder »Kontakte« im Internet sammeln. Netzwerke müssen belastbar sein. Und das heißt, die Kontakte müssen Belastungsproben standhalten. Die »Qualität« eines Netzwerks baut sich erst im Laufe der Zeit auf. Hetzen Sie also eben nicht von einem Kontakt zum anderen und tauschen sie ständig aus, sondern geben Sie den Elementen in Ihrem persönlichen Netzwerk auch Zeit, zu wachsen.

Je nach Lebenssituation brauchen Sie belastbare Kontakte im Gesundheitsbereich (Ärzte), mit Handwerkern, im eigenen Beruf, als Eltern und so weiter und so fort. In gewisser Weise ist also echtes Networking das genaue Gegenteil dessen, was heute von so mancher Online-Plattform suggeriert wird. Netzwerke bestehen aus Beziehungen, die in realen Lebenssituationen erprobt sind. Wollen Sie sich beim Thema »Arztwahl« wirklich auf irgendwelche Rankinglisten verlassen, die von Journalisten mehr oder weniger gut recherchiert und zusammengestellt wurden? Oder bei der Auswahl Ihrer Finanzanlagen? Das sind Momentaufnahmen von abhängig Beschäftigten, die Seiten füllen müssen.

2. Vertrauen aufbauen: Seit einigen Jahren beschäftigen sich die Ökonomen verstärkt mit dem Thema »Vertrauen« – ein deutliches Indiz dafür, dass hier dringender Bedarf besteht.[201] In dem Maße, wie das Vertrauenskapital in Unternehmen und Staat schwindet, ist es wichtig, dass Sie Vertrauenskapital aufbauen. Vertrauen macht viele geschäftliche und private Vorgänge einfacher.

Um Vertrauen aufzubauen, muss man Vertrauen schenken, mit allem Risiko des Scheiterns. Vertrauen heißt auch, Geschäfts- und privaten Beziehungen Zeit zu geben, denn Vertrauen muss sich bewähren können.

In Unternehmen heißt Vertrauen vor allem Berechenbarkeit. Der Managementdenker Fredmund Malik macht darauf aufmerksam, dass Vertrauen nicht mit »angenehm« oder »freundlich« zu verwechseln ist. Ihr Chef kann ein harter Hund sein – wenn er berechenbar und fair ist, kann er so hart sein, wie er will, Sie werden ihm (oder ihr) dennoch vertrauen können.[202] Denken Sie auch daran, dass Vertrauen in Unternehmen und Organisationen immer mehr zu einem knappen Gut wird, weil die Personen immer schneller wechseln und die Ziele immer kurzfristiger werden. Gerade bei »charismatischen« Manager- und Führungspersönlichkeiten ist besondere Skepsis angebracht. Später werde ich in einem Abschnitt zu Familienunternehmen noch auf die langfristigen Werte eingehen, die sich in vielen solcher Firmen noch gehalten haben.

3. Dienstleister Ihres Vertrauens: In gewisser Weise sind die Regelungswut und auch die Technisierung bei Großunternehmen ein Versuch, mit möglichst wenig Vertrauen auszukommen. Suchen Sie sich Einzelhändler oder Dienstleister, bei denen Sie möglichst mit Personen zu tun haben, und zwar Personen, die schon lange Freude an ihrer Aufgabe haben. Dann gibt es wenigstens eine gewisse Wahrscheinlichkeit, dass Sie es beim nächsten Mal noch mit derselben Person zu tun haben werden, die Ihre Bedürfnisse kennt und Ihnen besser helfen kann als ein Callcenter Hunderte von Kilometern entfernt.

4. Humanistische Bildung und Geschichtswissen stärken: Ich lehre Betriebswirtschaftslehre, namentlich Unternehmensfinanzierung, an einer staatlichen deutschen Hochschule. Die Betriebswirtschaftslehre ist eines der wichtigsten Werkzeuge unserer modernen Welt. Das ist mein Brotberuf. Dennoch glaube ich, dass uns die BWL-isierung des gesellschaftlichen und politischen Dialogs direkt in die Desinformationswirtschaft führt. In seiner *Kritik der reinen Vernunft* bezeichnet Immanuel Kant Aufklärung als den Ausgang des Menschen aus seiner selbstverschuldeten Unmündigkeit.

Allerdings scheinen wir uns mit der Betonung des unmittelbar technisch verwertbaren Wissens immer weiter vom Pfad der Aufklärung und der kritischen Reflexion fortzubewegen. Beschäftigen Sie sich mit Geschichte, Geisteswissenschaften, Kunst und Literatur. Wenn Sie sehen, wie Menschen in anderen

Epochen gedacht haben, dann merken Sie auch, dass es immer wieder um dieselben Fragen geht: Hass, Liebe, Größe, Niedertracht, Gier, Neid, Stolz, Großzügigkeit, Mut und Feigheit. Sie kommen nur heute in einer anderen Sprache und in anderem Gewand daher.

Das Wissen aus vergangenen Jahrhunderten – möglichst anhand von Quellen und Büchern aus dieser Zeit studiert – hilft Ihnen, die Mächtigen von heute im richtigen Licht zu sehen. Wenn Sie zum Beispiel sehen, wie geschickt Julius Caesar in *De Bello Gallico* die Kriegstatsachen darstellte, um den weit entfernten römischen Senat zu beeindrucken, können Sie einen anderen Blickwinkel auf die Kriege der heutigen Zeit gewinnen.

5. Bücher als Informationsmedium: Ein Bekannter sagte mir einmal, dass er Bücher immer noch als die wichtigste Informationsquelle ansehe. Ein Buch könne man nicht so ohne weiteres manipulieren, es würden irgendwo immer welche überleben. So hatte ich es noch nicht gesehen. Beziehen Sie Ihr Wissen aus Büchern! Bücher sind erstens geeignet, komplexe Gedankengänge darzulegen. Zweitens unterliegen sie nicht den Zwängen moderner Medien – Aufmerksamkeit um jeden Preis und damit Verflachung auf den kleinsten gemeinsamen Nenner. Buchautoren können sich mehr als alle anderen Autoren wirklich originelle Gedanken leisten – wenn sie nicht gerade dem Zwang unterliegen, Bestseller schreiben zu müssen. Und drittens kann man Bücher eben nicht so einfach manipulieren, wie bereits oben dargelegt.

In *Fahrenheit 451*, Ray Bradburys Opus über das Verschwinden der Bücher, ist die Feuerwehr dazu da, Bücher zu verbrennen, um die Köpfe der Menschen von unnötigem Ballast zu befreien. Auch hier nehmen die Menschen Drogen und wollen nur genug Geld verdienen, um ihre Wohnzimmer rundum mit großen Fernsehbildschirmen auszustatten, so dass sie ganz ins »Heimtheater« eintauchen können. In endlosen und banalen Shows werden sogar die Zuschauer persönlich angesprochen und eingebunden.[203]

Bücherverbrennungen – zum Beispiel während des Nationalsozialismus – oder Zensur waren schon immer ein probates Mittel, den Reset-Button des kollektiven Gedächtnisses zu betätigen. Heute benötigen wir so etwas gar nicht mehr: Wir nutzen das Medium Buch immer weniger. Es wird von Fernsehen und Internet verdrängt.

Nun bin ich natürlich ein Bücherfan. Ich gestehe also ganz offen, dass ich hier sehr parteiisch bin. Aber vielleicht haben meine Argumente dennoch einen Sinn. Ich will Ihnen eine Begebenheit ganz offen berichten. In der Internetwirtschaft kann mit Aussagen viel Schindluder getrieben werden. Fast zwei Jahre lang stand in einem Online-Forum eine sehr unfaire Diskussion zu meiner Person ganz oben bei den Suchergebnissen »Max Otte«. Ich wurde auf eine äußerst persönliche Art angegriffen und diffamiert. Wer »Max Otte« googelte, sah diese Diskussion. Zwar wurde die Diskussion ab Seite zwei des Threads deutlich ausgewogener, da sich Verteidiger zu Wort meldeten, aber die meisten Leser sahen nur die Angriffe auf Seite eins.

Ich habe zu keinem Zeitpunkt in die Diskussion eingegriffen oder eingreifen lassen. Im Laufe von fast zwei Jahren wurde ich aber mehrfach auf die Internet-Diskussion angesprochen. Die Leser hatten ausnahmslos nur die diffamierenden Aussagen auf der ersten Seite gelesen und sich nicht die gesamte, wesentlich ausgewogenere Diskussion angesehen. Ich war lange der Auffassung, dass man das ignorieren müsse.

Als ich aber auf dem Neujahrsempfang der IHK zu Schwerin 2009 zum Dutzendsten Mal angesprochen wurde, entschloss ich mich, bei dem Forenbetreiber anzurufen. »Ja, das können wir wohl löschen«, sagte mir der Mitarbeiter: »Einen Moment, ich kläre das noch mit meinem Vorgesetzten«. Keine halbe Stunde später war der erste Eintrag »Max Otte«, über den sich Suchende bei Google über mich informieren konnten, weg. So schnell geht das in der schönen neuen Welt des Internets. Glauben Sie nicht, dass Konzerne und Lobbys diese Möglichkeiten nicht massiv nutzen. Und verabschieden Sie sich von dem Hirngespinst, dass das Internet automatisch ein demokratisierendes Medium ist.

6. Nachrichtenselektion: Ich gestehe, dass ich noch nie ein Fernsehgerät besessen habe und dass ich sehr gut damit lebe. Das Radio ist auch nur im Auto an. Ich empfehle Ihnen dies nicht zur Nachahmung, aber zum Nachdenken. Ich sehe mich als politischen und an der Welt sehr interessierten Menschen. Aber was ich erfahren muss, erfahre ich mit Sicherheit, manchmal dann eben ein oder zwei Tage später. Wenn ein Thema in den Medien »oben« ist, gibt es gar keine Möglichkeit, es zu umgehen.

In der *Welt am Sonntag* schrieb vor kurzem ein Pfarrer anlässlich des evangelischen Kirchentages, dass seine Heimat nicht mehr Deutschland sei, sondern der Kirchentag, daneben auch der *Deutschlandfunk* und die *Zeit*. Noch hat Deutschland Qualitätsmedien wie die oben genannten, den *Spiegel*, die Anstalten der ARD und des ZDF. Allerdings stehen diese Qualitätsmedien massiv unter Druck, wie Hans-Jürgen Jakobs im bereits zitierten Buch »Geist oder Geld. Der große Ausverkauf der freien Meinung« überzeugend dargelegt hat.[204] Verhaltensrelevant ist eben nicht die Grundfinanzierung, sondern der zusätzliche Euro – und der kommt aus der Werbung. So kommt es, dass die Fernsehformate von ARD und ZDF während der Hauptsendezeit immer mehr privaten Formaten ähneln. Noch gibt es – gerade auch bei den Ländersendern – hervorragende Angebote. Doch wie lange noch?

7. Finanzen: Finanzen sind keine Geheimwissenschaft. Seit über zehn Jahren erkläre ich in meinen Büchern und Vorträgen die Börse, um Privatanleger in die Lage zu versetzen, souveräner mit ihrem Geld umzugehen. Im Jahr 2000 schrieb ich »Investieren statt sparen. Wie Sie mit Aktien ein Vermögen aufbauen«, 2006 »Der Crash kommt«, 2007 »Deutsche Superinvestoren aus Graham- und Doddsville. Erfolgsgeheimnisse der besten Value Investoren«.[205] Leider ist in dieser Zeit der Wissensstand in der Bevölkerung nicht gestiegen. Eher ist das Gegenteil der Fall. Die Finanzmedien bombardieren uns mit derartig vielen und unnützen Berichten im Stil von Sportereignissen, dass der Blick für die Grundlinien des strategischen Vermögensaufbaus völlig verlorengeht. Auch die Politik ist eher desinteressiert: Eine Initiative zu mehr finanzieller Bildung an den Schulen, die ich 2001 bei den deutschen Kultusministerien anstieß, fand keinerlei Widerhall.

Im Prinzip gibt es nur zwei Arten von Vermögen – **Geldvermögen** und **Sach- (Real-)vermögen.** Beim Geldvermögen lässt sich in der Regel eine stetige Verzinsung erzielen, der Investor trägt aber das Emittentenrisiko (also das Risiko, dass derjenige, der die Forderung garantiert, zahlungsunfähig wird). Bei Zertifikaten und Anleihen sind dies Banken und Unternehmen, bei Kontenbeständen, Bargeld und Staatsanleihen ist dies der Staat. Nach der Lehman-Pleite merkten viele Sparer zum ersten Mal, dass Zertifikate reine Geldforderungen gegen die Bank sind und kein Zugriffsrecht auf das zugrunde liegende Sachvermögen ermöglichen. Außerdem ist Geldvermögen durch die Inflation bedroht.

Sachvermögen hat anders als Geldforderung einen gewissen Substanzwert, bleibt also auch bei einem Zusammenbruch des Geldsystems erhalten. Allerdings hängt der Wert von Sachvermögen stark vom Markt ab und von dem Preis, der derzeit am Markt gezahlt wird. Zum Sachvermögen gehören auch Aktien von echten Unternehmen (also keine Internetklitschen, Phantasieprojekte mit erneuerbaren Energien oder kleine Minenbetreiber irgendwo in Südamerika, sondern von Unternehmen, die schon mindestens seit zehn Jahren existieren und ordentliche Dividenden zahlen). Letztlich hängt der Wert des Sachvermögens an der Rendite, die man damit erzielen kann. Immobilien in deutschen Mittelstädten sind damit keine besonders gute Geldanlage, denn viele Faktoren sprechen dagegen: das große Angebot (die vielen neuen Häuser seit Mitte der 1980er Jahre), die schrumpfende Bevölkerung, sinkende Einkommen, schlechter werdende Mietermoral und steigende Nebenkosten. Bei Agrarflächen ist es genau umgekehrt: Viele Faktoren sprechen dafür, z. B. die steigende Weltbevölkerung und die Abnahme verfügbaren Landes.

Außerdem kommt es noch darauf an, wie liquide Ihr Vermögen ist. Damit meine ich nicht nur, ob Sie einen Vermögensbestandteil jederzeit veräußern können, sondern auch, ob Sie aufgrund der Marktschwankungen ggf. warten müssen, bis Sie den Vermögensbestandteil ohne Verlust veräußern können.

Eine Übersicht über die Vermögensklassen[206]

	Geldvermögen	Real- (Sach-)vermögen
Liquide	Bargeld Termineinlagen Geldmarktfonds Devisen Fremdwährungskonten Kurz laufende Anleihen (bis 3 Jahre)	Gold und Edelmetalle Schmuck
Weniger liquide	Lang laufende Anleihen und Aktienfonds Finanzderivate (Optionsscheine und Terminkontrakte) Garantie-, Bonus- und Discountzertifikate	Aktien und Aktienfonds
Nicht liquide	Renten und Rentenansprüche gegenüber Staat und Unternehmen Kapitallebensversicherungen	Immobilien, eigengenutzt bzw. fremdvermietet (auch Landbesitz) Unternehmensbeteiligungen Geschlossene Fonds Sammlerobjekte und Kunst

Die »schlechteste« Vermögensklasse ist leider langfristig gebundenes (illiquides) Geldvermögen. Diese Vermögensklasse ist durch Inflation und Insolvenz am meisten bedroht.

Hinweise für die Kapitalanlage:

1. Tätigen Sie nur Kapitalanlagen, die Sie nachvollziehen können.
2. Strukturieren Sie Ihre Kapitalanlagen nach dem Reinheitsgebot: nur einfache Aktien oder Aktienfonds, Anleihen oder Anleihenfonds, Fest- oder Termingelder, Girokonten und Gold, ggf. auch Immobilien.
3. Investieren Sie nur Geld in Aktien(-fonds), welches Sie für fünf Jahre nicht benötigen.
4. Meiden Sie geschlossene Fonds, Private Equity und Zertifikate, insbesondere wenn tolle Namen draufstehen, und andere komplexe Produkte der Branche.
5. Meiden Sie Modethemen (»China«, »BRIC«, »erneuerbare Energien«, »Internet« etc. etc.). Investieren Sie in »langweilige Themen« – Sie wollen schließlich Geld verdienen und nicht unterhalten werden.
6. Fragen Sie immer Ihren »Berater« nach der Gesamtkostenquote – nach den gesetzlichen Vorschriften ist er verpflichtet, Ihnen diese zu nennen. Lassen Sie sich die Auskunft schriftlich geben. Die Gesamkostenquote sollte um die 1,5%, nicht aber über 2% liegen.

Weitergehende Hinweise gebe ich in meinen Büchern »Investieren statt sparen« und »Der Crash kommt«.

8. Finanzdienstleister: Ich muss es zugeben – ich bin Fan der **Volks- und Raiffeisenbanken**, der **Sparda-Banken** und auch der **Sparkassen**. Auch hier ist nicht alles Gold, was glänzt (insbesondere in der Anlageberatung), aber bei diesen Banken gibt es noch Strukturen, die Kundenorientierung sowie langfristiges und nachhaltiges Wirtschaften ermöglichen. Die Genossenschafts- und Raiffeisenbanken sowie die Sparda-Banken sind genossenschaftlich organisiert, also nicht börsennotiert. Die Anteile der Genossen können natürlich weiterveräußert werden, aber kein Genosse erhält einen beherrschenden Einfluss. Das stabilisiert. Hinter den Sparkassen stehen die Kommunen.

Von ca. 1880 bis ins Jahr 2000 war das deutsche Bankwesen eines der fortschrittlichsten der Welt. Es leistete genau das, was ein Bankwesen leisten sollte, nämlich die Wirtschaft mit Kredit zu versorgen.[207] Eine ausdifferenzierte und oftmals dezentrale Struktur im Rahmen der Volks- und Raiffeisenbanken sowie der Sparkassen machte dies möglich. Seit den 1980er Jahren ist uns in Deutschland, Österreich und der Schweiz leider von vielerlei Seite eingetrichtert worden, dass unsere Bankenlandschaft »unmodern«, weil eben zu wenig angelsächsisch sei und dass wir unser Bankwesen modernisieren müssten. Das Hauptpostulat lautete, »flexible Kapitalmärkte« und eine Hinwendung zum Investmentbanking seien unabdingbar für moderne Volkswirtschaften. Durch diese Fehlauffassung sind in unseren Ländern bereits viele Wettbewerbsvorteile unseres einstmals überlegenen, ausdifferenzierten und kundenorientierten Banksystems zerstört worden.

In einem faszinierenden, wenn auch etwas speziellen Fachartikel weist Hannes Rehm, langjähriger Vorstandsvorsitzender der NordLB und nun Chef des Bankenrettungsfonds Soffin, darauf hin, dass das deutsche Bankensystem – entgegen der Kritik zumeist aus den angelsächsischen Ländern – sehr produktiv ist.[208] Alle Produktivitätskennziffern mit der Ausnahme der Eigenkapitalrendite sind gut. Rehm stellt fest, dass eine hohe Eigenkapitalrendite eher ein Zeichen für Marktmacht und hohe Gebühren, also für einen fehlenden oder stark eingeschränkten Wettbewerb ist. Die hohen Eigenkapitalrenditen im Banksystem anderer Länder weisen also darauf hin, dass hier wahrscheinlich ein Oligopol zu Lasten des Kunden vorliegt. Demgegenüber sind die niedrigen Eigenkapitalrenditen in Deutschland ein Indiz für funktionierenden Wettbewerb und für die richtige Marktordnungspolitik.

Für fortgeschrittene Do-it-yourself-Kunden kommt unter Umständen auch eine reine Online-Bank in Betracht. Allerdings müssen Sie dann in Kauf nehmen, dass Sie die geringeren Gebühren damit erkaufen, keinen persönlichen Berater, sondern die Telefonnummer eines anonymen Callcenters zu haben. Natürlich können Sie auch zu den Privatbanken gehen, wenn Sie wissen, was Sie tun. Der Renditedruck ist dort allerdings extrem, so dass das langfristige Kundeninteresse auf der Strecke bleiben könnte.

9. Verbraucherzentralen: Noch haben wir sie in Deutschland, die Verbraucherzentralen. Nutzen Sie deren Beratung, auch wenn sie etwas kosten sollte. Kann es denn sein, dass wir durch die überall suggerierte »Kostenlos«-Mentalität blind geworden sind? Natürlich muss gute Beratung etwas kosten, auch bei den Verbraucherzentralen. Denn bedenken Sie, wenn Sie – gerade in der Finanzbranche – »Beratung« kostenlos erhalten, handelt es sich um nichts anderes als Vertrieb. Und dann wird Ihnen oftmals so sehr das Fell über die Ohren gezogen, dass Sie sich nachher nur noch wundern können.

10. Die Renaissance des inhabergeführten Unternehmens: Erwägen Sie einen Wechsel zu einem inhabergeführten Unternehmen! Die Mehrzahl aller Unternehmen in Deutschland sind Familienunternehmen, ihr Anteil an der Gesamtzahl liegt bei 95 Prozent, das entspricht 3 Millionen Unternehmen. Die Familienunternehmen erwirtschaften 41,5 Prozent aller Umsätze (1,9 Billionen Euro) und beschäftigen 57,3 Prozent der sozialversicherungspflichtig beschäftigten Mitarbeiter aller deutschen Unternehmen. Familienunternehmen beschäftigen pro Umsatz-Euro mehr Mitarbeiter als andere Unternehmen. Sie nehmen damit aus Sicht der Volkswirtschaft eine wichtige Stellung ein, weil sie sich beim Einsatz von Mitarbeitern überdurchschnittlich engagieren.

Nicht selten wird das Familienunternehmen mit spektakulären Fällen des Misslingens in Verbindung gebracht. Denken wir an ein inhabergeführtes Unternehmen wie die Firma Grundig, die es wegen der Starrsinnigkeit ihres Inhabers nicht einmal in die zweite Generation schaffte. Auch Bahlsen wird nicht nur mit der Keks- und Gebäckmarke in Verbindung gebracht, sondern mit schlagzeilenträchtigen Streitereien. Oft sah es so aus, als würden die Herren Bahlsen mehr Energie für die Führung der Auseinandersetzung als für die Führung des Geschäfts aufwenden.

Der Organismus des Familienunternehmens, so scheint es, ist anfällig für eine typische Art von Krankheiten. Der besserwisserische, despotische Inhaber gehört ebenso zu dieser Symptomatik wie die undankbaren Erben, die untereinander in Streit verfallen und sich gegenseitig so sehr beharken, dass darüber das

Wesentliche, nämlich die Fortführung des Geschäfts, aus dem Blickfeld gerät. Diese Thematik ist sogar bis in die Weltliteratur vorgedrungen. Das Bild vom notwendigen Untergang des Familienunternehmens gehört zur literarischen Grundausstattung unseres Denkens. In Thomas Manns »Die Buddenbrooks« wird die Geschichte einer Inhaberfamilie über vier Generationen erzählt, es muss, natürlich, eine Saga des Verfalls sein. Das Buch verkaufte sich allein in den Jahren 2000 bis 2005 rund 280 000 Mal, das ist für ein Buch, dessen Erscheinungsjahr über hundert Jahre zurückliegt, ein geradezu sensationeller Erfolg.

Auch der Historiker Alfred Chandler trug dazu bei, das Bild des Familienunternehmens in derselben Richtung zu prägen. Der Wirtschaftshistoriker von der Harvard University behauptete, der enorme wirtschaftliche Aufstieg der westlichen Industrienationen sei erst möglich geworden, weil Ende des 19., Anfang des 20. Jahrhunderts die Macht der Familien gebrochen worden sei und die Klasse der modernen, angestellten Manager die Herrschaft übernahm. Erst das managergeführte Unternehmen habe den Weg frei gemacht für großindustrielle Strukturen und eine rationale, an Maßstäben des bestmöglichen wirtschaftlichen Erfolgs orientierte Führung.

Diese einseitige Sicht bedarf freilich einer deutlichen Korrektur. Tatsächlich sind Familienunternehmen oftmals Bastionen gegen die Desinformationswirtschaft. Ja, sie werden straff und teilweise autoritär geführt. Unternehmen sind nun mal hierarchische Gebilde und keine Demokratien. Aber die Ziele des Familienunternehmens sind an langfristiger Bestandssicherung und Arbeitsplatzerhalt ausgerichtet. Das Unternehmen kann es sich nicht leisten, Kunden zu desinformieren und langfristig zu verprellen. Die Quittung bezahlt immer der Inhaber – oder dessen Erben. Anders ist es bei den großen börsennotierten Konzernen, die sich im Streubesitz befinden: Resultate werden in Zeiträumen von wenigen Jahren, ggf. auch Quartalen, gemessen. Versagt ein Manager, wird er ausgetauscht – oft mit einer hohen Pension. Das Spiel der Desinformation kann von vorne beginnen. Daimler, Deutsche Telekom, Deutsche Post: Die Zahl der Beispiele ist hoch.

Die Ereignisse der Finanzkrise der Jahre 2008/2009 und auch der Niedergang von Unternehmen wie Enron oder Arthur Andersen haben uns gezeigt, dass sich der Manager- und Shareholderkapitalismus in einer Systemkrise befindet. Im Zentrum der Turbulenzen standen managergeführte Unternehmen, in denen Personen die Verantwortung trugen, die als Angestellte agieren, denen das Unternehmen nicht gehört. Sie arbeiten, wie Milton Friedman es zugespitzt hat, mit »other people's money«, also mit dem Geld anderer Leute. Damit sind sie zumeist weniger sorgfältig als mit eigenem Geld.

In die spätere Diskussion ging dieses Thema als Principal-Agent-Konflikt ein: In einem Unternehmen in anonymem Publikumsbesitz gelingt es den Eigentümern (Principal) nicht, ihre Interessen so weit durchzusetzen, dass die mit der Führung des Unternehmens beauftragten Manager (Agent) genau das tun, was die Eigentümer wollen. Die Kontrolle kann nur unvollständig ausgeübt werden. Das führt dazu, dass die Manager nach Zielen handeln, die eher ihren eigenen Interessen als jenen der Eigentümer dienen, sie maximieren etwa ihren persönlichen Ruhm, achten darauf, dass die Firma während ihrer Amtszeit besonders gute Zahlen erwirtschaftet, bringen aber weniger Interesse für den langfristigen Erhalt des Unternehmens auf.

Familienunternehmen ticken anders. Peter May, Berater vieler großer deutscher Familienunternehmen und Inhaber der INTES-Unternehmensberatung, hat einige gute Argumente formuliert, die die Stärke des Familienunternehmens begründen und deutlich machen, dass diese Unternehmensform in der heutigen Zeit eine durchaus überlegene Konstitution hat, weil sie viele Mängel des Managerkapitalismus ausschaltet.[209]

In den Familienunternehmen gibt es aus einem ganz einfachen Grund keinen Principal-Agent-Konflikt: Die meisten Familienunternehmen werden von ihrem Eigentümer auch geführt, nicht der Agent ist also an der Macht, sondern der Principal. Der Otto-Versand etwa gehört mehrheitlich der Familie Otto, hinter der Marke Dr. Oetker steht die Familie gleichen Namens als mehrheitlicher Eigentümer, Miele wird seit der Gründung als Unternehmen in Familienhand geführt. Auch bei jenen

Familienunternehmen, die von einem nicht der Familie angehörenden Manager geführt werden, ist dennoch sichergestellt, dass der typische Konflikt ausgeschaltet oder zumindest abgeschwächt wird. Der Familienkonzern Haniel etwa wird nicht durch einen Delegierten der vielhundertköpfigen Nachkommenschaft des Gründers Franz Haniel (1779–1868) geführt, sondern durch einen angestellten Manager. Dieser freilich wird durch einen Aufsichtsratsvorsitzenden aus der Familie überwacht, der sicherstellt, dass das Unternehmen eben nicht, wie so oft bei Publikumsgesellschaften, durch sein Management ausgebeutet wird. Überdies sorgt die Spezifik des Familienunternehmens dafür, dass langfristige Interessen bei der Verfolgung geschäftlicher Ziele in der Regel Oberwasser haben.

Warum ist das so? Die Familie will das Lebenswerk sichern, sie hat mit ihrer Geschäftstätigkeit das Ziel, das Werk des Gründers zu erhalten, zu mehren und an die Nachkommenschaft aus der nächsten Generation weiterzugeben. Diese Interessenlage bewirkt, dass Familienunternehmen ein Interesse an nachhaltigem Wirtschaften haben. Sie müssen so agieren, dass sie auch auf den Märkten von morgen bei ihren Kunden noch einen Platz haben, vor allem müssen sie sich auch so verhalten, dass mit der Kundschaft so umgegangen wird, dass sie auch in der nächsten Generation noch für ein Geschäft angesprochen werden kann. Verbrannte Erde kann sich ein Familienunternehmen nicht erlauben, weil derartige Verhaltensweisen dazu führen würden, dass den Nachfolgern aus der nächsten Generation die Grundlage für ihr Geschäft entzogen würde. Das schützt Kunden von Familienunternehmen zum Beispiel vor Übervorteilung, überzogener Anwendung von modernen Vorgehensweisen wie der Preisstrategie oder auch einfach vor Schlechtleistung des Unternehmens.

Es sei klar gesagt: Ich will damit nicht alle Familienunternehmen weißwaschen – schwarze Schafe gibt es überall –, sondern deutlich machen, dass in der Welt dieses Unternehmenstypus ein starker Anreiz für nachhaltiges Wirtschaften besteht. Das dynastische Interesse führt zudem dazu, dass sich die Geschäftsführungen von Familienunternehmen an einem langen Zeithorizont ausrichten. Ein Inhaber-Geschäftsführer kann den Konsequenzen seiner Entscheidungen nicht ausweichen, indem er die möglichen Wirkungen auf die Zeit nach dem Ende seines Vertrages legt oder indem er einfach wie ein professioneller Job-Hopper den Vertrag auflöst, wenn er seine persönliche Ernte eingefahren hat und eventuelle negative Effekte seiner Arbeit noch nicht zutage getreten sind.

Dieses Bild kontrastiert mit den Verhältnissen im typischen Konzernunternehmen. Pro Jahr geben 18 Prozent der Vorstandsvorsitzenden deutscher Großkonzerne ihr Amt auf, ermittelte die Unternehmensberatung Booz in ihrer »Global CEO-Succession«-Studie. Das entspricht einer durchschnittlichen Amtsdauer eines Unternehmenschefs von 5 Jahren und 7 Monaten, dann ist schon der Nachfolger im Amt. Entsprechend kurz sind auch die Zielhorizonte im Managerkapitalismus. Hier muss ein neues Thema innerhalb von drei bis vier Jahren zum Laufen gebracht werden, koste es, was es wolle. Schäden, die durch diesen Parforceritt im Jahr sechs und danach entstehen, interessieren nicht, denn das fällt bereits in die Amtszeit des Nachfolgers, wenn wir die durchschnittliche Amtsdauer zugrunde legen. Die Folge liegt auf der Hand: Die Konzernwirtschaft kann sich waghalsige Strategien, auf kurzfristigen Erfolg angelegte Vorgehensweisen und, vor allem, riskante, gehebelte Finanzierungen erlauben.

Ein Familienunternehmer dagegen wird immer bestrebt sein, jene Finanzierungsform zu wählen, die ihm das Erreichen seines Ziels ermöglicht, die aber sicherstellt, dass er im Flop-Fall sein Unternehmen nicht verliert. Deshalb haben die meisten Familienunternehmen eine natürliche Zurückhaltung gegenüber Techniken wie Leveraged Finance, hohen Fremdkapitalquoten in der Bilanz und den Vorgehensweisen, die in der Private-Equity-Branche üblich sind. Diese Haltung entspringt nicht etwa übertriebenem Konservatismus oder einer unmodernen Art der strategischen Führung, sondern allein den Zielen, die sich aus dem dynastischen Interesse ergeben: Der Familienunternehmer braucht Solidität und Unabhängigkeit, ständige Freiheit von den Interessen Dritter auf der Finanzierungsseite. Sonst würde er nicht nur seine wirtschaftliche Existenz aufs Spiel setzen, sondern auch die Lebensgrundlage seiner Familie, seiner Mitarbeiter und jene der kommenden Generationen verspielen.

Ein Unternehmen, das sich nicht an diese Regel hält, spielt mit dem Feuer. Das wurde deutlich im Fall des Familienunternehmens Schaeffler. Solche spektakulären Fälle sind jedoch in der Gruppe der Familienunternehmen aus gutem Grund nicht die Regel, sondern die Ausnahme. Das typische Familienunternehmen strebt aus Überlebensinteresse eine hohe Eigenkapitalquote auch dann an, wenn Leveraged-Finance-Experten erklären, das sei eine schlechte Finanzierungsstruktur. Besonders deutlich wird das bei jenen Unternehmen in Familienhand, die als globale Marktführer (sog. »Hidden Champions«) eine besonders starke Stellung haben. Hermann Simon, heute Chairman der Unternehmensberatung Simon-Kucher und früher Professor an der Universität Mainz und Gastprofessor an der Harvard-Universität, untersuchte das Thema zweimal im Rahmen einer großangelegten Studie.[210] Danach gibt es in keinem anderen Land der Welt so viele unbekannte Weltmarktführer: In Deutschland zählt Simon um die 1200 Hidden Champions, die weltweite Gesamtzahl beläuft sich auf etwa 2000. Die deutschen Hidden Champions sind ganz überwiegend Familienunternehmen. Sie zeichnen sich durch folgende Merkmale aus, die die hohe Nachhaltigkeit dieses Unternehmenstypus eindrucksvoll dokumentieren:

- **Treue.** Sehr niedrige Werte bei der Fluktuation. Hidden Champions stehen treu zu ihren Mitarbeitern – und die Mitarbeiter sind ihrem Unternehmen treu. In der Konzernwirtschaft ist diese Treue deutlich weniger ausgeprägt, die Studie ermittelte zwei- bis dreimal höhere Fluktuationsraten.
- **Arbeitsplatzmotor.** Die Familienunternehmen werden ihrer Verantwortung gegenüber dem Standort gerecht, hektische Programme mit Verlagerung der Produktion ins Ausland und anschließenden Entlassungswellen sind hier sehr selten. Eine Vergleichszahl mag dies erläutern: In den Jahren 1998–2007 schufen die Hidden Champions in Deutschland 269 000 neue Arbeitsplätze. Die DAX-Konzerne dage-

gen reduzierten allein in den Jahren 2002 bis 2006 die Zahl ihrer Arbeitsplätze um 60 000.
- **Kapitalstärke.** Die durchschnittliche Eigenkapitalquote liegt laut Simon bei 42 Prozent, das ist ein Polster, das die Unabhängigkeit sichert und dafür sorgt, dass auch in Krisenzeiten genügend Finanzierungsmittel bereitstehen.
- **Autoritär in der großen Linie, partizipativ in der Umsetzung.** In Familienunternehmen gibt der Chef den Ton an. Aber die Interessen des Chefs sind langfristiger Natur, und damit gibt es viele Überschneidungen zu den Interessen der Mitarbeiter. Sehr lange Amtszeiten an der Spitze der Familienunternehmen sind Standard. Fluktuation ist in vielen Führungsetagen wie auch in den Rängen darunter ein Fremdwort. Wer sich in ein Unternehmen begibt, wird sich immer ein- oder unterordnen müssen. Da ist es besser, die langfristige Richtung zu kennen, als die politischen Intrigen und kurzfristigen Moden in managergeführten Konzernen mitmachen zu müssen.

Diese Überlegungen beschreiben den Charakter des Familienunternehmens sehr klar. Hier gibt es offensichtlich eine Antithese zum angeschlagenen Konzept des Managerkapitalismus, nämlich einen Unternehmenstypus, der ohne großes Aufhebens auf Nachhaltigkeit setzt, der nach langfristigen Zielen arbeitet, zu seinen Mitarbeitern auch in Krisenzeiten steht, die Produktion nicht hektisch mit Personalabbau in der Heimat in scheinbar billige Auslandsstandorte verlagert und finanziell stocksolide ist.

Jenseits der Schlagzeilen in den Zeitungen und der Spitzenmeldungen in den TV-Sendungen zeigt sich damit ein Bild von einem Format des Kapitalismus, das nach meiner Ansicht mehr Bestand und nachhaltige Erfolgskraft haben dürfte als der Managerkapitalismus der Großkonzerne. Ein gut geführtes Familienunternehmen ist eine Quelle hoher wirtschaftlicher Erfolgskraft, das zur gleichen Zeit meistens auch ein menschliches Antlitz hat, weil die Person an der Spitze mit ihrem Namen für das Gelingen aller Vorhaben einsteht und ein Interesse daran hat, dass eine tragfähige Verankerung des Unternehmens im Gemeinwesen langfristig bestehen bleibt. Allerdings: Sie müssen sich auch mit den Zielen identifizieren und in ein solches Unternehmen einordnen können, denn eines kennen Familienunternehmen nicht – lange Diskussionen um Strategie und Ziele.

11. Klinken Sie sich aus! Gehen Sie sehr selektiv mit Bonusprogrammen und kommerziellen Mitgliedschaften um. Vielleicht sparen Sie Geld, aber nur vielleicht. Genauso wahrscheinlich ist es, dass das Unternehmen Ihr Profil nutzt, um mehr Geld mit Ihnen zu verdienen, und dass die »Sonderangebote« Sie am Ende mehr kosten, als Sie sparen. Hinterlassen Sie auch kein allzu komplettes digitales Profil im Netz. Nutzen Sie häufiger Bargeld zur Zahlung. Ich rede hier nicht von Technikverweigerung. Aber Sie müssen sich ja nicht zu einem wandelnden Datenspeicher für die Großkonzerne machen und Ihr lückenloses Konsumentenprofil offenlegen.

12. Seien Sie unerreichbar! Im Jahr 2008 schrieb Miriam Meckel, Kommunikationswissenschaftlerin aus Münster, ihr Buch »Das Glück der Unerreichbarkeit«.[211] Darin schildert sie, wie sie sich im Urlaub ohne Begleitung und ohne Handy wiederfand und dass ihr dies ganz neue Horizonte eröffnete. Permanente Erreichbarkeit gebiert Hektik, Nachdenken bleibt auf der Strecke. Organisieren Sie Ihre Erreichbarkeit und seien Sie teilweise unerreichbar. Viele Dinge regeln sich von selbst, wenn man ihnen nur etwas Zeit gibt. Mit der gewonnenen Zeit können Sie viele andere wertvolle Dinge tun – nachdenken zum Beispiel.

13. Cui bono? »Deutsch sein heißt, eine Sache um ihrer selbst willen tun«, ist ein Satz, der Ernst-Moritz Arndt, dem Freiheitsdichter der ersten Hälfte des 19. Jahrhunderts und Namensgeber der Universität Greifswald zugeschrieben wird.[212] Leider müssen wir davon ausgehen, dass immer weniger Sachen um ihrer selbst willen getan werden. Erwägungen des unmittelbaren Nutzens stehen im Vordergrund. So ist in der Desinformationswirtschaft die Frage »Cui bono?« – wem nützt es? – essentiell. Nicht immer werden wir sie beantworten können – zu komplex sind oft die Zusammenhänge. Doch wir müssen sie uns mittlerweile – leider! – immer stellen.

Danksagung

Zuallererst möchte ich mich bei Ihnen bedanken, lieber Leser! Ich freue mich, dass Sie sich in so großer Zahl für meine Thesen und Gedanken interessieren. Es ehrt mich, dass ich in den Jahren 2008 und 2009 in nahezu 100 Vorträgen bei Wirtschaftsvereinigungen, politischen Parteien, Kulturvereinen und sogar dem ein oder anderen Großunternehmen in Deutschland, Österreich, der Schweiz und darüber hinaus meine Gedanken darlegen konnte. Das zeigt mir, dass es so abwegig nicht sein kann, was ich beobachte und festhalte.

Dank auch an die vielen Leser meines Aktienbriefs DER PRIVATINVESTOR und die Kunden der Privatinvestor Vermögensmanagement GmbH in Offenburg sowie der Privatinvestor Verwaltungs AG für ihr Vertrauen.

Bei der Arbeit am Buch unterstützten mich Claudia Cornelsen, Christine Demmer, Kerstin Franzisi, Axel Gloger und Matthias Brendel. Axel Gloger ganz besonderen Dank für so manche strategische Diskussion, Claudia Cornelsen für außerordentlich professionelle und schnelle Hilfe unter Zeitdruck. Vielen Dank dem Team des Instituts für Vermögensentwicklung: Dagmar Kaluza, Kerstin Franzisi, Gitta und Heinz Kikulski, Elionora Markwart, Ronny Stagen, Christof Welzel und Udo Werges.

Dank an Prof. Jens Hermsdorf, Präsident der Fachhochschule Worms, für schnelle Hilfe sowie an meinen Kollegen Prof. Peter Hobert für wertvolle Hinweise bei der Neuauflage.

Im Econ Verlag danke ich besonders Jürgen Diessl, Linda Lauer-Dvorak, Silvie Horch und Christian Koth. Vielen Dank!

Danke an das Team der PHZ Privat- und Handelsbank Zürich: Marcel Eichmann, Marcel Bartholdi, Valentin Schiess, Werner Fritsche, Pascal Frei, Steffan Egger und Oliver Scheibel. Bei Ihnen gilt noch das Kaufmannsehrenwort!

Anmerkungen

1 »Ich bin kein Crash Prophet«, Interview mit Max Otte, Börse Online, 26. 03. 2009. Online unter: www.boerse-online.de/aktien/deutschland_europa/508045.html?nv = nv-suche

2 Man muss schon bis zu den Ökonomen der Österreichischen Schule vor dem Zweiten Weltkrieg zurückgehen, um Wirtschaftswissenschaftler zu finden, die sich ernsthaft mit dem Problem der Kreditexpansion und -implosion beschäftigt haben, zum Beispiel Ludwig von Mises. Um fair zu sein: Das Thema wurde später von den Neokeynesianern aufgegriffen, die damit aber keine allzu große Beachtung in der Wirtschaftspolitik fanden.

3 Thomas Wieczorek: Die verblödete Republik. Wie uns Medien, Wirtschaft und Politik für dumm verkaufen. München 2009; Michael Jürgs: Seichtgebiete. Warum wir hemmungslos verblöden. München 2009; Stefan Bonner und Anne Weiss: Generation Doof. Wie blöd sind wir eigentlich. Bergisch Gladbach 2008; Gerhard Wisnewski: Verheimlicht, vertuscht, vergessen. Was 2008 nicht in der Zeitung stand. München 2009; Gabor Steingart: Die gestohlene Demokratie. München 2009

4 Goethe-Handbuch, Stuttgart 1998, Bd. 4.2, S. 1115

5 www.land.lu/html/dossiers/dossier_placefinanciere/lehman 190908.html

6 Ich sehe hier »bürgerlich« und »sozial« durchaus als zwei Seiten einer Medaille an.

7 Manager Magazin, 15. 09. 2008, »BaFin schließt deutsche Lehman-Tochter«

8 dpa, 28. 10. 2008

9 Harro von Senger: 36 Strategeme für Manager. München 2008

10 Helmut Schmidt: »Das Gesetz des Dschungels.« In: Die Zeit, 04. 12. 2003

11 Dirk Müller: Crashkurs. München 2009, S. 13 ff.

12 Max Otte: Investieren statt sparen. Berlin 2009. Erfolgreiches Value Investing. München 2009

13 Peter Schaar: Das Ende der Privatsphäre. München 2009

14 Bundesfinanzminister Peer Steinbrück zum Finanzmarktstabilisierungsgesetz am 15. Oktober 2008 vor dem Deutschen Bundestag.
15 Wolf Schneider: Unsere tägliche Desinformation. München 1992
16 Hans-Jürgen Jakobs: Geist oder Geld. Der große Ausverkauf der freien Meinung. München 2008
17 Lutz Knappmann, Sebastian Bräuer und Titus Krode: »Suche nach neuen Erlösquellen: Generation gratis.« In: Financial Times Deutschland, 25.03.2009
18 Stephan Lebert und Stefan Willeke: »Unser Gott, die Quote. ARD und ZDF sind auf dem besten Weg, sich selbst abzuschaffen – mit einem Programm, das die Privaten kopiert und nichts mehr riskiert.« In: Die Zeit, 19.02.2009
19 Melanie Bergermann: »Bankberater packen aus: Ich habe Sie betrogen. Mit welchen Drücker-Methoden die Banker ihre Kunden ausnehmen.« In: Wirtschaftswoche, 02.02.2008
20 Stephan Draf, Bert Gamerschlag und Jörg Zipprick: »Hardy Rodenstock: Der große Etikettenschwindel.« In: Stern, 23.11.2008
21 www.lobbycontrol.de
22 Abkommen über den Lastschriftverkehr, Stand vom 1. Februar 2002, Abschnitt III Nummer 2
23 Ebd., Anlage 3
24 Sehr gut und fachkundig erklärt wird das alles auf der Webseite www.zahlungsverkehrsfragen.de, die ehrenamtlich von zwei Bankangestellten betrieben wird und viele grundlegende »Rätsel« des Zahlungsverkehrs aufklärt.
25 Pressemitteilung »SEPA erhöht den Konsolidierungsdruck auf europäische Banken«, EUROFORUM Deutschland GmbH zur EUROFORUM-Konferenz »Zahlungsverkehr 2008«, 8. bis 10. April 2008
26 »Sepa-Lastschrift: Lastschrift vor dem Aus. Pläne der EU alarmieren Verbände.« In: Süddeutsche Zeitung, 07.05.2008
27 »Banken – Unverlangt zugelangt: Kaum aktive Aufklärung.« Die Zeit, 07.10.2008
28 Die Verbriefung hatte ich bereits in meinem Buch »Der Crash kommt« als Speerspitze der globalen Spekulation beschrieben.
29 www.zeit.de/2008/49/DOS-Wo-steckt-das-Geld
30 Die Abschreibungen waren gerade in den Jahren von 2004 bis 2006 sehr niedrig, da fast jeder einen Kredit bekam und sich im Problemfall umschulden konnte.
31 Whitney Tilson and Glenn Tongue: More Mortgage Meltdown. 6 Ways To Profit In These Bad Times. New York 2008, S. 37 f.
32 Ebd., S. 50 f.

33 Ebd., S. 31
34 Werbung der Post AG, Stand: Juni 2009
35 »DB stellt kommendes Jahr 2000 neue Automaten auf.« In: DB-Welt, 12/2008, S. 7
36 Die Stiftung Warentest hatte mit Testkäufen die Qualität der Arbeit an den Fahrkartenschaltern untersucht. Ergebnis: Bei jedem zweiten Verkauf empfahlen die Bahner dem Kunden nicht das für seine Reise am besten geeignete Ticket.
37 Vgl. Immanuel Kant: Grundlegung zur Metaphysik der Sitten, Akademie-Ausgabe Kant Werke IV. Berlin 1910, S. 421, 6
38 Hans Herbert von Arnim: Der Staat als Beute. München 1993; Kim Adamek und Sascha Otto: Der gekaufte Staat. Köln 2008
39 Hilfreiche Informationen zur weithin noch unterschätzten Bedeutung Rüstows finden sich im Internet unter: www.ruestow.org/index.htm
40 Alexander Rüstow: Die Religion der Marktwirtschaft. Mit einem Nachwort von Sibylle Tönnies. Münster 2004
41 Alexander Rüstow: Das Versagen des Wirtschaftsliberalismus. Das neoliberale Projekt. Hg. v. Frank Maier-Rigaud und Gerhard Maier-Rigaud. Marburg 2001
42 Friedrich August von Hayek: Der Weg zur Knechtschaft. Olzog 2007
43 Heiner Flassbeck: »Neoliberalismus als Glaube.« In: Süddeutsche Zeitung, 05./06. 10. 2002
44 Max Otte: Der Crash kommt. Berlin 2009
45 Anne T.: Die Gier war grenzenlos. Berlin 2009
46 Siehe zum Beispiel Günter Ogger: Der Börsenschwindel. München 2001
47 Anne T.: Die Gier war grenzenlos, a. a. O.
48 Ebd., S. 76
49 Melanie Bergermann: »Bankberater packen aus: Ich habe Sie betrogen. Mit welchen Drücker-Methoden die Banker ihre Kunden ausnehmen.« In: Wirtschaftswoche, 02. 02. 2008
50 Alexandra Kusitzky, Susanne Frank, Uli Dönch, Andreas Körner, Matthias Kowalski und Bernd Johan: »Beraten und Verkauft.« In: Focus, 43/2008; Hauke Goos und Ralf Hoppe: »Das Depot – eine Hamburger Rentnerin ließ ihr Vermögen von der Deutschen Bank betreuen. Dabei erlitt sie einen millionenschweren Verlust. Nach einem neuen Urteil des Bundesgerichtshofs muss das Geldhaus womöglich dafür haften.« In: Der Spiegel 27/2009
51 Titelgeschichte in der Bild-Zeitung am 11. 10. 2008
52 Anne T.: Die Gier war grenzenlos, a. a. O., S. 81
53 »Wahnsinn Private Equity« – Der Crash kommt, S. 123 ff.

54 Franz Müntefering im Interview, Bild am Sonntag, 17. 04. 2005
55 John Kenneth Galbraith: The Affluent Society. London 1958
56 www.thehurtlocker-movie.com/
57 John Kenneth Galbraith: Die Ökonomie des unschuldigen Betrugs. Vom Realitätsverlust der heutigen Wirtschaft. München 2007
58 Michael Schirner: Werbung ist Kunst. München 1988
59 Karin Knop: Zwischen Campari-Kunstwelten und Reisen ins Marlboro-Land. Werbung und Werbemedien der achtziger Jahre. In: Werner Faulstich (Hg.): Die Kultur der 80er Jahre. Kulturgeschichte des 20. Jahrhunderts. Paderborn 2005
60 www.henkel.de
61 www.geberit.de
62 Aus diesem Grund schrieb ich: Der OnVista-Führer zur Aktienanalyse. München 2002
63 Verbraucherzentrale Nordrhein-Westfalen: »Zutatenliste auf Süß- und Knabberwaren oft nicht lesbar.« In: Informationsblatt vom 05. 05. 2009
64 Dirk Liedtke und Johannes Röhrig: »Die Handy-Falle.« In: Stern, 17. 03. 2004
65 »Im eigenen Tarifdschungel verlaufen«, Spiegel 1999, www. spiegel.de/panorama/0,1518,37247,00.html
66 Marc Steinhäuser: »Das Geschäft mit dem Tarifdschungel.« In: Die Zeit, 14. 09. 2007
67 Zwar gibt es inzwischen wieder einige Banken, die, angetrieben durch den Wettbewerb um die Kunden, gebührenfreie Konten anbieten. Das tun jedoch nicht alle Geldinstitute, und manche bieten diesen Dienst nur für bestimmte Zielgruppen an (zum Beispiel Lehrlinge und Studenten). Überdies gewährt zwar manche Bank das Gratis-Konto, holt sich aber das Geld von den Kunden an anderer Stelle wieder zurück.
68 Lidl-Angebot am 17. Juni 2009 für die Filialen im Rheinland.
69 Franz Kotteder: Die Billig-Lüge. Die Tricks und Machenschaften der Discounter. München 2005
70 Wie ich in »Der Crash kommt« nachwies, ist die Produktion in China eine wesentliche Quelle von deflatorischen oder zumindest nicht preissteigernden Tendenzen im Konsumportfolio des typischen westlichen Konsumenten. S. 78 ff.
71 Zu den Grundelementen des Geschäftssystems siehe: Dieter Brandes: Konsequent einfach. Die Aldi-Erfolgsstory. Frankfurt am Main/New York 1999
72 www.tagesschau.de, 09. 09. 2009
73 Der Crash kommt, S. 16–17

74 Heiner Flassbeck: Gescheitert. Warum die Politik vor der Wirtschaft kapituliert. München 2009
75 www.volxweb.com/tiki-index.php?page=Wirtschaftspolitik+83+Experten +PLIST
76 Der neue Leviathan – über Gefahren einer Selbstzerstörung der freien Gesellschaft. In: Soziale Marktwirtschaft im vierten Jahrzehnt ihrer Bewährung. Mit Beiträgen von Chr. Watrin, Egon Tuchtfeldt u. a., Stuttgart/New York 1982, S. 139–153
77 Die Gründung dieses Think Tanks basierte natürlich auf den konkreten Erfahrungen des 20. Jahrhunderts, das in Form von Nationalsozialismus, Faschismus und Stalinismus sehr drastisch die Abgründe gezeigt hat, was passiert, wenn die Idee eines ›Weltgeistes‹ überstrapaziert wird. Aber das 21. Jahrhundert zeigt uns derzeit die Fratze, die entsteht, wenn man auf solche Konzepte ganz verzichtet.
78 Noreena Hertz: Wir lassen uns nicht kaufen! München 2001, S. 20 ff.
79 Vortrag von Noreena Hertz am 3. April 2009 beim Tumult-Debattierklub in Utrecht
80 Hertz ist dort Visiting Professor, überdies ist sie Associate Director des Centre for International Business & Management (CIBAM) an der Judge Business School der Cambridge University.
81 Dietmar Hipp, Christian Reiermann, Marcel Rosenbach, Barbara Schmid und Andreas Wassermann: »Die Gesetzesflüsterer.« In: Spiegel 34/2009, S. 68
82 Schacht wurde im Januar 1939 von Hitler als Reichsbankpräsident wegen seiner Kritik an der Währungs- und Rüstungspolitik des Deutschen Reiches entlassen. Siehe: http://de.wikipedia.org/wiki/Hjalmar_Schacht
83 www.bundesfinanzministerium.de/lang_de/nn_54098/DE/Presse/Reden_20und_20Interviews/096_Rede_BT_151008.html
84 www.sueddeutsche.de/finanzen/619/477116/text/
85 Joachim Jahn: »Harte Kritik an schärferen Managerregeln – Der Vorsitzende der Corporate-Governance-Kommission ist erzürnt über den Gesetzesplan.« In: Frankfurter Allgemeine Zeitung, 26. 05. 2009
86 Philipp Genschel und Frank Nullmeier: »Ausweitung der Staatszone. Die Machtgebärden der Politik sind eine optische Täuschung. Wenn die Krise vorbei ist, regiert wieder das Kapital.« In: Die Zeit, 06. 11. 2008
87 Wilhelm Röpke: Die Lehre von der Wirtschaft. Bern 1979, S. 328 (die Erstausgabe erschien 1937)

88 Zit. nach: ebd. S. 46
89 George Soros: The Theory of Reflexivity. Siehe dazu: www.geocities.com/ecocorner/intelarea/gs1.html
90 Siehe dazu: Mancur Olson: The Rise and Decline of Nations. Economic Growth, Stagflation, and Social Rigidities. New York 1984
91 Richard Bookstaber: Teufelskreis der Finanzmärkte. Märkte, Hedgefonds und die Risiken von Finanzinnovationen, Kulmbach 2008 (engl. Orig.: A Demon of Our Own Design. Markets, Hedge Funds, and the Perils of Financial Innovation. New York 2007)
92 Die Beispiele habe ich bereits in meinem Buch »Der Crash kommt« erwähnt (S. 147 f.). Sie sind hier etwas ausführlicher dargelegt.
93 www.ingrimayne.saintjoe.edu/econ/Connections/Sources. html
94 Dirk Müller: Crashkurs, a. a. O., S. 24 ff.
95 www.die-linke.de/politik/themen/tatsaechliche_arbeitslosigkeit/
96 Dirk Müller, Crashkurs, a. a. O., S. 33 f.
97 Handesgesetzbuch HGB §§238, 239, 246
98 Markus Frühauf: »Fair Value. Das Dilemma in der Bilanzierung.« In: Frankfurter Allgemeine Zeitung, 02. 03. 2009
99 »Professoren machen Front gegen Fair Value.« In: Handelsblatt, 19.11. 2008
100 Michael Lewis: Wall Street Poker. Düsseldorf 1991
101 Matthias Hotz: Information und Desinformation des Kapitalanlegers durch Finanzanalysten. Jena 2007
102 Der Sarbanes-Oxley Act wurde 2002 als US-Bundesgesetz erlassen, nachdem man durch die Bilanzskandale von Enron und Worldcom auf die Unzulänglichkeiten der Unternehmens-Berichterstattung aufmerksam geworden war.
103 James Montier: Behavioural Finance. Insights into Irrational Minds and Markets. New York 2002
104 »As a group, lemmings have a rotten image, but no individual lemming has ever received bad press.« Zitiert nach: http://beginnersinvest.about.com/cs/warrenbuffett/a/aawarrenquotes.htm
105 Jana Henze: Was leisten Finanzanalysten? Diss. 2005, erschienen in der Schriftenreihe: Finanzierung, Kapitalmarkt und Banken, Band 38
106 »Die Ratingagenturen müssen sich neu erfinden.« In: Frankfurter Allgemeine Sonntagszeitung, 23. 11. 2008
107 »Aiginger: Österreich zählt zur Spitzengruppe, muss daher wie ein Spitzenland agieren«, Presseinformation Wirtschaftskammer Östereich, 23. 03. 2009

108 Martin Schatz: »What's wrong with MBA Ranking Surveys?« In: Management Research News, 7/1993
109 Colin Diver: »Is there Life after Rankings.« In: The Atlantic, 11/2005
110 Siehe: Alex Wellen: »The $ 8.78 Million Maneuver.« In: The New York Times, 31. 07. 2005
111 »We hold these truths to be self-evident, that all men are created equal, that they are endowed by their Creator with certain unalienable Rights, that among these are Life, Liberty and the pursuit of Happiness.«
112 »Monsantos Giftküche.« In: Financial Times Deutschland, 16. 04. 2009
113 »Why Does Monsanto Sue Farmers Who Save Seeds?« In: Monsantotoday.com (Blog von Monsanto, Abruf am 1. August 2009)
114 Carla Palm: »US-Bürger kommt ihre Gesundheit teuer zu stehen.« In: Welt am Sonntag, 06. 11. 2005
115 Adam Smith: Theorie der ethischen Gefühle. Neuauflage, Hamburg 2004
116 Mancur Olson: Die Logik des kollektiven Handelns. Kollektivgüter und die Theorie der Gruppen. 5. Aufl., Tübingen 2004 (Originalausgabe: The Logic of Collective Action: Public Goods and the Theory of Groups 1965)
117 In jüngerer Zeit hat das Möbelhaus Abkürzungen eingerichtet. Man darf gewiss sein, dass das nicht zum Nutzen der Kunden passiert ist, sondern lediglich den Mitarbeitern kürzere Wege und damit eine höhere Produktivität ermöglichen soll.
118 Georg Franck: Ökonomie der Aufmerksamkeit. Ein Entwurf. München 2007, S. 67
119 Ebd., S. 49 ff.
120 Prosa-Transkription von Homers »Odyssee«, ursprünglicher Text siehe Zwölfter Gesang, 35 und folgende Verse. In: Homer: Odyssee. Düsseldorf/Zürich 2001
121 Patrick Bahners und Edo Reents: »Hier sind wir bedient.« In: Frankfurter Allgemeine Zeitung, 23. 12. 2008
122 www.berlin-airport.de, Profil des BBI
123 »Hamburg: Einkaufszone im Flughafen offiziell eröffnet«, NDR, 26. 11. 2008
124 Thomas Gilovich, Dale Griffin und Daniel Kahneman (Hg.): Heuristics and Biases. The Psychology of Intuitive Judgment. New York 2002; Daniel Kahneman und Amos Tversky (Hg.): Choices, Values and Frames. New York 2000; Daniel Kahneman, E. Diener und N. Schwarz (Hg.): Well-being: The foundations of hedonic psycho-

logy. New York 1999; Daniel Kahneman, Paul Slovic und Amos Tversky (Hg.): Judgment Under Uncertainty. Heuristics and Biases. New York 1982

125 Wolfgang Köhler: Wall Street Panik. Banken außer Kontrolle. Murnau 2008

126 Robert J. Shiller: Irrational Exuberance. Princeton 2005

127 Max Otte: Der Crash kommt, a. a. O., S. 91

128 Zum Weiterlesen: Frank Sieren: »Finanzkrise – Wo ist das Geld geblieben?« In: Die Zeit, 27. 11. 2008

129 Für eine ausführliche Darstellung der Ursachen und Zusammenhänge siehe: Max Otte: Der Crash kommt, a. a. O., die Kapitel »Das Imperium der Schulden« (S. 84–109) und »Finanzderivate und der Verfall der Wirtschaftssitten« (S. 110–135)

130 Whitney Tilson and Glenn Tongue: More Mortgage Meltdown, a. a. O.

131 http://de.reuters.com/article/marketsNews/idDEBEE50D0A82009 0114

132 www.handelsblatt.com/finanzen/bulle-baer/reich-werden-nein-danke;1275433

133 www.focus.de/finanzen/boerse/titel-und150-oel-lukrativer-schmierstoff_aid_261401.html

134 Daten zit. nach: Hans-Jürgen Jakobs: Geist oder Geld, a. a. O., S. 63 f.

135 Daniel Boorstin: The Image. A Guide to Pseudo-Events in America. New York 1961

136 Marshall McLuhan: Die magischen Kanäle, Düsseldorf 1992, S. 43

137 Zit. nach: Wolf Schneider: Unsere tägliche Desinformation, a. a. O., S. 220

138 Dazu: Fritz Wirth: o. T. In: Die Welt, 02. 06. 1983

139 Zur Bundestagswahl 2002 sollte die »Aktion 18« das Ziel der FDP deutlich machen, nämlich 18 Prozent der Stimmen zu erlangen. Die Partei erreichte am Ende 7,2 Prozent.

140 Neil Postman: Wir amüsieren uns zu Tode, Frankfurt am Main 2008, S. 13 und 16

141 Michael Hanfeld: »Sabine Christiansen. Wie eine Unpolitische Politik machte.« In: Frankfurter Allgemeine Sonntagszeitung, 11. 02. 2007

142 Ludwig Georg Braun auf der Pressekonferenz des DIHK (damals noch DIHT) am 14. Februar 2001 in Berlin

143 Zit. nach: Hans-Jürgen Jakobs: Geist oder Geld, a. a. O., S. 107

144 Die hier genannten Zahlen für 2009, falls nicht anders erwähnt, sind Prognosewerte; siehe: Franchise-Monitor, Bonn 2008, www.franchise-monitor.de/index-frame.aspx

145 Ein McDonald's-Franchise-Nehmer muss für einen neuen Standort cirka 600 000 Euro als einmalige Summe bezahlen, anschließend zehn Prozent vom Umsatz an die Unternehmenszentrale, hälftig aufgeteilt in Lizenz- und Werbegebühr.

146 Dazu ein ehemaliger Franchise-Nehmer des Subway-Systems: »Dann ist sicher auch noch interessant, dass Thorsten Hüttemann, seines Zeichens Gebietsentwickler für Thüringen und Sachsen, inzwischen selber ›Multi-Owner-Store‹-Franchise-Nehmer geworden ist, indem er von notleidenden und insolvent gewordenen Franchise-Nehmern deren Stores ›übernommen‹ hat.« Zit. nach: »Fastfood-Kette Subway. Mit Franchise in die Pleite.« In: www.stern.de, 19. 11. 2008

147 George Ritzer: The McDonaldization of Society. Thousand Oaks 1995, S. 1 f.

148 Ebd., S. 12 ff.

149 Vgl. z. B. Stephen Wood: Degradation of Work. Skill, Deskilling and the Braverman Debate. New York 1981

150 André Gorz: Wissen, Wert und Kapital. Zur Kritik an der Wissensökonomie. Zürich 2004, S. 9 f.

151 ERA implodierte in der ersten Hälfte der neunziger Jahre, verschwand danach vom deutschen Markt und wurde inzwischen erneut als Franchise-System gegründet.

152 Bernhard Küppers: Die Corporate University. Konkurrent oder Partner der Hochschulen. Vortrag auf der Master-Konferenz in der Freien Universität Berlin am 17. Juli 2008

153 Ebd.

154 www.aboutmcdonalds.com/mcd/careers/hamburger_university.html

155 www.aboutmcdonalds.com/mcd/careers/hamburger_ university/our_curriculum.html

156 Andrew Keen: Die Stunde der Stümper. Wie wir im Internet unsere Kultur zerstören. München 2008, S. 10 f.

157 Thomas Gross: »Ich blogge, also bin ich. Gespräch mit dem Medienwissenschaftler Geert Lovinkm.« In: Die Zeit, 19. 12. 2007

158 ARD/ZDF Onlinestudie 2008: »Zunehmender Medienkonsum im Internet, siehe: www. ard-zdf-onlinestudie.de

159 Vgl. auch: Jörg Albrecht u. a.: »Wie viel Weisheit steckt im Web 2.0.« In: Frankfurter Allgemeine Sonntagszeitung, 28. 01. 2007

160 Moon Ihlwan und Kenji Hall: »*OhmyNews*. Voices from the street.« In: Business Week, 04. 05. 2006; Christopher M. Schroeder: »Is this the future of Journalism.« In: Newsweek, 18. 06. 2004

161 Andrew Keen: Die Stunde der Stümper, a. a. O., S. 56

162 Stefan Niggemeier: »Hobby: Reporter.« In: Frankfurter Allgemeine Sonntagszeitung, 08. 10. 2006

163 Ebd.

164 Der vollständige Name lautet: Karl Theodor Maria Nikolaus Johann Jakob Philipp Franz Joseph Sylvester Freiherr von und zu Guttenberg.

165 Zit. nach: www.bildblog.de, Ausgabe Nr. 5704 vom 10. 02. 2009

166 »Wikipedia-Fälscher kritisiert Recherche der Medien.« In: Computerwoche, 13. 02. 2009 (Online-Ausgabe: www.computerwoche.de)

167 Zit. nach: Miriam Meckel: Das Glück der Unerreichbarkeit. Hamburg 2007, S. 104

168 Reinhard K. Sprenger: Vertrauen führt. Worauf es im Unternehmen ankommt. Frankfurt am Main 2002, S. 165 f.

169 Paul Lahninger: Widerstand als Motivation. Münster 2005, S. 88

170 John N. Horne und Alan Kramer (Hg.): German Atrocities, 1914. A History of Denial. New Haven 2001

171 Jörg Calließ (Hg.): In tempore belli. – Desinformation als Waffe im politischen Meinungskampf. Evangelische Akademie Loccum. Loccumer Protokolle 63/04. Rehburg-Loccum 2006

172 Ulrike Borchard: »Information – Desinformation – Lüge. Die Einflussnahme auf Meinungsbildungsprozesse und Wahlentscheidungen in Spanien nach dem 11. März 2004.« In: Jörg Calließ (Hg.): In tempore belli, a. a. O., S. 61–83

173 Volker Neumann: »Die Arbeit der Geheimdienste und ihre Rolle beim Meinungsbildungsprozess im Parlament.« In: Jörg Calließ: In tempore belli, a. a. O., S. 107–113

174 www.loyaltypartner.com/unternehmen/geschichte/?type = 0

175 Bundesgerichtshof, Az. VIII ZR 348/06

176 www.payback.de/pb/ueberpayback/id/12846/

177 www.customer-advantage.de/cap/happydigits.htm

178 Ebd.

179 RFID ist die Abkürzung für »Radio Frequency Identification«; gemeint ist ein passiver Funkchip, der Daten sendet, wenn er von einem externen Sender aktiviert wird. So kann ein Ladenbetreiber zum Beispiel einen Kunden, der eine mit einem RFID-Chip ausgestattete Kundenkarte in der Geldbörse hat, sofort beim Betreten des Ladens erkennen.

180 Online-Befragung von 702 verantwortlichen Personalmanagern aus DGFP-Mitgliedsunternehmen. Herausgeber der Kurzumfrage: Referat Arbeitskreise der DGFP, Düsseldorf 2008

181 Andreas Hamann und Gudrun Giese: Schwarzbuch Lidl, Berlin 2006, S. 38

182 Werner Sombart: Der moderne Kapitalismus. München 1987

183 Adam Smith: Der Wohlstand der Nationen. Eine Untersuchung seiner Natur und seiner Ursachen. München 2003

184 Für mich ist Rüstow defintiv ein Ökonom, obwohl er von Hause aus eigentlich Altphilologe war. Seine Biographin Kathrin Meier-Rust bezeichnete Rüstow als »letzten Universalhistoriker in der Soziologie«. Kathrin Meier-Rust: Alexander Rüstow. Geschichtsdeutung und liberales Engagement. Stuttgart 1993

185 Alexander Rüstow: Die Religion der Marktwirtschaft, a. a. O.

186 Hans Herbert von Arnim: Der Staat als Beute. Wie Politiker in eigener Sache Gesetze machen. München 1993; Sascha Adamek und Kim Otto: Der gekaufte Staat. Wie Konzernvertreter sich in den Ministerien ihre eigenen Gesetze schreiben. Köln 2008

187 Peter F. Drucker: »The Changed World Economy.« In: Foreign Affairs 64 (1986)

188 Werner Sombart: Der moderne Kapitalismus. Band III., a. a. O., S. 556–563

189 Ebd., S. 561

190 Ebd.

191 Alexander Rüstow: Die Religion der Marktwirtschaft, a. a. O.

192 John Kenneth Galbraith: Die Herrschaft der Bankrotteure. Der wirtschaftliche Niedergang Amerikas. Hamburg 1992, S. 13 f.

193 Alfred Rappaport: Creating Shareholder Value. A Guide for Managers and Investors. New York 1986

194 EVA steht für Economic Value Added (Überrendite über die Kapitalkosten), Return on Total Capital Employed gibt die Rendite auf das eingesetzte Kapital an, EBITDA ist die Maßzahl für einen Rohgewinn, nämlich: »Earnings before interest, taxes, depreciation und amortization« (Gewinne vor Abzug von Zinsen, Steuern, Abschreibungen).

195 Heinz Klinkhammer, Personalvorstand der Deutschen Telekom von 1996 bis 2006, bei einem Vortrag an der International School of Management (ISM) in Dortmund am 3. April 2003

196 Dazu ausführlich: Hermann Simon: Hidden Champions des 21. Jahrhunderts. Frankfurt am Main 2007, S. 299

197 »›Dann wird es brutal‹. EZB: Zinssenkung: Crash-Prophet Max Otte.« In: Süddeutsche Zeitung, 15. 01. 2009

198 Friedrich List: Das nationale System der politischen Ökonomie. Baden-Baden, Neuauflage 2008

199 Charles MacKay (1846) und Joseph de la Vega (1688): Klassiker des Finanzcrashs. Neu hg. von Max Otte. München 2009

200 Andreas Lutz: Praxishandbuch Networking. Von Adressmanagement bis Xing. 2. Aufl., Wien 2009

201 Michael G. Pollitt: The Economics of Trust, Norms and Networks. Business Ethics: A European Review, Vol. 11 (2002), S. 119–128

202 Fredmund Malik: Führen, leisten, leben. Wirksames Management für eine neue Zeit. Komplett überarbeitete Neuauflage, Frankfurt am Main 2006

203 Ray Bradbury: Fahrenheit 451. Neuauflage, München 2000

204 Hans Jürgen Jakobs: Geist oder Geld, a. a. O.

205 Max Otte: Investieren statt sparen. Wie Sie mit Aktien ein Vermögen aufbauen. Komplett überarbeitete Neuausgabe, Berlin 2008; Der Crash kommt, überarbeitete Neuausgabe, Berlin 2009; Deutsche Superinvestoren aus Graham- und Doddsville. Erfolgsgeheimnisse der besten Value-Investoren. München 2007

206 Max Otte, Der Crash kommt, a. a. O., S. 268 f.

207 Max Otte: »›Finanzplatz Deutschland‹ versus deutsches Bankensystem. Zwei politökonomische Perspektiven für die Zukunft«, in: F. Keuper/D. Puchta (Hg.): Deutschland 20 Jahre nach dem Mauerfall. Rückblick und Ausblick. Wiesbaden 2009, S. 179–204

208 Hannes Rehm: Das deutsche Bankensystem. Befund – Probleme – Perspektiven (Teil I), in: Kredit und Kapital, 41. Jhrg. 2008, Nr. 1, S. 135–159, (Teil II), S. 305–331

209 Peter May: Familienunternehmen. Nicht nur anders, sondern besser. Grundzüge einer Managementtheorie für Familienunternehmen, in: Internationale Familienunternehmen. München 2008, S. 417–429

210 Hermann Simon: Hidden Champions des 21. Jahrhunderts, a. a. O.

211 Miriam Meckel: Das Glück der Unerreichbarkeit, a. a. O.

212 www.zeit.de/1969/28/Der-Mann-des-Mondes?page=1

Literaturverzeichnis

Bücher und Aufsätze

Adamek, Sascha und Kim Otto: Der gekaufte Staat. Wie Konzernvertreter sich in den Ministerien ihre eigenen Gesetze schreiben. Köln 2008.

Arnim, Hans Herbert von: Der Staat als Beute. Wie Politiker in eigener Sache Gesetze machen. München 1993.

Bonner, Stefan und Anne Weiss: Generation Doof. Wie blöd sind wir eigentlich. Bergisch Gladbach 2008.

Bookstaber, Richard: Teufelskreis der Finanzmärkte: Märkte, Hedgefonds und die Risiken von Finanzinnovationen. Kulmbach 2008 (engl. Orig.: A Demon of Our Own Design. Markets, Hedge Funds, and the Perils of Financial Innovation. New York 2007).

Boorstin, Daniel: The Image. A Guide to Pseudo-Events in America. New York 1961.

Borchard, Ulrike: »Information – Desinformation – Lüge. Die Einflussnahme auf Meinungsbildungsprozesse und Wahlentscheidungen in Spanien nach dem 11. März 2004.« In: Jörg Calließ (Hg.): In tempore belli, a. a. O., S. 61–83.

Bradbury, Ray: Fahrenheit 451. Neuauflage, München 2000.

Brandes, Dieter: Konsequent einfach. Die Aldi-Erfolgsstory. Frankfurt am Main/New York 1999.

Calließ, Jörg (Hg.): In tempore belli. Desinformation als Waffe im politischen Meinungskampf. Evangelische Akademie Loccum. Loccumer Protokolle 63/04. Rehburg-Loccum 2006.

Der neue Leviathan – über Gefahren einer Selbstzerstörung der freien Gesellschaft. In: Soziale Marktwirtschaft im vierten Jahrzehnt ihrer Bewährung. Mit Beiträgen von Chr. Watrin, Egon Tuchtfeldt u.a. Stuttgart/New York/Frankfurt am Main 1982, S.139–153.

Flassbeck, Heiner: Gescheitert. Warum die Politik vor der Wirtschaft kapituliert. München 2009.

Franck, Georg: Ökonomie der Aufmerksamkeit. Ein Entwurf. München 2007.

Galbraith, John Kenneth: The Affluent Society. Cambridge 1958.

Galbraith, John Kenneth: Die Herrschaft der Bankrotteure. Der wirtschaftliche Niedergang Amerikas. Hamburg 1992.
Galbraith, John Kenneth: Die Ökonomie des unschuldigen Betrugs. Vom Realitätsverlust der heutigen Wirtschaft. München 2007.
Gilovich, Thomas, Dale Griffin und Daniel Kahneman (Hg.): Heuristics and Biases. The Psychology of Intuitive Judgment. New York 2002.
Goethe-Handbuch, Bd. 4. 2. Stuttgart 1998.
Gorz, André: Wissen, Wert und Kapital. Zur Kritik an der Wissensökonomie. Zürich 2004.
Hamann, Andreas und Gudrun Giese: Schwarzbuch Lidl. Berlin 2006.
Handelsgesetzbuch HGB. München 2008.
Hayek, Friedrich August von: Der Weg zur Knechtschaft. München 2007.
Henze, Jana: Was leisten Finanzanalysten? Diss. 2005, erschienen in der Schriftenreihe: Finanzierung, Kapitalmarkt und Banken. Eul-Verlag. Hg. von Klaus Röder, Regensburg, Hermann Locarek-Junge, Dresden, und Mark Wahrenburg, Frankfurt am Main. Band 38.
Hertz, Noreena: Wir lassen uns nicht kaufen! München 2001.
Homer: Odyssee. Düsseldorf/Zürich 2001.
Horne, John N. und Alan Kramer (Hg.): German Atrocities, 1914. A History of Denial. New Haven 2001.
Hotz, Matthias: Information und Desinformation des Kapitalanlegers durch Finanzanalysten. Jena 2007.
Jakobs, Hans-Jürgen: Geist oder Geld. Der große Ausverkauf der freien Meinung. München 2008.
Jürgs, Michael: Seichtgebiete. Warum wir hemmungslos verblöden. München 2009.
Kahneman, Daniel, Paul Slovic und Amos Tversky (Hg.): Judgment Under Uncertainty. Heuristics and Biases. New York 1982.
Kahneman, Daniel, Ed Diener und Norbert Schwarz (Hg.): Well-being. The foundations of hedonic psychology. New York 1999.
Kahneman, Daniel und Amos Tversky (Hg.): Choices, Values and Frames. New York 2000.
Kant, Immanuel: Grundlegung zur Metaphysik der Sitten, Akademie-Ausgabe Kant Werke IV. Berlin 1910.
Keen, Andrew: Die Stunde der Stümper. Wie wir im Internet unsere Kultur zerstören. München 2008.
Knop, Karin: Zwischen Campari-Kunstwelten und Reisen ins Marlboro-Land. Werbung und Werbemedien der achtziger Jahre. In: Werner Faulstich (Hg.): Die Kultur der 80er Jahre. Kulturgeschichte des 20. Jahrhunderts. Paderborn 2005.

Köhler, Wolfgang: Wall Street Panik. Banken außer Kontrolle. Murnau 2008.

Kotteder, Franz: Die Billig-Lüge. Die Tricks und Machenschaften der Discounter. München 2005.

Lahninger, Paul: Widerstand als Motivation. Münster 2005.

Lewis, Michael: Wall Street Poker. Düsseldorf 1991.

List, Friedrich: Das nationale System der politischen Ökonomie. Baden-Baden, Neuauflage 2008.

Lochmann, Dietmar: Vom Wesen der Information: Eine allgemeinverständliche Betrachtung über Information in der Gesellschaft, in der Natur und in der Informationstheorie. (Books on Demand) 2006.

Lutz, Andreas: Praxishandbuch Networking. Von Adressmanagement bis Xing. 2. Auflage, Wien 2009.

MacKay, Charles (1846) und Joseph de la Vega (1688): Klassiker des Finanzcrashs. Neu hg. von Max Otte. München 2009.

Malik, Fredmund: Führen, leisten, leben. Wirksames Management für eine neue Zeit. Komplett überarbeitete Neuauflage. Frankfurt am Main 2006.

McLuhan, Marshall: Die magischen Kanäle. Düsseldorf 1992.

Meckel, Miriam: Das Glück der Unerreichbarkeit. Hamburg 2007.

Meier-Rust, Kathrin: Alexander Rüstow. Geschichtsdeutung und liberales Engagement. Stuttgart 1993.

Montier, James: Behavioural Finance. Insights into Irrational Minds and Markets. New York 2002.

Montier, James: Behavioural Investing. A Practitioner's Guide to Applying Behavioural Finance. Chichester 2007.

Müller, Dirk: Crashkurs. München 2009.

Neumann, Volker: »Die Arbeit der Geheimdienste und ihre Rolle beim Meinungsbildungsprozess im Parlament.« In: Jörg Calließ (Hg.): In tempore belli, a. a. O., S. 107–113.

Ogger, Günter: Der Börsenschwindel. München 2001.

Olson, Mancur: The Rise and Decline of Nations. Economic Growth, Stagflation, and Social Rigidities. New York 1984.

Olson, Mancur: Die Logik des kollektiven Handelns: Kollektivgüter und die Theorie der Gruppen. 5. Aufl., Tübingen 2004 (Originalausgabe: The Logic of Collective Action: Public Goods and the Theory of Groups 1965).

Online-Befragung von 702 verantwortlichen Personalmanagern aus DGFP-Mitgliedsunternehmen. Herausgeber der Kurzumfrage: Referat Arbeitskreise der DGFP, Düsseldorf 2008.

Otte, Max: Deutsche Superinvestoren aus Graham- und Doddsville. Erfolgsgeheimnisse der besten Value-Investoren. München 2007.

Otte, Max und Helmut Gellermann: Der OnVista-Führer zur Aktienanalyse. München 2002.
Otte, Max: Der Crash kommt. Komplett aktualisierte und erweiterte Neuauflage, Berlin 2009.
Otte, Max: Investieren statt sparen. Neuauflage, Berlin 2009.
Otte, Max und Jens Castner: Erfolgreiche Value-Investoren. München 2009.
Otte, Max: »›Finanzplatz Deutschland‹ versus deutsches Bankensystem. Zwei politökonomische Perspektiven für die Zukunft.« In: F. Keuper/D. Puchta (Hg.): Deutschland 20 Jahre nach dem Mauerfall. Rückblick und Ausblick. Wiesbaden 2009.
Pollitt, Michael G.: The Economics of Trust, Norms and Networks. Business Ethics. A European Review, Vol. 11 (2002).
Postman, Neil: Wir amüsieren uns zu Tode. Urteilsbildung im Zeitalter der Unterhaltungsindustrie. Frankfurt am Main 2008.
Rappaport, Alfred: Creating Shareholder Value. A Guide for Managers and Investors. New York 1986.
Ritzer, George: The McDonaldization of Society. Thousand Oaks 1995.
Röpke, Wilhelm: Die Lehre von der Wirtschaft. Bern 1979 (Erstausgabe 1937).
Rüstow, Alexander: Das Versagen des Wirtschaftsliberalismus. Das neoliberale Projekt. Hg. v. Frank Maier-Rigaud und Gerhard Maier-Rigaud. Marburg 2001.
Rüstow, Alexander: Die Religion der Marktwirtschaft, mit einem Nachwort von Sibylle Tönnies. Münster 2004.
Schaar, Peter: Das Ende der Privatsphäre. München 2009.
Schirner, Michael: Werbung ist Kunst. München 1988.
Schneider, Wolf: Unsere tägliche Desinformation. Wie die Massenmedien uns in die Irre führen. Hamburg 1992.
Senger, Harro von: 36 Strategeme für Manager. München 2008.
Shiller, Robert J.: Irrational Exuberance. Princeton 2005.
Simon, Hermann: Hidden Champions des 21. Jahrhunderts. Frankfurt am Main 2007.
Smith, Adam: Der Wohlstand der Nationen. Eine Untersuchung seiner Natur und seiner Ursachen. München 2003.
Smith, Adam: Theorie der ethischen Gefühle. Neuauflage, Hamburg 2004.
Sombart, Werner: Der moderne Kapitalismus. München 1987.
Sprenger, Reinhard K.: Vertrauen führt. Worauf es im Unternehmen ankommt. Frankfurt am Main 2002.
Steingart, Gabor: Die gestohlene Demokratie. München 2009.

T., Anne: Die Gier war grenzenlos. Eine deutsche Börsenhändlerin packt aus. Berlin 2009.
Thoreau, Henry David: Walden oder Leben in den Wäldern. Zürich 1971.
Tilson, Whitney and Glenn Tongue: More Mortgage Meltdown. 6 Ways to Profit in These Bad Times. New York 2008.
Wieczorek, Thomas: Die verblödete Republik. Wie uns Medien, Wirtschaft und Politik für dumm verkaufen. München 2009.
Wisnewski, Gerhard: Verheimlicht, vertuscht, vergessen. Was 2008 nicht in der Zeitung stand. München 2009.
Wood, Stephen: Degradation of Work. Skill, Deskilling and the Braverman Debate. New York 1981.

Artikel

Albrecht, Jörg u. a.: »Wie viel Weisheit steckt im Web 2.0.« In: Frankfurter Allgemeine Sonntagszeitung, 28. Januar 2007.
»BaFin schließt deutsche Lehman-Tochter«. In: Manager Magazin, 15. September 2008.
Bahners, Patrick und Edo Reents: »Hier sind wir bedient.« In: Frankfurter Allgemeine Zeitung, 23. Dezember 2008.
»Banken – Unverlangt zugelangt: Kaum aktive Aufklärung.« In: Die Zeit 7. Oktober 2008.
Bergermann, Melanie: »Bankberater packen aus: Ich habe Sie betrogen. Mit welchen Drücker-Methoden die Banker ihre Kunden ausnehmen.« In: Wirtschaftswoche, 2. Februar 2008.
»Dann wird es brutal«. EZB: Zinssenkung: Crash-Prophet Max Otte. In: Süddeutsche Zeitung, 15. Januar 2009.
»DB stellt kommendes Jahr 2000 neue Automaten auf.« In: DB-Welt, 12/2008, S.7.
»Die Ratingagenturen müssen sich neu erfinden«. In: Frankfurter Allgemeine Sonntagszeitung, 23. November 2008.
Draf, Stefan, Bernd Gamerschlag und Jörg Zipprick: »Hardy Rodenstock. Der große Etikettenschwindel.« In: Stern, 23. November 2008.
Drucker, Peter F.: »The Changed World Economy.« In: Foreign Affairs 64 (1986).
»Finanzkrise – Wo ist das Geld geblieben?« In: Die Zeit, 27. November 2008.
Flassbeck, Heiner: »Neoliberalismus als Glaube.« In: Süddeutsche Zeitung, 5./6. Oktober 2002.

Franz Müntefering im Interview. In: Bild am Sonntag, 17. April 2005.
Frühauf, Markus: »Fair Value. Das Dilemma in der Bilanzierung.« In: Frankfurter Allgemeine Zeitung, 2. März 2009.
Genschel, Philipp und Frank Nullmeier: »Ausweitung der Staatszone. Die Machtgebärden der Politik sind eine optische Täuschung. Wenn die Krise vorbei ist, regiert wieder das Kapital.« In: Die Zeit, 6. November 2008.
Goos, Hauke und Ralf Hoppe: »Das Depot – eine Hamburger Rentnerin ließ ihr Vermögen von der Deutschen Bank betreuen. Dabei erlitt sie einen millionenschweren Verlust. Nach einem neuen Urteil des Bundesgerichtshofs muss das Geldhaus womöglich dafür haften.« In: Der Spiegel, 27/2009.
Gross, Thomas: »Ich blogge, also bin ich. Gespräch mit dem Medienwissenschaftler Geert Lovinkm.« In: Die Zeit, 19. Dezember 2007.
Hanfeld, Michael: »Sabine Christiansen. Wie eine Unpolitische Politik machte.« In: Frankfurter Allgemeine Sonntagszeitung, 11. Februar 2007.
Hipp, Dietmar u. a.: »Die Gesetzesflüsterer.« In: Der Spiegel, 34/2009, 17. August 2009, S. 68.
Ihlwan, Moon und Kenji Hall: »OhmyNews. Voices from the street.« In: Business Week, 4. Mai 2006.
Jahn, Joachim: »Harte Kritik an schärferen Managerregeln. Der Vorsitzende der Corporate-Governance-Kommission ist erzürnt über den Gesetzesplan.« In: Frankfurter Allgemeine Zeitung, 26. Mai 2009.
Knappmann, Lutz, Sebastian Bräuer und Titus Krode: »Suche nach neuen Erlösquellen: Generation gratis.« In: Financial Times Deutschland, 25. März 2009.
Kusitzky, Alexandra u. a.: »Beraten und Verkauft.« In: Focus, 43/2008.
Lebert, Stephan und Stefan Willeke: »Unser Gott, die Quote. ARD und ZDF sind auf dem besten Weg, sich selbst abzuschaffen – mit einem Programm, das die Privaten kopiert und nichts mehr riskiert.« In: Die Zeit, 19. Februar 2009.
Liedtke, Dirk und Johannes Röhrig: »Die Handy-Falle.« In: Stern, 17. März 2004.
»Monsantos Giftküche.« In: Financial Times Deutschland, 16. April 2009.
Niggemeier, Stefan: »Hobby: Reporter.« In: Frankfurter Allgemeine Sonntagszeitung, 8. Oktober 2006.
Palm, Carla: »US-Bürger kommt ihre Gesundheit teuer zu stehen.« In: Welt am Sonntag, 6. November 2005.

»Professoren machen Front gegen Fair Value.« In: Handelsblatt, 19. November 2008.
Schatz, Martin: »What's wrong with MBA Ranking Surveys?« In: Management Research News, 7/1993.
Schmidt, Helmut: »Das Gesetz des Dschungels.« In: Die Zeit, 4. Dezember 2003.
Schroeder, Christopher M.: »Is this the future of Journalism.« In: Newsweek, 18. Juni 2004.
Sepa-Lastschrift: »Lastschrift vor dem Aus. Pläne der EU alarmieren Verbände.« In: Süddeutsche Zeitung, 7. Mai 2008.
Steinhäuser, Marc: »Das Geschäft mit dem Tarifdschungel.« In: Die Zeit, 14. September 2007.
Verbraucherzentrale Nordrhein-Westfalen: »Zutatenliste auf Süß- und Knabberwaren oft nicht lesbar.« In: Informationsblatt vom 5. Mai 2009.
Wellen, Alex: »The $ 8.78 Million Maneuver.« In: The New York Times, 31. Juli 2005.
»Wikipedia-Fälscher kritisiert Recherche der Medien.« In: Computerwoche, 13. Februar 2009.
Wirth, Fritz: o.T. In: Die Welt, 2. Juni 1983.

Internetquellen

http://beginnersinvest.about.com/cs/warrenbuffett/a/aawarrenquotes.htm
http://de.reuters.com/article/marketsNews/idDEBEE50D0A820090114
http://de.wikipedia.org/wiki/Hjalmar_Schacht
www.ingrimayne.saintjoe.edu/econ/Connections/Sources.html
www.portal.wko.at/wk/format_detail.wk?AngID = 1&StID = 469105-&DstID = 252
www.volxweb.com/tiki-index.php?page = Wirtschaftspolitik+83+Experten+PLIST
www.aboutmcdonalds.com/mcd/careers/hamburger_university.html
www.ard-zdf-onlinestudie.de/index.php?id = 148
www.die-linke.de/politik/themen/tatsaechliche_arbeitslosigkeit/
www.monsanto.com/monsanto_today/default.asp
www.spiegel.de/panorama/0,1518,37247,00.html
www.stern.de/tv/sterntv/fastfood-kette-subway-mit-franchise-in-die-pleite-646018.html

www.thehurtlocker-movie.com/
www.wiwo.de/unternehmer-maerkte/bankberater-packen-aus-ich-habe-sie-betrogen-264071/
www.berlin-airport.de
www.bildblog.de (Ausgabe Nr. 5704 vom 10. Februar 2009)
www.bundesfinanzministerium.de/lang_de/nn_54098/DE/Presse/Reden_20und_20Interviews/096_Rede_BT_151008.html
www.customer-advantage.de/cap/happydigits.htm
www.focus.de/finanzen/boerse/titel-und150-oel-lukrativer-schmier-stoff_aid_261401.html
www.franchise-monitor.de/index-frame.aspx
www.geberit.de
www.geocities.com/ecocorner/intelarea/gs1.html
www.handelsblatt.com/finanzen/bulle-baer/reich-werden-nein-danke;1275433
www.henkel.de
www.land.lu/html/dossiers/dossier_placefinanciere/lehman_190908.html
www.lobbycontrol.de
www.loyaltypartner.com/unternehmen/geschichte/?type = 0
www.moneymuseum.com
www.payback.de/pb/ueberpayback/id/12846/
www.ruestow.org/index.htm
www.sueddeutsche.de/finanzen/619/477116/text/
www.zahlungsverkehrsfragen.de
www.zeit.de/2008/49/DOS-Wo-steckt-das-Geld

Abbildungsnachweis

»Typische Zusammensetzung eines Hypothekenpools« (S. 54), aus: Whitney Tilson/Glenn Tongue: More Mortgage Meltdown. John Wiley, New York 2009, Seite 33. © Tilson/Tongue.

»Frosta führt Ampel-Kennzeichnung für Lebensmittel ein« (S. 101), © dpa – Bildfunk.

»Analystenprognosen und Realität: Gewinnwachstum« (S.163), aus: Montier, James: Behavioural Investing. A Practitioner's Guide to Applying Behavioural Finance. John Wiley, Chichester 2007, Seite 109. © James Montier.

Über IFVE, Institut für Vermögensentwicklung Prof. Dr. Otte

Seit 1999 hilft Prof. Max Otte Privatanlegern, unabhängig von Banken und Finanzdienstleistern Vermögen aufzubauen und zu sichern. Das Institut für Vermögensentwicklung IFVE GmbH hat es sich zum Ziel gesetzt, erfolgreiche und praktikable Aktien- und Vermögensstrategien für Privatanleger zu entwickeln.

Mit seinem Analystenteam verfolgt Otte die internationalen Kapitalmärkte und gibt transparente und seriöse Informationen für die Kapitalanlage heraus. Von August 2002 bis November 2008 erzielte er mit seinem Wachstumsdepot eine Rendite von 38,6 Prozent, der DAX eine von 12,2 Prozent. Die Anlageentscheidungen von Prof. Otte können Sie als Mitglied online jederzeit nachvollziehen. So werden Privatanleger in die Lage versetzt, ihre Geldanlageentscheidungen in die eigene Hand zu nehmen.

Als *Internetmitglied* des Instituts können Sie sämtliche Online-Informationsangebote nutzen. Als *Vollmitglied* erhalten Sie einen persönlichen jährlichen Depotcheck. Eine begrenzte Zahl von *Privatkunden* wird von Prof. Otte und seinem Team persönlich beraten. Das Angebot des Instituts können Sie unverbindlich testen:

www.privatinvestor.de/formulare/download.php

Einmal im Jahr unternimmt Prof. Otte eine Vortragsreise durch Deutschland, die Schweiz und Österreich. Informationen zu den Terminen finden Sie unter:

www.privatinvestor.de/html/register/reg_seminare.php

IFVE Institut für Vermögensentwicklung GmbH
Frau Gitta Kikulski
Auf dem Ebenfeld 5a
56567 Neuwied

Tel.: (0 26 31) 97 91 54
Fax: (0 26 31) 97 91 56
www.privatinvestor.de
info@privatinvestor.de

Max Otte

Der Crash kommt

Die neue Weltwirtschaftskrise und wie Sie sich darauf vorbereiten
Aktualisierte und erweiterte Ausgabe

ISBN 978-3-548-36975-4
www.ullstein-buchverlage.de

Die nächste Weltwirtschaftskrise steht unmittelbar bevor. Es deutet viel darauf hin, dass spätestens 2010 die Globalisierungsblase platzt – mit dramatischen Folgen: Sparvermögen werden radikal entwertet, die Heizungs- und Energiekosten explodieren, der Welthandel bricht zusammen. Der renommierte Wirtschaftsprofessor Max Otte erklärt, warum ein ökonomisches Erdbeben bevorsteht und wie sich jeder dagegen wappnen kann.
Seit Monaten auf den Bestsellerlisten von *manager magazin* und *Handelsblatt*

»Ein Manifest gegen den grassierenden Leichtsinn. Definitiv lesenswert!« *manager magazin*

US281

ullstein